한국군의 뿌리

한국군의 뿌리

조선시대부터 대한민국까지,
현대 한국군의 기원을 찾다

김세진 글

일러두기

이 책의 표기에 관해서는 아래의 원칙을 따랐다.

작은따옴표 (' ') 는 강조의 경우
큰따옴표 (" ") 는 직접 대화를 나타내거나 직접 인용의 경우
홑낫표 (「 」)는 단행본 수록 작품 및 논문의 제목 혹은 그림이나 노래 등 작품 제목
겹낫표 (『 』)는 책의 제목
화살괄호 (〈 〉) 는 신문, 잡지, 영화, 방송 등의 제목 및 명칭, 칙령, 포고령, 결의안 등의 제목
소괄호 (( ))는 저자나 편집자, 역자의 보충 설명

나의 아버지 故 김영수 대령과
대한민국에 바칩니다.

여는 말

한국군의 뿌리는 무엇일까? 오늘날 한국에서 이 질문에 제대로 답하기란 쉽지 않습니다. 현역 군인들도 정신교육 시간에 단편적으로 배웠던 내용만 인지하고 있습니다. 2018년경부터 곳곳에서 한 슬로건이 요란하게 나왔습니다.

"한국군의 뿌리는 독립군이다."

대통령은 김원봉을 한국군의 정체성과 연결하려 하고, 육군사관학교는 독립운동가 5인의 동상을 교내에 세우며 한국군의 뿌리가 독립군인 근거와 논리를 급하게 연구하기 시작했습니다. 장교, 부사관, 사관생도 선발시험과 각급 부대 정신교육에서도 이 경향은 두드러졌습니다.

"그래서 한국군의 뿌리는 도대체 뭘까? 나도 제대로 배운 적이 없네?"

한국군의 뿌리는 제 개인의 삶과도 연결됩니다. 저는 육군 장교의 아들로 태어나 전국 곳곳 군부대를 중심으로 삼아 성장했습니다. 육군사관학교를 졸업한 뒤 저 역시 장교로 복무했고, 지금은 대한민국 시민이자 예비군으로서 경제, 교육 그리고 국방이란 국가기능을 바탕 삼아 일상을 누리고 있습니다. 이처럼 군대와 깊이 관련된 삶을 살면서도 나는 누구인가, 한국군의 뿌리는 무엇인가 등 본질적인 질문에 답할 기회는 거의 없었습니다.

"정말 '독립군'이 한국군의 뿌리일까? 왜 아무도 명쾌하게 말하지 않았을까?"
"부분만 콕 짚어 전체를 호도하는 건 아닐까?"
"왜 식민 지배를 당했는지 제대로 밝혀야 '독립군'의 의미도 온전하게 드러나지 않을까?"
"지피지기 백전불태를 말로만 떠들던 건 아닐까?"

먼저 기존 연구들을 찾아봤습니다. 국방부 군사편찬연구소에서 발간한 『건군사』(建軍史, 2002) 등 선대 연구자들이 남겨온 다양한 서적과 논문은 있지만, 제 질문을 말끔하게 해소할 자료는 딱히 찾지 못했습니다. 군대의 정체성을 일방적으로 재단할 때 어떤 일이 발생하며 어떤 위험성을 갖는지도 살펴보았습니다. 군대의 뿌리를 특정 진영 논리에 따라 규정하고 반복 학습하면, 현존하는 안보위협과 앞으로 다가올 위협을 판단할 때 시야가 흐려질 수 있습니다. 변화하는 국제질서에 무지하고 코앞에 닥친 위협을 도외시한 채 자기정체성과 명분에 매몰되어 있을 때, 한반도는 임진왜란과 병자호란, 임오군란과 청일/러일전쟁, 식민 지배와 분단 등을 겪어야 했습니다.

현재 한국군의 군사력은 세계에서도 손꼽히는 순위권입니다. 그런데 주변에 더 강한 국가들이 있습니다. 전교 6등이지만 반에서 5등인 상황입니다. 그런 한국군은 북한군, 중국군, 러시아군, 일본 자위대뿐만 아니라 테러, 사이버전, 인지전, 우주전 등 더욱 다양해지는 안보위협에 대응해야 합니다. 역사적 사실과 차이가 있는 정체성을 일방적으로 강조하며 개인과 집단의 시야를 흐리지 않도록 경계해야 합니다. 그래야만 앞선 비극이 다시 나타나는 걸 예방할 수 있습니다. 그래서 저는 『손자병법』의 '지피지기 백전불태'와 『징비록』을 쓴 류성룡의 외침이 지금도 유효하다고 생각하며, 한국군의 정체성을 있는 그대로 드러내고자 이 책을 쓰게 되었습니다.

군대는 시대별 정치, 제도, 인물과 리더십, 문화, 사상, 국제관계 등에 영향 받으며 형성됩니다. 이 책은 조선 중·후기, 대한제국, 일제 강점기, 해방 후 대한민국 정부 수립, 한국전쟁 시기를 다루며 한국군의 뿌리를 드러냅니다. 아울러 한반도의 반쪽을 차지하고 있는 '북한군의 뿌리'에 대해서도 부록으로 다뤘습니다. 시기별 기록, 기사, 서적과 논문 등에 관련된 한국어, 영어, 일본어 자료를 살폈습니다. 민족사관, 식민사관, 민중사관 등에 한정되기보다는 국제(법)적이며 인류 문명사적인 시선에서 지난 과거를 바라보고자 했습니다.

한국군의 역사를 더듬다보면 결국 한국 근현대사를 만나게 됩니다. 어제는 오늘을 비추는 거울입니다. 한국군의 뿌리를 찾는 여행에 여러분을 초대합니다.

'자유, 정의, 진리' 고려대학교 중앙도서관 4층에서
2022년 2월, **김세진**

목차

6   여는 말

13   제1장 저물다 – 조선군

81   제2장 움트다 – 대한제국군

131   제3장 갈라지다 – 의병, 독립군, 광복군, 일본군, 만주군, 중국군

207   제4장 싹트다 – 남조선 경비대와 한국군

267   한국군의 뿌리는 무엇인가?

275   부록

288   닫는 말

292   참고문헌

상대를 알고 나를 알면 백번 맞서도 위태롭지 않다.
상대를 모르고 나를 알면 이길 확률이 반반이고,
상대도 모르고 나도 모르면 매번 위태롭게 된다.

지피지기 백전불태. 부지피이지기 일승일부. 부지피부지기 매전필태.
知彼知己, 百戰不殆。不知彼而知己, 一勝一負。不知彼不知己, 每戰必殆。

『손자병법』 제3장 군쟁

제1장

저물다
조선군

조선은 1592년 임진왜란과 1636년 병자호란을 겪었다. 서구국가들은 산업화를 주도하며 전 세계로 세력을 넓혔다. 중국은 동양에서 '하늘' 같은 존재로 여겨졌지만 서구 열강에 무릎을 꿇었다. 반면 일본은 이 시기에 산업화를 스스로 이루어내며 동양에서 유일한 제국으로 올라섰다. 중국이 저물고, 일본이 떠오를 때 조선과 조선군은 어떤 준비를 하고 있었을까?

일본이 전쟁의 패러다임을 바꿀 때, 조선은 관직 다툼만 하고 있었다

임진왜란의 주인공 도요토미 히데요시는 오다 노부나가의 부하였다. 오다는 이름도 없는 천민이었던 도요토미를 발굴해 키웠다. 그는 1575년 나가시노 전투에서 조총을 활용해 그때까지 창, 칼, 활로 싸우던 전쟁 양상을 바꿨고 당시 가장 강했던 다케다 신겐의 군대를 격파했다. 임진왜란 17년 전, 일본이 전쟁의 패러다임을 바꾸고 있을 때 조선은 어떤 모습이었을까? 지금으로 따지면 '청와대 비서관'에 해당하는 이조전랑 관직을 두고 당파싸움을 벌이고 있었다. 이조의 정랑(정5품)과 좌랑(정6품)을 뜻하는 이조전랑은 관료를 영입, 추천, 선발하는 권한을 갖고 있고, 후임자까지 지정할 수 있는 알짜배기 직책이었다. 급수는 낮지만 핵심적인 권력을 가진 이 직책을 두고 치열한 다툼이 이어졌다. 반면 국력을 키우는 것에 대한 논의는 뒤로 밀려나 있었다.

그 와중에 조선을 둘러싼 국제환경은 요동쳤다. 기존의 강대국이었던 명나라는 점점 쇠약해지고 새로운 강자 만주족이 성장했다. 일본은 내전을 치르면서도 당시 전 세계에서 유통되던 은의 1/3가량을 생산하며 부를 쌓았다. 일본을 통일한 영웅인 도요토미 히데요시는 일본 곳곳에 축적된 군사력과 경제력을 바깥으로 펼쳤다. 대륙진출의 꿈을 이루려면 명나라로 가야했고 그 전에 조선을 거쳐야 했다. 1592년 4월 13일(음력) 일본군이 동래(부산)에 상륙하며 임진왜란이 시작됐다. 지난 수십 년간 피비린내 나는 전투현장에서 살아남았던 일본군은 조선군을 간단하게 섬멸하며 압도적인 속도로 북진했다. 7년간 이어진 이 전쟁을 한국에선 '임진왜란', '정유재란'이라 하고, 일본에선 '분로쿠노에키(文禄の役)', '게이초노에키(慶長の役)', 중국에서는 '항왜원조(抗倭援朝)'라고 부른다.

1392년 조선을 건국할 당시의 군사제도는 '진관체제'였다. 각 도의 관찰사(도지사) 아래 둔 병마절도사와 수군절도사가 군사 업무를 담당하고, 현장 지휘는 군/현의 수령이 맡는 방식이다. 지역을 지키기엔 유리하지만 국가적 규모의 전쟁에는 취약한 제도였다. 또한 수령은 대부분 성리학을 공부한 문관들이어서 군사적 전문성도 부족했다. 그래서 조선은 1555년 왜구 침략(을묘왜변)과 1583년 여진족 침입(이탕개의 난)을 거치며 '제승방략 체제'로 바꿨다. 적이 대규모로 침입하면 각 지역에선 군사를 한데 모으고, 중앙정부는 지휘관과 중앙군을 내려보내는 방식이다. 북쪽에서 여진족을 상대할 때는 나름의 효과도 있었다. 하지만 교통과 통신이 열악한 상황에서 대규모로 빠르게 침입하는 적을 적시에 상대하긴 어려웠다. 게다가 조선은 일반 양민이 스스로 돈을 들여 군인의 역할을 맡는 부병제를 채택하고 있었다. 평소에 군사훈련을 진행하기도, 위기 상황에서 병력을 빠르게 모으기도 힘든 현실이었다.

　일본군이 동래를 함락시키자 선조는 제승방략에 따라 4월 17일 이일(李鎰, 1538~1601)을 순변사로 임명했다. 그는 이탕개의 난을 진압하고, 전라도 수군절도사, 함북 병마절도사를 맡는 등 34년 넘게 실전 경험을 쌓은 대표적인 무관이었다. 이일은 중앙군으로 장부에 등록된 300명을 소집해 경상도 병력이 집결하기로 되어있는 대구로 가려 했지만, 사람이 모이지 않아 허송세월을 보내야만 했다. 징집 대상자 명단이 차명으로 기록되어 있는 등 당시 조선 중앙군 체제는 엉망진창이었다. 마침 경상도 군현들은 위기계획에 따라 병력을 소집하고 각각 정해진 장소(대구, 울산, 창원 등)로 모이고 있었다. 하지만 중앙에서 장군이 내려오질 않아 하염없이 기다려야만 했다. 그 사이 일본군은 대구(1군 고니시 유키나가), 울산(2군 가토 기요마사), 창원(3군 구로다 나가마사)으로 진격했고, 결국 조선군은 뿔뿔이 흩어져 도망갔다. 이일이 겨우 60명의 중앙군과 함께 경북 상주에 도착한 4월 23일은 모든 방어선이 무너진 뒤였다. 절망적인 상황에 놓인 그는 1,000명도 안 되는 병력을 긁어모아 4월 25일, 일본군 약 2만 명과 맞섰다. 조선군은 전투란 말이 부끄러울 정도로 전멸했고 이일은 겨우 도망쳤다.

신립(申砬, 1546~1592)은 당시 조선에서 가장 유명한 장군으로 북쪽에서 여진족을 토벌하며 혁혁한 전과를 올렸다. 선조는 신립을 삼도도순변사로 임명하고 약 2,000명을 딸려 보냈다. 경북 상주와 충북 충주 사이엔 문경새재, 조령 등 높은 고개들이 있다. 예로부터 조령은 '한 명이 적 천 명을 막을 수 있다'는 천혜의 요새로 여겨졌다. 그런데 신립은 지형적 이점을 활용하지 않았다. 여진족을 대상으로 효과를 봤던 기병 전술을 활용하고자 넓고 낮은 공터인 충주 탄금대 지역을 결전지로 선택했다. 부장 김여물이 조령에 병력을 배치하자고 건의했지만 신립은 끝내 고집을 꺾지 않았고 전장상황도 정확하게 파악하지 않았다.

4월 27일 한 병사가 '순변사 이일과 충주목사가 정찰 중에 일본군에 고립됐다'는 사실을 보고하자 신립은 그의 목을 쳤다. 쓸데없이 공포심을 조장하고 군기를 문란하게 만든다는 이유였다. 그리고 한양에는 '일본군이 아직 경북 상주에 머무르고 있다'고 거짓으로 보고했다. 일본군은 이미 코앞에 다가와 있었고, 바로 다음 날인 4월 28일 전투가 벌어졌다. 조선군 약 1만 6천 명은 반나절 만에 전멸되고 말았다. 신립이 자랑하던 기병부대는 탄금대의 질퍽거리는 땅과 장애물 등으로 인해 힘 한 번 써보지 못하고 일본군의 조준 사격에 쓰러졌다. 신립은 탄금대 뒤편 한강에 뛰어들어 스스로 목숨을 끊었다.

조선의 유일한 희망이었던 신립이 자결하고 군대는 전멸했다는 소식이

전해지자 한양은 공포에 휩싸였다. 4월 30일 선조는 한양을 버리고 북쪽으로 도망갔고, 일본군은 조선에 발을 디딘 지 20일 만인 5월 3일 한양을 점령했다. 선조는 5월 6일 평양, 6월 22일 의주까지 도망치고, 그다음 날에는 명나라 요동으로 건너가려 했다. 하지만 신하들이 조선을 버리고 명나라로 건너가는 것에 반대해 의주에 머물렀다.

일본군이 약 7년간 조선반도를 유린하는 동안 홍이포를 앞세운 명나라 군대가 조선을 돕고, 이순신, 권율(행주대첩), 김시민(진주대첩)과 각 지역에서 자발적으로 일어난 의병(곽재우, 김면, 정인홍, 조웅, 사명대사)이 처절하게 항쟁했다. 조선으로선 운 좋게도, 1598년 도요토미 히데요시가 병에 걸려 죽으면서 오랜 전쟁이 끝났다.

당시 선조를 가까이에서 보좌하고 이순신을 후원했던 류성룡은 '우리의 잘못을 징계하고 후대에 다신 이런 비극을 겪지 않도록' 『징비록』을 썼다. 그런데 이 책은 정작 조선에서는 창고에 처박히고, 일본으로 건너가선 베스트셀러가 되어 일본이 조선을 지피지기하는데 중요한 자료가 됐다. 조선의 무능한 관료들은 속수무책으로 당했던 이유를 조총 탓으로 돌리며 책임을 회피했다.

한편 선조는 1601년 「공신도감」을 만들어 일본의 침략에 맞서 공을 세운 사람들을 선발하게끔 했다. 그는 자신이 조선을 구한 주인공으로 여겨지길 원했고, 공신 선정의 기준을 다음과 같이 제시했다.

"오직 명나라 군대의 힘으로 일본군을 물리칠 수 있었다.
조선 장수들은 명나라 군대를 따르거나
운 좋게 일본군의 머리를 얻었을 뿐이다.
제힘으로는 일본군을 베거나 진지를 함락하지 못했다."
- 「선조실록」 34년 3월 14일

"내가 의주까지 가서 명나라에 호소했기 때문에
명나라 군대가 조선을 도와 적을 토벌할 수 있었다."
- 「선조실록」 34년 3월 14일

"명나라에서 군사를 동원해 적을 몰아내고 영토를
회복했으니 옛날에 없었던 공적이다."
- 「선조실록」 35년 7월 23일

「공신도감」은 약 3년간 조사한 끝에 3개 분류로 나눠 공신 109명을 선정했다. 선조를 따라 의주까지 도망간 '호성공신' 86명, 일본군과 직접 싸운 '선무공신' 18명 등이다. 동래부사 송상현, 조헌, 고경명, 홍의장군 곽재우, 배기장군 조웅 등 전국 곳곳에서 활약하며 목숨 바친 장수들은 대부분 제외됐다. 반면 선조를 따라간 내시와 말 관리사 등 30명은 공신이 됐다. 심지어 선조 주변을 지키던 관료들은 곽재우, 김덕령 등 의병장들을 음해하고 모함하며 역모죄로 몰아 살해하기까지 했다.

임진왜란 공신 현황

구분	호성공신 扈聖功臣	선무공신 宣武功臣	청난공신(淸難功臣)
	선조를 따라 의주까지 도망갔던 공로자	일본군과 싸우거나 명나라 군대와 함께 싸운 공로자	임진왜란 중 이몽학의 난 (1596)을 진압한 공로자
총계	86명	18명	5명
1등	이항복, 정곤수	이순신, 권율, 원균	홍가신
2등	류성룡 외 34명	김시민 외 4명	박명현, 최호
3등	정탁 외 48명	권준 외 9명	신경행, 임득의

그렇게 당하고 또 당하면서 아무런 대비도 하지 않았다

　조선은 임진왜란과 정유재란을 거치며 동아시아에서 지정학적 요충지로 여겨지기 시작했다. 국제질서도 빠르게 변했다. 만주족 리더 누르하치는 주변국과 활발하게 교역하며 세력을 키웠다. 그는 1616년 후금을 세우고 10여 갈래로 나뉘어 분열하던 여진족을 통일하고, 2년 뒤엔 명나라에 전면전을 선포했다. 이처럼 16~17세기 동아시아는 국내를 통일하고 새로운 강자로 떠오른 두 세력, 일본과 만주국이 대외확장을 추구하며 기존세력인 명나라, 조선 등과의 전쟁도 불사했다.

　1619년 후금은 사르후 전투에서 명나라를 제압했다. 당시 광해군은 '임진왜란에서 조선을 도와준 은혜를 갚기 위해' 강홍립 등을 보내 명나라군을 도왔다. 그런데 몽골과 명나라와 맞서던 누르하치는 조선까지 적으로 돌리려 하지 않았다. '어쩔 수 없이' 명나라를 지원한 조선을 부드럽게 대했다. 광해군도 명나라와 후금 사이에서 균형을 잡고자 노력했고, 임진왜란으로 황폐해진 국토를 정비하고 국경 경비도 강화했다.

하지만 광해군은 권력 유지에 방해되는 이복동생 영창대군 등을 숙청하고(계축옥사 癸丑獄事), 선조의 부인 인목대비를 폐위해서 많은 사람에게 큰 반감을 사고 있었다. 그는 성리학적 도덕관념과 사회질서상 치명적인 결함이 있는 왕이었다. 결국 서인 계열이 쿠데타를 일으켜 광해군을 폐위하고 인조(仁祖, 1595~1649)를 내세워 왕권을 잡았다.(인조반정, 仁祖反正 1623. 3. 12.) 서인은 명나라 사대주의에 뼛속까지 물들어 있었고, 후금을 배격하는 '친명배금' 노선을 선택했다. 그들은 성리학 명분과 관념적 질서에 따라 만주족을 오랑캐로 여겨 무시하고 변화하는 현실을 받아들이지 않았다.

누르하치는 1626년 영원성 전투에서 당한 부상으로 인해 사망했다. 권력을 이어받은 아들 홍타이지(Aisin Gioro Hong Taiji, 1592~1643, 청나라 2대 황제, 청태종, 숭덕제)는 인조반정 후 태도가 확 달라진 조선이 못마땅했다. 그는 명나라와의 대결에 앞서 조선을 묶어두고 전쟁에 필요한 물자를 확보하려 했다. 후금 군대가 압록강을 건너 침략했다. 정묘호란(1627)이다. 의주부터 평양까지 순식간에 점령당하자 인조와 관료들은 강화도로 도망갔다. 명나라와의 대결에 힘을 집중해야 했던 후금은 공격 시작 한 달 만에 조선과 '형제관계'를 맺고 전쟁을 끝냈다.

홍타이지는 몽골을 정복하고 칭기즈칸 때부터 썼다는 옥새를 얻었다. 그리고 1636년 12월 청나라 황제에 즉위했다. 즉위식에는 만주족, 몽골족, 한족 등을 포함해 조선 사신(나덕헌, 이곽)도 참여했다. 청나라는 조선에 군주와 신하의 관계를 요구했지만, 조선은 오랑캐 홍타이지를 무시했다. 즉위식에 참석한 모든 사절단이 홍타이지를 향해 삼궤구고두의 예를 올릴 때, 유일하게 조선 사신들만 꼿꼿이 고개를 들고 있었다. 새로 등극한 황제는 오만하고 거만한 조선에 분노했다.

청나라는 계속해서 걸리적거리던 조선을 침략했다. 병자호란(丙子胡亂,

1636.12.28 ~ 1637.2.24)이다. 조선은 임진왜란 후 약 30년, 정묘호란 후 약 10년간 국방력을 키울 기회를 날려버리고 내부 권력다툼에 빠진 채 별다른 대비를 하지 않았다. 반면 청나라는 정묘호란 후 조선을 수십 번 들락날락한 사신들을 통해 각종 군사시설과 방어현황을 낱낱이 파악하고 있었다. 1634년 평안도(7곳), 황해도(5곳), 경기도(1곳)에 세운 산성의 위치와 방비태세까지 아는 수준이었다. 조선 지도층이 강화도로 도망가지 못하도록 급속 기동전략을 계획했고, 주요 강이 얼어붙는 가장 추운 시기에 공격했다. 즉, 청나라는 조선을 철두철미하게 지피지기했다.

청나라군은 고속도로 하이패스를 지나는 것처럼 막힘없이 내달렸다. 조선은 기존에 '정해놓은 대로' 군사를 모아 산속 거점으로 들어갔지만, 청나라군은 신경도 쓰지 않고 지나갔다. 상대의 강약점과 의도를 전혀 파악하지 않았던 조선군은 중앙에서 내려줄 명령만 기다리며 산속 거점에 진을 치고 눌러앉아 있었다. 국토를 휩쓸고 내려가는 외국군대를 그저 지켜볼 뿐이었다. 그 결과 청나라군은 압록강을 건넌 지 불과 6일 만에 한양에 도착했다. 2022년 현재 자전거를 타고 인천에서 부산까지 633km를 종주하는데 약 4~5일이 걸린다. 청나라군은 어떠한 저항도 받지 않고 한양까지 편하게 내달렸다는 얘기다.

왕족과 관료의 가족은 급하게 강화도로 이동하고, 대피할 시간이 없던 인조와 관리들은 남한산성으로 도망갔다. 이때 최명길(崔鳴吉, 1586~1647)이 목숨을 걸고 청나라와 협상하며 인조가 도망갈 시간을 벌었다. 한양에 도착한 청나라군은 '통과'에서 '포위'로 전략을 바꿨다. 남한산성에 갇힌 조선 관료들은 주화파(현실주의)와 척화파(주전파, 성리학 이상주의)로 갈려 극렬하게 다퉜다. 이미 10년 넘게 이어진 논쟁이었다. 최명길을 중심으로 한 주화파는 '왕권과 국가를 보존하려면 협상해야 한다'고, 김상헌(金尙憲, 1570~1652)

을 중심으로 한 척화파는 '명나라를 배반하려는 주화파의 목을 베고, 오랑캐와 끝까지 싸워야 한다'고 주장했다. 그런데 정작 척화파는 스스로 칼 들고 싸울 생각보단 입씨름에 집중했다.

청나라는 당시 조선에 돌던 전염병 때문에 전쟁을 빠르게 끝내려 했고, 천혜의 요새로 여겨지던 강화도도 순식간에 점령했다. 인조와 관리들은 강화도에 피신한 가족들이 인질로 잡히자 결국 항복하기로 결정했다. 홍타이지는 잠실 벌판(삼전도)에 인조를 불러 세 번 절하고 아홉 번 머리를 조아리게 했다. 조선 사신들이 반항하며 미완성에 그쳤던 자신의 황제 즉위식을 삼전도에서 완성한 것이다. 문약하고 우유부단했던 인조는 한반도 역사에서 가장 치욕적인 장면, '삼전도의 굴욕'의 주인공이 됐다.

항복의 대가는 참혹했다. 청나라는 대표적인 주전론자들을 압송하고(삼학사 : 홍익한, 윤집, 오달제 등), 인조의 아들 소현세자와 봉림대군 그리고 조선인 남녀 약 20만 명을 잡아갔다. 그리고 군주(청)와 신하(조선)의 관계를 맺고 매년 막대한 조공과 사람을 바치도록 했으며, 조선이 새로운 성곽을 짓거나 보수할 땐 허락을 받도록 했다.

주화파 최명길은 후속 조치를 담당하며 왕과 국가를 지키고자 헌신했다. 그런데 결사 저항을 외쳤던 척화파 김상헌은 가족들이 보는 앞에서 목을 매는 일종의 쇼를 펼친 것도 모자라 남한산성 문이 열리자마자 고향 안동으로 도망갔다. 3년 뒤 청나라로 잡혀가 삼전도 항복의식에 빠진 이유를 조사받을 땐 '늙고 병들어 따라가지 못했다'고 변명했다. 그런데 후대 성리학자들, 특히 노론 지도자 송시열(宋時烈, 1607~1689)은 최명길을 '명나라에 대한 배신자이자 간신'으로 평가하고, 김상헌을 '명나라에 끝까지 충성한 충신'으로 떠받들었다.

2017년 개봉한 영화 〈남한산성〉은 병자호란을 소재로 했다. 영화에서 김상헌은 인조가 항복을 결정하자 스스로 목숨을 끊는 충신으로 등장한다. 그런데 그는 오히려 최명길(1647년)보다 5년, 인조(1649년)보다 3년이나 더 살았다. 즉, 영화 속 장면은 어처구니없고 황당한 역사 왜곡 그 자체다. 그럼에도 불구하고 여전히 김상헌은 충신으로, 최명길은 간신으로 여기는 경우가 많은 괴이한 한국 사회다. 인조는 김상헌을 아래와 같이 비판했다.

> "김상헌은 평소 나라를 위해 죽겠다고 했다.
> 하지만 정작 왕을 버리고 무식한 자들의 앞장을 섰다.
> 그는 웃음거리조차 못 된다.
> 그런데 무식한 자들이 오히려 그를 본받아야 한다고 말한다.
> (김상헌처럼) 세상을 속이고 명예를 얻기란 쉽다."
> - 「인조실록」 15년 9월 6일

인류 문명, 농업시대에서 상업·산업 시대로 건너가다

일본과 청나라에 처절하게 당한 조선은 더 혹독한 환경을 마주했다. 인류 문명이 새로운 단계로 들어섰기 때문이다. 유럽 국가들은 중국에서 발명했던 나침반을 활용해 항해기술을 발전시켰다. 조선에서 연산군이 즉위하고 극심한 당파분열에 신음하던 1492년, 콜럼버스는 신대륙 아메리카를 발견했다. 네덜란드를 중심으로 진행된 상업혁명은 자본주의의 싹을 틔웠다. 1705년 영국에서 증기기관이 발명되면서 산업혁명이 시작됐다. 즉, 인류 문명은 농업 문명에서 산업 문명으로 건너갔다. 기계가 인간의 근육을 대체하며 각종 재화를 압도적으로 빠르게 많이 생산했다. 교역과 통신이 발달하며 각종 산업은 기하급수적으로 성장했다. 산업화 물결에 올라탄 국가들은 지구를 무대 삼아 원재료 생산지, 상품시장 등을 확보하며 아프리카, 아시아 등에 식민지를 개척했다. 전 세계에 식민지를 확보한 영국은 '해가 지지 않는 나라'로 불리며 패권을 거머쥐었다.

인조가 사망하기 직전인 1648년, 유럽에선 가톨릭과 개신교 세력 간 '30년 전쟁'이 끝나고 외교를 통해 맺은 첫 근대적 국제조약이자 국제법의 시작으로 여겨지는 베스트팔렌 조약(Peace of Westphalia)이 체결됐다. 여기서 국가(State)와 주권(Sovereignty)이란 개념이 탄생했다. 전 세계는 1776년 미국 독립선언, 1789년 프랑스 대혁명 등을 통해 절대적인 왕권과 특권이 몰락하고 시민, 민중, 자본가 계급이 새로운 권력층으로 등장했다.

동양에선 중국(中國)을 천자(天子), 즉 하늘과 같은 존재로 여겨왔다. 중원을 차지한 주인공은 한족, 몽고, 만주족 등 시대마다 바뀌었지만, 동양에서 '중국'을 함부로 넘볼 세력은 없었다. 청나라는 1820년대 당시 세계 GDP의 약 30%를 차지할 만큼 강대국이었다. 그러나 산업혁명에 올라타지 못한 청나라는 두 차례 아편전쟁(鴉片戰爭, Opium Wars, 1차 1840년, 2차 1856년)에서 영국에 패배했다. 1842년 난징조약으로 홍콩을 영국에 넘겨주는 등[1] 오래도록 동양을 지배했던 중화질서가 무너졌다. 청나라는 중체서용(中體西用), 즉 중국의 몸을 바탕으로 서양의 기술과 문물을 받아들이자는 슬로건을 내세워 양무운동을 펼쳤다. 그러나 외세를 배척하는 각종 저항운동(의화단 운동)

---

1) 홍콩의 주권은 1997년 7월 1일 영국에서 홍콩 자치부로 넘어갔다. 2021년 중국 공산당 정권이 홍콩의 민주적인 선거제도를 개편하고 국가보안법을 개정해 자유를 억압하며, 자유민주주의 체제로 운영되었던 홍콩은 더 이상 볼 수 없게 됐다.

과 민란이 발생해 산업화에 실패했다.

　조선은 연산군 시절 노비들이 납을 활용해 은을 분리하는 혁명적인 기술(연은분리법)을 개발했다. 그런데 성리학에선 상업과 공업을 천박하게 여겼고 기술은 버려졌다. 오히려 일본이 이 기술을 습득해 적극적으로 활용했고, 그 결과 일본의 은 생산량은 폭발적으로 늘었다. 도요토미 히데요시는 이를 바탕으로 강력한 세력을 꾸릴 수 있었다. 그 뒤 권력을 잡은 도쿠가와 이에야스는 에도 막부를 세웠다. 100년 전쟁 끝에 탄생한 막부는 내부 반란을 막고자 지방정부를 강하게 통제했다. 각 지방 지도자는 1년 중 절반을 에도(도쿄)에서 지내야 했고, 부인과 자녀 1명씩을 인질 차원에서 에도로 보내야 했다. 지방에 성을 짓거나 보수할 때도 일일이 허락을 받아야 했다. 역설적이게도 이런 통제 정책은 전국의 교통과 통신을 고루 발달시키며 사람, 물자, 정보가 활발히 유통하는 계기가 됐다. 일본 전역에서 상공업과 화폐경제가 발달하고 출판업도 성장했다. 전쟁이 사라지자 사무라이들은 붓을 들어 공부하고, 학교를 설립해 인재를 기르는 등 지적 열기도 높아졌다.

　또한 막부는 강력한 쇄국 정책을 펼쳤다. 별도의 승인 없이 해외로 나가면 사형시킬 정도로 해외 교류를 엄격하게 금지했다. 다만 당대 최고 상업국가인 네덜란드에는 선교 활동을 안 하는 조건으로 나가사키 항구를 열어줬다. 막부는 중국, 조선에서도 다양한 문물과 정보, 학문과 기술 등을 적극적으로 받아들였다. 그렇게 일본은 세계로 시야를 넓히며 근대화의 기반을 다졌다. 그런데 청나라가 영국에 패하고, '얼지 않는 항구'를 찾고자 남하하는 러시아 제국 함대가 홋카이도 국경 부근에서 자주 출몰한다는 소식에 일본의 지식인들은 동요했다. 서양세력에 대한 경계심과 두려움이 높아졌지만 막부는 해안 방어에 소극적이었다. 신분제도와 경제질서도 흔들리고,

200년 넘게 통치하며 타성에 젖은 막부를 향한 원성도 점차 높아졌다.

1853년은 일본 역사를 바꾼 전환점이다. 미국 페리 제독이 검은색 함정들을 끌고 에도 앞바다에 나타났다. 고려-몽고 연합군이 침입했던 1200년대 이후 무려 600년 만에 처음으로 외국군대가 침입하자 일본 사회는 경악했다. 막부는 반강제적으로 미국과 불평등한 조약을 맺고 항구를 열어야 했다. 그 뒤 영국, 프랑스, 러시아 등 서양 국가들과도 불평등한 조약을 체결했다.

전통적으로 막부에 반감을 갖고 있던 세력들은 '천황 중심주의'를 내세워 막부를 타도하려 했다. 대표적으론 요시다 쇼인(吉田松陰, 1830~1859)이 있다. 그는 메이지 유신의 아버지로 여겨지며 야스쿠니 신사에 가장 먼저 봉해졌다. 그는 한반도를 정벌해야 한다는 이론을 집대성했고, 이토 히로부미, 야마가타 아리토모를 포함해 조선 식민지배, 일본제국 건설에 결정적으로 기여한 많은 사람의 스승이다. 또한 일본에서 가장 오랫동안 총리를 역임했던 아베 신조가 가장 존경하는 인물이기도 하다.

막부파와 천황파는 서로를 죽이고 죽였고 끝내 천황파가 승리했다. 그들은 15살 소년에게 메이지 천황이란 이름을 붙이곤 정치 전면에 등장시켰나. 1868년 수립된 메이지 정부는 부국강병을 기치로 내걸고 급격한 서구 근대화를 추진했다. 화혼양재(和魂洋才), 즉 '일본의 영혼만 남겨두고 모든 것을 서양식으로 받아들인다'는 환골탈태의 각오였다. 메이지 정부는 다양한 인재를 선발해 서양 각국에 유학 보내고, 경제, 군사, 정치, 사회, 문화 등 모든 분야에서 선진문물과 제도를 가져와 이식했다. 또한 국력을 기르며 습득한 국제법을 바탕으로 서양 국가들이 강요했던 불평등 조약도 점점 평등하게 바꿔나갔다. 그리고 서양에 당했던 방식을 그대로 복습해 조선에 진출했다. 1876년 조선의 목젖과도 같은 강화도 앞바다에 일본의 흑선, 운요호가 나타났다. 조선은 강제로 강화도조약을 맺으며 항구를 열었다. 그 뒤 일본은 동양에서 유일하게 산업화, 근대화에 성공하며 제국으로 성장했다. 이 과정을 통틀어 '메이지 유신'이라고 한다.

중국은 중체서용, 일본은 화혼양재를 깃발로 세울 때 조선은 위정척사(衛正斥邪)를 외쳤다. '성리학 질서 말곤 모두 사악하니 배척해야 한다'는 폐쇄적인 주장으로 대다수 관료와 지식인들이 동의했다. 그들은 성리학 정신으로 뭉쳐 서양 세력을 물리치려 했다. 조선은 밖에서 무슨 일이 일어나는지 모르고 눈만 멀뚱멀뚱 뜬 채 문을 걸어 잠갔다. 왕보다 강한 권력을 지닌 세도가문들은 제 잇속만 챙기며 서로 싸웠다. 조선은 1894년 갑오개혁 전까지 산업화와 근대화라는 문명의 흐름에서 완벽하게 제외됐다.

흥선대원군, 멸망하는 조선에 인공호흡기를 달다

1863년 12월 8일(음력), 철종이 사망했다. 철종의 어머니 조 대비는 흥선군의 12살짜리 둘째 아들 이명복을 후임자로 지목했다. 이명복은 5일 뒤 창덕궁에서 왕이 됐다. 조선 제26대 국왕 고종(高宗, 1852~1919)이다. 그는 "나는 인조(仁祖)의 직계 후손이다"[2]며 인조에게서 혈통적 정통성을 빌려왔다. 흥선군은 어린 아들을 대신해 권력을 장악하며 흥선대원군이 됐다. 그는 기존 제도들을 보완하며 개혁을 시도했다. 인조반정 후 서인(노론)으로만

---

2) 「고종실록」, 1863년 12월 13일

구성된 권력독점 구도를 깨고자 남인들을 등용했다. 부패하고 무능한 채 국가권력을 주름잡던 안동 김씨 등 세도가문도 척결했다. 왕보다 강한 권력을 휘두르던 비변사를 폐지하고, 세도가문이 정치적 기반으로 삼던 각종 서원을 철폐하고, 임진왜란 후 명나라를 기리며 세운 사당(만동묘, 충북 괴산)도 없앴다. 또한 원래의 통치기구인 의정부를 복원하고, 삼군부[3]를 부활 시켜 군사 업무를 맡겼다. 문란하고 방만하게 운영된 세금제도도 개혁했다. 국방예산도 늘려 강화도에 부대를 추가 배치하고 지방군을 증설했다.

이 시기 조선에선 미국, 프랑스, 독일 등 서구국가 선교사들이 활발하게 활동했다. 원래 흥선대원군은 선교 활동에 딱히 반감을 갖지 않았다. 하지만 사랑, 평등을 강조하는 종교사상이 백성들에게 퍼지며 왕실의 권력을 위협하자 태도를 바꿨다. 조선은 1866년 프랑스 선교사 6명을 포함해 약 6년간 신도와 선교사 약 8천 명을 처형했다. 이를 병인박해(丙寅迫害)라고 한다. 프랑스는 중국에 머물던 함대(전투함 7척, 병력 약 600명)를 한강까지 진격시켰다. 선교사를 죽인 책임자를 처벌하고 통상을 요구했지만 흥선대원군은 단호하게 거절했다. 조선군은 문수산성, 정족산성에서 프랑스군과 교전을 벌였다. 여기서 조선군은 19명이 사상 및 실종되고 프랑스군은 28명이 사상당했다. 프랑스는 강화도 외규장각 등에 보관 중인 서적, 도장, 은괴 등을 닥

---

[3] 의흥삼군부를 줄인 표현. 조선 초기 군사 업무를 총괄하기 위해 만들어진 기구다. 여러 차례 변화를 거쳐 1865년(고종 2년) 흥선대원군이 다시 조직하고, 15년 뒤 고종이 만든 통리기무아문에 흡수됐다. 흥선대원군 집권 당시인 1868년 광화문에 세운 '청헌당(淸憲堂)'은 삼군부, 통리기무아문, 러시아 군사고문단에게 훈련받은 궁궐수비대(시위대) 본부로 쓰였다. 1910년(순종 4년)부터 1926년까지는 조선 보병대 사령부로 활용됐다. 조선 후기 건축양식의 특징을 잘 드러내며 근현대사에서 중요한 유적(서울특별시유형문화재 제16호)이다. 1967년 서울시 노원구 공릉동 육군사관학교로 옮겨진 뒤 지금까지 보존되고 있다. 청헌당 현판은 조선 후기 무신 신헌(申櫶, 본명 신관호, 1810~1884)이 썼다. 그는 추사 김정희의 제자로 대동여지도 제작에 참여하고, 1866년 병인양요 당시 강화도를 수비했다. 1876년 강화도조약(조일수호조규)을, 1882년 조미수호통상조약을 체결하는 등 군인이자 외교관으로서 흥선대원군이 크게 신뢰했다.

치는 대로 약탈해갔다.[4] 병인양요(丙寅洋擾)다.

　같은 해 평양에선 미국 상선 제너럴셔먼호(General Sherman)가 조선의 허락 없이 대동강을 거슬러 올라와 통상을 요구했다. 평양감사 박규수(朴珪壽, 1807~1877)는 평양 군민들과 함께 배를 불태우고 선원들을 처형했다. 그는 흥선대원군의 신임을 얻어 경복궁 재건업무를 총괄하고, 김옥균, 박영효, 홍영식, 서재필, 윤치호, 박정양 등 개화파 인물들이 스승으로 삼은 인물이었다. 미국은 이 사건을 빌미로 삼아 책임자 처벌과 개항을 요구하며 1871년 6월 강화도에 군대(전투함 5척, 약 1,200명)를 보내 위협했다. 어재연(魚在淵, 1823~1871)이 이끄는 조선군이 약 3일간 극렬하게 저항했지만 광성보가 함락되고 243명이 사망하고 24명이 부상당하는 등 큰 피해를 입었다. 미군은 20일간 강화도에 머물렀지만 조선이 끝까지 거부하자 철수했다. 이를 신미양요(辛未洋擾)라고 한다.

　1868년, 독일인 오페르트는 흥선대원군의 아버지인 남연군의 무덤을 도굴하려 했다.[5] 흥선대원군은 서구국가를 혐오하며 '서양 국가와 통상을 거부한다'는 척화비(斥和碑)[6]를 종로(현 서울 종각역 보신각 바로 앞) 등 전국 약 200곳에 세우고 나라 문을 굳게 걸어 잠궜다. 관리와 지식인들도 성리학 정신을 내세우며 동조했고, 조선은 일본과 정반대의 노선을 걷게 됐다.

---

4) 프랑스가 훔쳐 간 외규장각 도서들은 2013년 일시적으로 반환됐다. 2022년 현재도 프랑스가 소유권을 갖고 있고 5년마다 대여 계약을 갱신하고 있다.
5) 오페르트 도굴 사건(Oppert 盜掘事件) 혹은 남연군 분묘 도굴 사건(南延君墳墓盜掘事件)
6) 척화비 본문 : 洋夷侵犯 非戰則和 主和賣國 (양이침범 비전즉화 주화매국), 戒我萬年子孫 丙寅作 辛未立 (계아만년자손 병인작 신미립) "서양 오랑캐의 침입에 맞서 싸우지 않으면 화해하자는 것과 같다. 화해는 곧 나라를 파는 것과 같다. 만대 후손에게 경고한다. 병인년에 짓고 신미년에 세우다."

흥선대원군은 내정개혁에 어느 정도 성공했지만 왕권을 강화하고자 경복궁을 중건하고 새로운 화폐(당백전)와 청나라 화폐를 유통하는 과정에서 민생을 피폐하게 만들었다. 그럼에도 불구하고 세도가문을 몰아내 중앙집권체제를 정비하고 군사력을 강화했던 덕분에 프랑스군, 미군과 맞붙으며 강제개항을 조금 늦출 수 있었다. 즉, 흥선대원군은 이미 기력을 잃은 조선이 조금 더 살 수 있도록 인공호흡기를 달았다.

조선 왕실의 끝없는 집안싸움

신미양요 다음 해인 1873년, 21살이 된 고종은 10년간 통치한 흥선대원군을 물러나게 했다.(친정선언) 더 정확히 말하자면, 흥선대원군은 최익현 등이 올린 상소에 따라 며느리 민비에 의해 권력에서 밀려났다. 고종은 흥선대원군과 정반대로 했다. 정부 요직을 다시 서인(노론)으로 채우고, 명나라를 섬기는 만동묘를 부활시켰다. 부인 민비(閔氏, 본명 민자영, 1851~1895)와 그의 가문인 여주(여흥) 민씨들을 대거 등용해 고위직책을 차지하게 했다. 궁궐 안팎에는 민씨들이 득세했다. 강화도 부대는 축소되었고 궁궐을 지키는 친위대(무위소)만 남았다. 1875년경 약 800명이었던 친위대 병력은 1880년 무렵 4,400명에 달했다. 흥선대원군이 그나마 살렸던 지방군은 와해됐고 궁궐 수비대만 남았다. 군인의 신분은 낮아지고 우대정책도 사라졌다. 국방예산을 마련하고자 시행했던 각종 세금정책(도성문세, 연강수세, 상선세, 지방 포군을 위한 세금 등)도 사라졌다. 반면 왕실이 쓸 돈을 확보하려고 듣기만 해도 황당한 각종 세금을 대규모로 만들었고, 백성들의 삶은 더욱 힘들어졌다. 왕실이 온갖 사치를 부리면서 국가 재정은 걷잡을 수 없이 악화됐다. 그 결과 1875

년 중앙군이 쓸 화약과 탄약이 2년 전과 비교해 절반으로 줄었고, 무기는 수리조차 어려워졌다. 삼군부는 이름만 남은 기구로 전락했다.

조선 후기는 흥선대원군과 민비가 벌인 집안 다툼으로 점철된다. 고종은 사실상 들러리 역할이었다. 1874년 11월 민비 오빠 민승호(閔升鎬, 1830~1874)는 민씨 가문의 리더이자 최고 권력가로 병조판서를 맡고 있었다. 그는 흥선대원군 부인의 동생이기도 했는데, 원래 대원군을 지지하다가 입장을 바꿔 민비에게 붙었다. 그는 집에서 '대단히 귀한 물건이니 직접 열어보라'는 편지가 적힌 뇌물을 받았고, 어머니와 12살 아들과 함께 열어보다가 폭탄이 터져 가족이 모두 사망했다. 범인은 잡히지 않았다. 민비는 대원군이 꾸민 일이라고 추측했다. 그로부터 약 22년 간 대원군과 민비 사이의 피 터지는 집안싸움이 시작됐다. 둘은 온갖 음모를 꾸미는 것도 모자라 외세를 마구 끌어들이며 조선을 망국으로 몰아갔다.

껍데기만 남은 조선군

조선은 과거제도를 통해 무관(간부)을 선발했다. 1800년 정조가 사망하고 몇몇 세도가문이 권력을 독점하면서 인재선발과 등용 과정이 문란해졌고, 고종 때는 이름만 쓰면 벼슬을 주는 '공명첩'이 거래되는 등 관료체제가 망가졌다. 지방군은 임진왜란을 거치며 '속오군+잡색군 체제'로 바뀌어 양민, 상민, 천민(노비) 등이 동시에 복무했다. 하지만 양민들은 천민과 함께 하는 것을 기피했고, 매년 일정 금액을 내며 병역을 면제받았다. 군대에는 상민과 천민만 남았고 무관들도 박한 대우를 받았다. 훈련도 없는 오합지졸이었다. 다산 정약용(丁若鏞, 1762~1836)이 그의 저서 『목민심서』에서 "속오군은 노비와 천민의 집단이다. 심지어 어린이와 늙은이까지 섞여 있다."라고 비판할 정도였다. 1894년 과거제도를 폐지하기 전까지 이런 경향은 이어졌다. 조선의 중앙정치기구와 군대를 간략히 살피면 다음과 같다.

구분	정치기구	군대	
		중앙군	지방군
조선 건국 (1392) ~ 임진왜란 전 (1592)	·의정부 ·6조	·5위도총부 (의흥)삼군부 〉 5위도총부 ·5위 궁궐/도성 수비 지방 분담 방어 - 의흥위(중위) - 용양위(좌위) - 호분위(우위) - 충좌위(전위) - 충무위(후위)	·15세기 : 진관체제 - 읍마다 진 편성 - 지역별 소규모 방어 - 병영(육군), 수영(해군) ·16세기 : 제승방략체제 - 마을 단위로 군사집결 - 중앙에서 지휘관 파견 ·잡색군 : 예비군
임진왜란 (1592) ~ 흥선대원군 집권 전 (1863)	·비변사 : 문관/무관의 합 의기구(군국기 무 관장) ·의정부 : 행정업무	·친위군 : 왕실호위 ·5군영 : 수도/국왕 방위 - 훈련도감 : 수도방위 - 어영청 : 수도방위 - 총융청 : 북한산성 - 수어청 : 남한산성 - 금위영 : 왕실호위	·17세기 : 속오군 + 잡색군 - 진관복구 - 속오법으로 편제 - 양반부터 노비까지 포함 - 유사시 전투 동원
흥선대원군 집권 기간 (1863~1873)	·의정부 : 행정 ·삼군부 : 군사	훈련도감, 어영청, 금위영, 총융청, 용호영	·지방군사제도 유명무실 - 실질적으로 와해
고종 집권 기간 (1873~1907)	·통리기무아문 (1880) ·삼군(1882) ·외아문/내아문 ·의정부 + 8개 아문 ·군국기무처 ·내각 + 7부	·무위소 설치 ·별기군 창설(1881) ·양영제 : 무위영, 장어영 ·3원체제 ·친군영체제 ·3영체제 ·5영체제	

한국군의 뿌리와 아시아 정세 변화의 특이점 : 임오군란

군대의 뿌리를 인식하는 관점은 시기, 사건, 의사결정 또는 인물 등에 따라 달리할 수 있다. 그중에서도 임오군란은 중요한 특이점이다. 국가가 군대를 어떻게 인식하고 다뤘는지 적나라하게 드러나고, 이 사건으로 인해 국내외 정세도 크게 요동쳤기 때문이다. 특히 한반도에 외국군이 처음으로 주둔하게 된 사건이다. 외국군은 주둔하는 국가의 정치, 사회, 경제, 군대 전반에 큰 영향을 미친다. 모든 제국이 이익이 걸린 지역에 군대를 배치하려 했던 이유기도 하다. 임오군란을 한마디로 표현하자면, 민비 정권이 스스로 자초한 재앙이었다.

민비의 오빠가 폭살 당한 1년 뒤인 1876년 강화도 앞바다에 일본의 검은색 함정들이 나타났다. 조선은 프랑스와 미국을 막아냈지만 일본은 당해내지 못했다. 왕실 집안싸움과 과거 회귀 정책이 나라를 병들게 하고, 국가는 왕실과 민씨 가문이 부를 얻는 수단으로 전락했기 때문이다. 조선은 조일수호조규(강화도조약)를 통해 강제로 문을 열었다. 강화도조약을 체결한 일본 대표 구로다 가요타카는 고종에게 일본제 무기(포1문, 단총 1정, 칠연총 2정)를 선물했고, 고종은 무기 생산에 관심을 갖게 됐다. 고종은 1880년 선진문물을 관찰하려고 일본에 보냈던 2차 수신사(修信使) 일행이 돌아온 뒤부터 근대 개혁에 나섰다. 삼군부를 없애고 의사결정 조직인 통리기무아문(統理機務衙門)을 만들었다. 일본에 다녀온 김홍집은 주일본 청나라 공사 황쭌셴(黃遵憲)과의 대담을 정리한 『조선책략』을 가져왔다. "조선에게 러시아를 막는 일보다 급한 건 없다. 중국과 친하고 일본과 맺고 미국과 연결하며 자강을 도모해야 한다."는 내용이었다. 고종은 개화파를 다수 등용했다.

1881년 박정양, 홍영식, 김옥균, 윤치호, 유길준 등 조사시찰단(朝士視察

團)이 일본으로 건너가 약 4개월간 주요 공공기관, 산업, 시설, 제도 등을 관찰했다. 그들은 구마모토 포대, 이다바시 화약제조소, 육군사관학교, 병영, 포병공장, 군용 통신시설 등도 견학하고, 일본의 무라타 총, 레밍턴 총 등 새로운 무기도 살폈다. 같은 해 11월(양력)에는 김윤식 등으로 구성된 영선사(領選使)가 청나라로 갔다. 서양 문물을 받아들인 청나라의 탄약/화약 제조, 무기 수리, 전기 등을 관찰했는데, 1883년 3월 조선이 기기창, 무기공장 등을 세우는 계기가 됐다.

1882년 조선은 청나라가 알선해 미국과 조미수호통상조약을 체결했고, 다음 해 루시어스 푸트(Foote, L. H.)가 초대 미국공사로 부임했다. 조선은 보빙사(報聘使)를 꾸려 사상 처음으로 서구 국가에 외교사절단을 파견했다. 민영익, 홍영식, 서광범, 유길준 등은 뉴욕에서 미국 대통령 체스터 A. 아서(Arthur, C. A.)와 회동하고 국서도 전달했다. 이때 미국인들이 조선식 예법에 놀랐던 장면은 당시 신문에 실리기도 했다.

사절단에는 영어를 할 수 있는 조선인이 없어 일본인 통역관 미야오카 츠네지로(宮岡恒次郎)에게 도움받았다. 사절단은 세계박람회, 농장, 공장,

보빙사

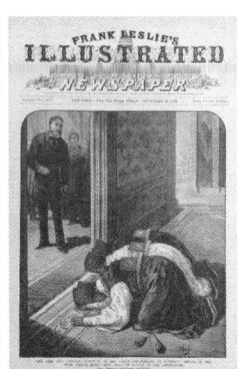
신문에 실린 보빙사

병원, 전기, 철도, 소방서, 육군사관학교, 군 시설, 교육기관 등을 살피고, 1884년 5월에는 유럽까지 둘러본 뒤 돌아왔다. 조선은 이를 계기로 우정국을 설치하고 경복궁에 전기를 도입하며 육영공원(최초의 근대식학교)을 설립했다. 조선인 최초 유학생으로 여겨지는 유길준은 미국 보스턴에 남아 공부한 뒤 돌아와『서유견문』(1895)을 썼다.

그런데 개화정책의 주도권을 두고 청나라 영선사 일행과 일본 수신사 일행 사이의 알력다툼이 심했다. 쇄국을 주장하는 목소리도 컸다. 1881년 이만손 등 경상도 지역 선비들은 수신사 김홍집을 비판하는 상소를 올렸다.(영남 만인소 운동) 그들은 '머리카락이 저절로 곤두서고 쓸개가 흔들리며 통곡의 눈물을 흘렸다'라며 '조선책략은 불합리하며 김홍집을 처벌해야 한다', '위정척사로 돌아가야 한다' 등을 주장했다. 민비 정권은 비판 수위가 정도를 넘자 주도자 이만손 등을 체포한 뒤 전라도 강진 외딴 섬으로 유배를 보냈다. 전국의 성리학 선비들은 위정척사를 외치며 개화정책을 계속해서 가로막았다.

임오군란은 사실상 흥선대원군이 민비를 몰아내려는 쿠데타이기도 했다. 민비는 시아버지를 탄핵하고 약 9년간 무소불위의 권력을 휘둘렀다. 그동안 조선 국고는 거덜 났다. 조정 관료들은 5년 넘게, 군인들은 13개월 넘게 급료를 받지 못할 정도였다. 그런데도 민비는 나랏돈을 펑펑 써댔다. 청나라에게서 2살짜리 아들을 세자로 인정받기 위해 리홍장(李鴻章, 1823~1901)에게 뇌물을 바치고 세자 책봉을 얻어냈다. 사치, 부정부패, 미신 신봉은 당시 조선에 있던 외국인 선교사들이 봐도 기겁할 수준이었다. 궁궐에 무당, 점쟁이 등을 수시로 불러들여 굿판을 벌였다. 한 유명 점쟁이는 점을 잘 봤다는 이유로 즉석에서 비단 100필과 1만 냥을 받기도 했다.[7] 세자로 정해진 아들(순종)이 무병장수하도록 빌면서 금강산 봉우리 개수에 맞춰 1개 봉우리마다 돈 천 냥, 쌀 한 섬, 베 한 필씩을 바쳤다. 이렇게 국고를 탕진하며 지극 정성을 들였건만 정작 순종은 훗날 독을 탄 커피를 잘못 마셔 이가 다 빠지고 생식능력도 망가진 채 평생을 병약한 허수아비로 살았다.

서구열강은 세력을 넓히고, 중국과 일본도 근대화를 추진하며 생존을 위한 사투를 벌였다. 민비 정권은 일본에 도움을 구했다. 마침 일본은 강화도조약 후 조선을 우호적으로 대했고, 수신사들도 일본이 조선을 침략할 가능성이 적다고 분석했다. 또한 일본 무기가 더 강하기도 했고 청나라에 대한 의존도도 낮추려고 했다. 서울에 머물던 일본군 장교를 교관으로 초빙하면 시간과 돈을 아끼며 빠르게 군사훈련을 할 수 있었다. 조선은 1881년 4월 기존 군대(5군영)에서 80명을 선발하고, 일본 육군소위 호리모토 레이조(堀本禮造, 1848~1882)를 초빙해 교련병대(教鍊兵隊, 별칭 별기군, 왜별기)를 창설했다. 교련병대의 롤모델은 일본군이었다. 1년 뒤엔 군관후보생 약 140명, 병사 약 300명이 훈련했다. 신식 군대라고 불린 이들은 최신형 무기를 지급받았고, 이들의 복장과 급료는 기존 군인과 비교하기 힘들 만큼 탄탄했다.

반면 기존군대인 5군영은 무위영과 장어영 등 2개로 통폐합되고 인원은 5,000명 규모로 줄었다. 이들은 신식 군대와 비교해 심각하게 차별받았고, 불만은 조금씩 쌓여갔다. 국가에서 받는 월급은 쌀 6말 반(약 52kg)이었다. 13개월 넘게 월급을 못 받은 군인과 그 가족들은 하루하루 먹고 살아남기도 힘들었다. 불만이 심상치 않자 14개월분 중 겨우 한 달 치를 지급했다.

---

7) 진단학회, 『한국사』 최근세편, 을유문화사, 1978, p.465.

그마저도 무게를 늘리려고 물을 부어 썩어버린 쌀, 모래와 겨를 섞은 쌀이었다. 군인들은 격하게 항의했지만 되레 모욕을 당했고, 더 이상 참지 못해 관리자들을 때렸다.(도봉소사건 都捧所事件)

당시 군사업무를 총괄하던 병조판서는 민겸호였다. 그는 흥선대원군의 셋째 처남이자 민비의 오빠로 교련병대 창설을 주도했다. 또한 정부 쌀을 관리하는 선혜청 대표(당상)로 군인들에겐 원수 중의 원수로 여겨졌다. 민겸호는 소란을 피운 군인들을 강력하게 처벌하라고 지시했다. 일부 군인이 고문을 당했고, '주동자 2명은 사형당할 것'이란 소문이 퍼졌다. 다른 군인들이 민겸호를 찾아가 선처를 호소하는 과정에서 하인들과 마찰이 생겼는데 순식간에 폭동으로 번졌다. 분노한 군인들은 민겸호 등 민씨 권력가들의 집을 불태웠다. 그들은 왕실에 대한 반역행위자로 몰리지 않으려고 흥선대원군을 지도자로 추대했다. 대원군은 이 기회를 틈타 민비를 몰아내고 권력을 되찾고 싶었다. 이해관계가 맞아떨어진 대원군과 군인들은 함께 궁궐로 들

흥선대원군

민비(민자영)

어갔다. 민겸호 등은 창덕궁으로 도망갔지만 결국 군인들에게 얻어맞고 살해됐다. 참고로 그는 1905년 을사늑약이 체결되자 스스로 목숨을 끊으며 애국지사로 여겨지게 된 민영환(閔泳煥, 1861~1905)의 아버지다.

군인들은 모든 사태의 원흉인 민비를 처단하려 했다. 흥선대원군도 '민비를 제거하라'고 명령했다. 하지만 민비는 궁녀로 변장한 뒤 무관 등에 업혀 경기도 장호원으로 도망갔다. 군인들은 무기고에서 무기를 빼내 민비 정권과 일본을 향해 분풀이했다. 그간 왕실의 폭정과 부정부패 그리고 일본에 대해 반감을 품은 서울 하층민들도 가담했다. 아무도 그들을 막을 수 없었다. 성난 군중은 서대문 근처 일본공사관을 습격해 건물을 불태우고 호리모토 소위를 포함한 일본인 13명이 살해했다. 그들은 '신식 군대' 교련병대도 제압했다. 일본 공사 하나부사 요시모토(花房義質, 1842~1917)는 겨우 도망쳐 나가사키로 탈출했다. 일본 정부는 국가 위기상황으로 규정하고 긴급회의를 열어 조선에 군대를 보내기로 결정했다. 곧바로 전군소집령을 선포해 8월 8일 후쿠오카에 군대를 집결시켰다. 하나부사는 8월 12일 군함 4척, 수송선 3척과 일본군 1개 대대 약 300명을 이끌고 인천에 들어왔다. 외무장관 이노우에 가오루는 '흥선대원군의 집권을 인정한다'는 비밀문서를 하나부사에게 딸려 보냈다.

대원군은 거의 10년 만에 군권이 자리를 꿰차고 '민비가 사망했다'고 발표한 뒤 주요 관직에서 민씨들을 쫓아냈다. 그리고 고종으로 하여금 '이번 항의는 정당했다'고 발표하도록 해 군인들이 이번 소동에 대해 책임지지 않도록 했고, 대규모 사면령을 내려 민심을 수습했다. 군인들의 불만이 정권을 뒤집는 쿠데타까지 이어진 것이다. 적어도 여기까진 대원군의 승리였다.

그런데 민비와 민씨 권력가들도 그대로 당하진 않았다. 그들은 청나라에 구원을 요청했다. 수백 년간 조선에 영향력을 미쳤던 청나라는 강화도조약 이후 일본에게 밀려나 있었다. 이번 소동을 조선에서 주도권을 확보하는 기회로 삼으려고 했다. 8월 20일 딩루창(丁汝昌, 1836~1895)과 마젠창(馬建忠 1845~1900)이 약 3,000명을 끌고 경기도 화성 남양만으로 들어왔다. 병자호란 후 약 250년 만에 청나라 군대가 한반도에 진출한 것이다.

일본식 신식 군대 '교련병대'

하나부사 요시모토

8월 25일 청나라군이 서울에 들어왔을 땐 모든 상황이 수습된 뒤였다. 그런데 민비는 '흥선대원군을 처리하고 폭동에 가담했던 군인들을 찾아내 응징해달라'고 호소했다. 다음날 청나라군은 흥선대원군을 납치해 텐진으로 압송하고, 대원군을 따르던 사람들을 감옥에 가두거나 처형했다. 이들은 병력을 둘로 나눠 왕십리(위안스카이 지휘), 이태원(우창칭 지휘) 부근 군인 거주지를 습격해 조선군 약 170명을 체포했다. 그중 11명의 목을 벤 뒤 본보기삼아 서울 성벽에 걸어놓았다. 민비와 청나라군의 극악무도한 만행에도 불구하고 조선 민중은 항의조차 하지 못했다. 이처럼 민비는 외국군대를 끌어들여 집안싸움에 활용했다. 고종은 대원군과 민비 사이에서 갈팡질팡할 뿐이었다.

임오군란 결과, 대원군 세력은 위축되고 청나라에 사대하던 민비 세력이 살아남았다. 조선의 기존 군대와 신식군대는 사라졌고, 민영환 등 민씨 권력가들이 친군영 체제를 도입하며 군사 권력을 새롭게 장악했다. 민비는 영의정 이유원과 호조참판 김홍집을 시켜 일본과 뒷수습 방안을 협의토록 하고, 8월 30일 '제물포조약'과 그동안 거부했던 '조일수호조규속약'을 맺었다.

제물포조약[8]

* 조약 원문에 제목이 없어 통상적으로 '제물포조약'이라 부른다.

일본력(양력)으로 7월 23일, 조선력(음력)으로 6월 9일 조선의 흉도들이 일본공사관을 습격해 공사관원들이 화난을 당했고, 조선에서 초빙한 일본 육군 교관도 참혹하게 살해됐다. 일본국은 조선국과의 우호관계를 위해 타당하게 협의해 처리하였으며, 조선국은 아래의 6개 조항 및 따로 정한 속약 2개 조항을 실행할 것을 약속하며 징벌과 선후 처리를 잘하겠다고 했다. 그리하여 양국의 전권대신은 아래 조약을 조인하여 상호신뢰의 근거로 삼는다.

제1조 조선국은 지금부터 20일 이내에 흉도를 체포하고 그 수괴를 가려내 엄히 징계한다. 일본국은 관리를 파견해 함께 조사하고 처리한다. 만약 기한 내로 잡지 못하면 마땅히 일본국이 판단해 처리한다.

제2조 조선국은 일본국 관리 중 피해를 당한 사람에 대한 예의를 다해 장례를 후하게 치른다.

제3조 조선국은 5만 원을 지불해 피해를 당한 일본 관리와 그 가족들, 부상자들을 특별히 돌본다.

제4조 조선국은 흉도들의 폭거로 인해 일본국이 받은 손해와 공사를 호위하며 육군과 해군이 쓴 비용 중 50만 원을 부담한다. 매년 10만 원씩 5년 안에 완전히 청산한다.

---

8) 「고종실록」 19권, 19년 7월 17일.

> 제5조 일본공사관에 약간의 군사를 두어 경비하게 한다. 병영을 설치하고 수리하는 것은 조선이 담당한다. 만약 1년 후 조선의 군사와 민중이 법률을 잘 지켜 공사관에 대한 경비가 불필요하다고 여겨지면 철수해도 무방하다.
>
> 제6조 조선국은 일본에 특별히 대관을 파견해, 국서를 전달하고 일본에 사과한다.
>
> 대일본국 메이지 15년 8월 30일
> 대조선국 개국 491년 7월 17일
> 일본국 변리공사 하나부사 요시모토
> 조선국 전권대신 이유원
> 조선국 전권부관 김홍집

 이로써 일본군 병영시설을 보수하는 비용 모두 조선이 부담하고, 일본인들은 조선에서 더 활발하게 경제, 무역 활동을 할 수 있게 됐다. 또한 제5조에 따라 일본군 제3사단 소속 1개 보병대대 약 150명이 공사관 주변에 주둔했다. 이 부대는 다음 해 1개 중대로 감축됐고 1884년 갑신정변 과정에 참여했다. 청나라는 속국을 보호한다는 명분으로 조선에 3천 명을 주둔시켰다. 외국군대가 처음으로 한반도에 주둔하기 시작한 것이다. 일본으로선 사상 처음으로 다른 국가에 군대를 배치하고, 마음껏 운영할 수 있게 된 역사적인 전환점이었다.

 제6조에 따라 조선은 박영효를 대표로 하고 서광범, 김옥균, 민영익 등을 포함한 3차 수신사를 일본에 보냈다. 그들은 1882년 9월부터 약 3개월간 일본에 머물다 돌아왔다. 이때 일본으로 가는 배에서 박영효가 처음으로 '태극기'를 사용했다는 설이 있지만 고증은 되지 않았다. 당시 일본의 주요 언론은 '임오군란으로 일본이 피해를 입어 전쟁을 해야 한다는 여론도 있었

지만, 평화주의에 입각해 조선과 조약을 체결했다.'[9]라고 평가했다. 영국 타임즈는 '조선에서 외세에 반대하는 수구파 폭도들이 일본공사관을 습격해 일본의 인명피해가 컸다. 일본은 선의(Bona Fides, Good faith)에 입각해 이 사건을 침착하게 처리했다.'[10]라고 했으며, 미국의 뉴욕 타임스는 제물포조약 각 조항을 소개하며 '조선과 일본의 협상은 일본에 유리하게 끝났다. 청나라로 잡혀간 흥선대원군은 반역과 암살의 우두머리다. 임오군란에 반발해 일본에서는 2만 명이 군대에 입대를 신청하고, 20만 엔이 모금됐다.'[11]라고 보도했다.

청나라는 조선 국왕을 자국 외교장관(북양대신)과 같은 수준에 두고 조선의 지배 권한을 명문화하며 조선 내정에 깊숙하게 관여했다. 24살 청년 장교 위안스카이(袁世凱, 1859~1916)를 군사고문으로, 마젠창을 내정고문으로, 독일인 묄렌도르프(Paul Georg von Möllendorff, 1848~ 1901, 한국식 이름 '목인덕')를 재정 고문으로 파견해 각종 정책을 주물렀다. 특히 위안스카이는 1894년 도망치기 전까지 10년 넘도록 무소불위의 권력을 휘둘렀다. 조선인들은 왕, 민비보다 위에 있는 그를 '원대인'으로 불렀다. 묄렌도르프는 당오전을 발행해 화폐제도와 실물경제를 교란하는 등 조선 경제와 민생에 막대한 손해를 끼쳤다. 게다가 조선이 외교, 통상을 추진할 경우 반드시 청나라에게 승인을 받도록 강제했다. 즉, 청나라는 마치 일제 식민지배처럼 조선을 억

---

9) 郵便報知新聞, "朝鮮談判平和結果", 1882.9.4.
10) The Times, "The Outbreak In Corea.", 1882.9.20.
11) The New York Times, "A Diplomatic Victory In Corea The Japanese Envoy Leaces Seoul, And Is Called Back By The Userper", 1882.10.2.

압했다. 이처럼 임오군란을 기점으로 조선반도는 청나라와 일본이 힘을 겨루는 전쟁터가 되고 동아시아의 국제관계도 전환점을 맞았다.

위안스카이

묄렌도르프

임오군란을 전후로 조선군은 매우 짧은 기간에 여러 번 개편됐다. 기존 군대 체제를 모두 없애고 청나라식으로 5천 명 규모의 신건친군영(新建親軍營)을 창설했다. '왕이 지휘하려고 새롭게 만든 군대'란 뜻이다. 이들은 청나라군의 옷을 입고 청나라 방식으로 훈련했다. 조선은 청나라의 지나친 간섭을 조금이나마 견제하려고 일본식 군대인 친군 전영과 후영도 만들었다. 조선, 청나라, 일본 방식이 뒤섞인 부대들은 복장, 무기, 구령, 지휘, 훈련 등이 모두 달랐다. 1884년 친군5군영체제로 개편하며 겉으로나마 군사제도를 통합했지만, 외세 침입에 대응하는 건 기대조차 할 수 없었고 기껏해야 궁궐을 지키는 수준에 불과했다. 국가 단위에서 국방전략과 제도, 재정/행정 기반을 운영하고, 국가를 수호하려는 의지 등은 임오군란을 기점으로 소멸됐다.

현재 한국 사회는 임오군란을 '군인 월급차별' 또는 '신식 군대와의 차별대우'에서 비롯됐고 그 책임을 군인 탓으로 돌리는 경우가 많다. 사건을 부르는 명칭 '군인반란'에도 그런 의미가 담겨 있다. 정작 부정부패로 국가와 국방을 망치고, 외세를 끌어들여 권력 다툼하던 지도층은 피해자로 여겨지는 경향이 강하다.

구분		군영(기존 군대)		신식 군대
민비(고종) (1873~1882)		무위영 (궁궐수비)	장어영 (도성방위)	교련병대(일본식)
흥선대원군 (1882.8.)	임오군란 후	무위소, 훈련도감, 용호영, 호위청, 금위영, 어영청, 총융청		×
민비(고종) 1882.11.	대원군 납치 후	용호영, 금위영, 어영청, 총융청		친군 좌/우영(청나라) 친군 전/후영(일본)
민비(고종) 1884.10.		친군 전/후/좌/우영, 친군영		

한편 민비는 한 달간의 혼란 끝에 권력을 다시 거머쥔 걸 기념하며 특별 과거시험(증광별시)을 시행했다. 여기서 급제한 사람이 이완용(李完用, 1858~1926)이다. 이름만 들으면 '매국노', '친일파'가 튀어나오는 그는 을사5적, 정미7적, 경술국적 모두 포함된 매국노 3관왕이다. 그는 초대 미국 외교관으로 파견됐고 친미파의 선구자이자 원조다. 갑오개혁에서 주도적인 역할을 맡고, 왕자를 가르치던 스승이었다. 또한 독립협회 회장으로서 2/3기간을 이끌고 독립문 현판을 쓰고 만민공동회 개최를 주관했다. 그는 초등교육 의무화, 사범학교 설립 등 한국 교육사에도 큰 획을 긋고, 세간에 알려진 것처럼 방탕하지도 않았고 조선 왕실에 충성을 다한 선비였다. 친일 매국노

란 별칭이 무색하게 일본어를 거의 할 줄도 몰랐던 이완용이 사망하자 조선인들은 국왕 장례식 수준으로 성대하게 추모했다.

존재감 없는 조선군과 갑신정변

궁궐만 지키던 조선군의 실상은 갑신정변에서도 여실히 드러났다. 청나라와 일본은 조선 밖에서도 부딪혔다. 일본은 1874년 타이완에 군대를 보내고, 1879년 오랜 기간 청나라에 조공을 바치던 류큐(오키나와)를 합병하며 청나라를 자극했다. 청나라는 베트남을 두고 프랑스와 갈등했다.(1884년 청불전쟁) 청나라는 상대적으로 안정적이었던 조선에서 병력 1,500명을 빼내 베트남 전쟁에 투입했다. 조선에서 청나라의 영향력이 약해졌다고 판단한 김옥균, 박영효 등 개화파는 청나라에 기대고 있던 민비 정권을 몰아내기로 결심했다. 일본도 이들을 적극적으로 돕겠다는 뜻을 내비쳤다.

1884년 12월 4일, 서울 종로거리에 새로 지은 우정국 개설을 축하하는 파티가 열렸고 각국 외교사절과 정부 관료들도 참석했다. 여기에서 개화파는 민비의 수족이자 민씨들의 우두머리였던 민태호, 민영목을 살해하고, 민비의 조카인 민영익에게 큰 상처를 입혔다. 또한 민비에 동조하는 관료들을 처단하고 청나라로부터의 독립과 근대 자본주의를 지향하는 새로운 정부 수립을 선포했다. 일본은 1개 보병중대 120명을 동원해 궁궐을 지켰다. 하지만 개화파들의 운명은 순식간에 바뀌었다. 조선 민중은 이 사건을 '일본이 개화파를 앞세워 조선을 침략했다'고 받아들였고, 일본공사관을 불태우고 일본군 대위를 살해하는 등 일본인 38명을 죽거나 다치게 했다. 위안스카이는 청나라 군대를 동원해 창덕궁에서 개화파를 보호하던 일본군을 공격해 철수시켰다. 개화파는 정치, 군사, 경제적인 기반이 약했고 민중들의 지지를 받지도 못했다. 청나라군이 3일 만에 사태를 진압하자 개화파는 일본 등으로 망명했다. 민비 정권을 끝장내려 했던 그들의 시도는 '3일 천하'로 끝났다.

일본 정부는 이노우에 가오루(井上馨, 1836~1915)에게 전권을 주고 사태를 수습하도록 했다. 조선 좌의정 김홍집은 그와 두 차례 회담을 가졌다. 일본은 자국민이 죽고 공사관이 불탄 것에 대한 배상을 요구했다. 반면 조선은 개화파를 지원한 일본에 책임을 묻고 대역죄인 김옥균을 송환하라고 요구했다. 1885년 1월 9일, 한성조약이 체결됐다.

한성조약

1885.1.9.

이번 경성에서의 사변은 작은 문제가 아니다. 이에 대일본국 황제는 특별히 전권대사 이노우에 가오루를 대조선국에 파견해 처리하게 하고, 대조선국 군주는 일본과 돈독한 우호를 진심으로 염원하여 김홍집에게 전권을 위임해 의결하도록 임명하며 지난 일을 교훈으로 삼아 뒷날을 조심하게 한다. 둘은 마음을 합해 상의하고 아래 약관을 만들어 양국의 우의가 완전하다는 것을 밝히며, 앞으로 이런 사건이 발생하는 것을 방지한다.

제1조 조선국은 일본국에 국서를 보내 사죄를 표명한다.

제2조 조선국은 일본국 희생자의 유족 및 부상자를 지원하고, 상인들이 화물이 훼손되고 약탈된 것에 대한 보상으로 11만 원을 지불한다.

제3조 이소바야시 대위를 살해한 폭도를 조사, 체포하고 중형으로 처벌한다.

제4조 조선국은 일본 공관을 새로운 곳으로 옮겨 신축하기 위한 토지와 건물을 제공한다. 또한 공사비로 2만 원을 지불한다.

> 제5조 일본 호위병의 생활 시설은 공사관의 부지로 정하고, 임오속약 제5조에 비춰 실행한다.
> * 건축비, 유지보수비, 관리비 등은 모두 조선이 부담한다.
>
> 대조선국 개국 493년 11월 24일
> 특파전권대신 좌의정 김홍집
>
> 대일본국 메이지(明治) 18년 1월 9일
> 특파전권대신 백작 이노우에 가오루

조선의 요구는 단 하나도 반영되지 않았다. 2년 전 임오군란 때와 마찬가지로 조선이 사과하고 모든 책임을 졌다. 조선은 사죄를 비는 국서를 일본에 보내고 피해자들에게 배상했다. 그리고 1월 19일 이소바야시 대위를 살해범으로 추정되는 김태흥(무직자)과 원한갑(땔감 장수)을 붙잡아 처형했다. 또한 조약 4, 5조에 따라 일본 공관과 군사시설도 새로 지어줬다. 이처럼 외국 군대가 수도 한복판에서 싸우고, 국가가 불평등하고 굴욕적인 조약을 맺는 상황에서도 조선군은 아무 구실도 하지 못했다.

갑신정변 중 청나라군 3명, 일본군 2명이 사망했다. 국제사회는 두 국가가 전쟁을 벌일까 봐 우려했다. 하지만 북쪽에서는 러시아가 내려와 일본을 위협하고, 베트남에서는 프랑스가 청나라에 우세했다. 일본과 청나라는 서로 다툴 여유가 없었다. 영국의 중재를 통해 갑신정변 사태를 빠르게 마무리 지으려 했다. 보통 군사충돌이 있은 뒤에는 승리한 국가의 영토에서 조약을 체결한다. 일본 대표 이토 히로부미는 중국 톈진에 가서 청나라 대표 리홍장과 만났다. 그들은 1885년 4월 3일부터 15일까지 6차례 협상했지만, 조선에 군대를 출병하는 권한을 두고 대립했다. 청나라는 청나라만 파병할 수 있다고, 일본은 조선이 승인하면 일본도 파병할 수 있다고 주장했다.

그런데 영국이 조선의 거문도를 갑자기 점령했다. 남하하는 러시아를 견제하려는 목적이었다. 청나라와 일본은 다른 외국 세력들이 한반도에 더 많이 끼어들기 전에 협상을 마무리 짓기로 했고, 둘 모두 조선에 군대를 보낼 수 있다는 조항에 합의했다. 그 결과 '텐진조약'이 체결됐다. 이로써 일본은 조선에서 청나라와 동등한 국제법적 군사권리와 지위를 갖게 됐다. 청나라는 10년 뒤 이 결정을 뼈저리게 후회하게 된다. 동학운동으로 촉발된 일본과의 전쟁에서 패배하며 역사의 뒤안길로 물러나야 했기 때문이다.

텐진조약

1885.4.18.

1. 청나라는 조선에 주둔하던 군대를 철수하고, 일본국은 공사관을 호위하기 위해 조선에 주둔하던 군대를 철수한다. 서명 날인한 날로부터 4개월 이내에 각기 모든 인원을 철수하고 양국 간 분쟁이 일어날 우려를 없앤다. 청나라는 마산포에서, 일본은 인천항에서 철수한다.

1. 청일 양국은 다음을 함께 승인한다. 조선 국왕이 군사훈련을 하도록 권장하고 치안을 스스로 지키도록 한다. 또한 조선 국왕이 다른 나라의 무관 1명 혹은 여러 명을 고용해 군사훈련을 위임하게 한다. 청일 양국은 무관을 파견해 각자 조선에서 훈련하는 일이 없도록 한다.

1. 앞으로 조선국에 변란이나 중대한 사건이 일어나 청일 양국 혹은 다른 국가가 파병하게 될 때는 먼저 상대방 국가에 문서로 알린다. 그 사건이 진정되면 즉시 철수하고 다시 주둔하지 않는다.

대청국 광서 11년 3월 4일 특파전권대신 백작 이홍장
대일본국 메이지 18년 4월 18일 특파전권대사 백작 이토 히로부미

톈진조약에 따라 1885년 7월 일본군 약 600명은 인천항에서, 청나라 군대 약 2,000명은 마산포에서 철수했다. 이처럼 갑신정변 당시 청나라, 러시아, 일본, 영국 등 4개 국가가 조선을 두고 각축을 벌였다. 조선에서 벌어진 사건은 단지 조선만의 것이 아니라 국제적인 이슈였던 것이다. 당시 영국 타임스는 갑신정변을 '한국 내전(Corean Civil War)'라고 표현하며 '청나라와 일본이 톈진조약으로 우호적인 결말을 내리고 군사 충돌을 막았다'고 평가했다.[12] 미국의 뉴욕 타임스는 협상 과정에서 청나라와 일본이 영어로 대화한 것을 의아하게 여기며, 이토 히로부미는 영어를 완벽하게 구사했지만 리홍장은 영어를 전혀 알지 못했다는 점을 부각해서 보도했다.[13]

　민비 정권은 그간 여러 번 뜯어고친 군사제도를 다시 손봤다. 자신을 노린 일본의 흔적을 지우고자 친군 전/후영을 없애고, 군사제도와 훈련방식을 청나라식으로 통일했다. 또한 외국군에게 그나마 덜 영향 받던 친군별영을 뼈대로 궁궐 호위부대를 강화했다. 그리고 중앙군에 약 3,200명을 배치하고 지방군도 보강했다. 1885년 강화도에 1,500명을 새로 배치하고 평양에 친군 서영(1,200명)을 뒀다. 1887년에는 경상감영을 친군 남영으로, 1893년에는 전라 감영을 친군 무남영으로, 함경북영을 친군 북영으로, 춘천에 있는 군대는 친군 진어영으로 이름을 바꿨다. 즉, 각 지방에 있는 병영을 모두 '친군영'으로 변경했다.

　1888년에는 예산을 아끼려고 3개 군영 체제로 축소했다. 통위영(약 2,300명)은 북한산성, 돈의문, 창의문 등 서울 성곽을 방어하고, 장위영(약 1,900

---

12) The Times, 1885.4.23.
13) The New York Times, "Conducted Wholly In English", 1885.7.19.

명)은 숭례문과 소의문을 지키고, 총어영은 광희문에서 숙정문을 맡았다. 1891년에는 궁궐을 경비하는 용호영과 북한산성을 방어하는 경리청을 신설해 5영 체제로 개편했다.

구분		군영(기존 군대)		신식 군대
민비(고종) (1873~1882)		무위영 (궁궐수비)	장어영 (도성방위)	교련병대(일본식)
흥선대원군 (1882.8.)	임오군란 후	무위소, 훈련도감, 용호영, 호위청, 금위영, 어영청, 총융청		×
민비(고종) 1882.11.	대원군 납치 후	용호영, 금위영, 어영청, 총융청		친군 좌/우영(청나라) 친군 전/후영(일본)
민비(고종) 1884.10.		친군 전/후/좌/우영, 친군영		
민비(고종) 1884.12.	갑신정변 후	친군 전/후/좌/우영, 친군영, **친군별영**		
민비(고종) 1888.		**통위영, 장위영, 총어영(도성 경비)**		
민비(고종) 1891.		통위영, 장위영, 총어영 **용호영(궁궐 경비), 경리청(북한산성 방어)**		

이 시기 조선군은 다른 외국군에게도 많은 영향을 받았다. 1888년 미국 군사교관(다이 육군 준장, 커민스 육군 대령, 닌스테드 해군 대령 등)을 초청했다. 다이 준장만이 정규 사관학교 교육을 받은 장교였다. 조선은 최초 사관학교인 '연무공원'을 세우고 16~27세 청년 40명을 선발해 미국식 무기와 제복을 지급하고 훈련시켰다. 하지만 예산이 배정되지 않고 훈련도 체계 없이 진행되었고, 결국 6년간 지지부진하게 운영되다가 갑오개혁 때 폐지됐다.

1892년에는 영국 해군교관(콜웰 대위 등)을 초청해 강화도에 최초의 해군 사관학교인 해군통제영학당을 세웠다. 15~20세 청년 50명과 수병 500명을 훈련시킬 계획이었지만 지원자가 부족했고 무시험으로 모집했다. 교육

시작 5개월도 되지 않아 간부훈련생 50명 중 30명, 수병 300명 중 160명만 남았다. 결국 갑오개혁 때 해군통제영과 함께 폐지되며 근대적인 해군을 만들려는 계획은 사라졌다. 1903년 4월에는 일본에서 양무호를 구입해 역사상 최초로 근대적인 신식 함정을 갖게 됐다. 하지만 그마저도 전투함이 아니라 화물선이었고, 고종 재위 40주년을 기념하는 행사용 장식품이었다. 해군 1명도 없는 상황에서 원래 가격보다 30만 원(현재가치 약 390억 원)이나 비싸게 사서 국고를 낭비한 대표적인 사례다. 러일전쟁이 일어나자 일본은 양무호를 가져가 화물선으로 활용했다.

해군통제영학당

양무호

조선이 군사제도와 운영방식을 개선한 목적은 오직 궁궐을 지키기 위함이었다. 왕실과 권력층이 사치하며 부정부패가 만연해 국고는 바닥나고 외국은 내정에 간섭했다. 군대가 써야 할 기초 무기와 탄약마저 보급할 수 없었다. 경복궁 경비병을 빼곤 해안과 국경을 지키는 군대는 사실상 없었다.

이리 붙었다 저리 붙는 민비, "조선군은 10년간 무엇을 했나?"

1882년 임오군란 당시 민비는 청나라에게서 힘을 빌렸지만 간섭이 심해지자 러시아와 몰래 손잡으려고 했다. 청나라는 민비의 의도를 간파하고 대원군을 풀어 민비를 견제하려 했다. 민비는 조카 민영익[14]을 리훙장에게 보내 대원군을 계속 가둬달라고 애걸했다. 하지만 청나라는 군이 직접 안 나서도 민비를 위협하고 러시아를 견제할 수 있는 좋은 카드인 대원군을 활용했다. '지금부터 서로 싸워라' 전술이었다. 대원군은 1885년 8월, 3년 만에 풀려나 서울 운현궁에 돌아왔다.

효과는 컸다. 민비는 대원군이 귀국하고 며칠 만에 그를 따르던 수십 명을 살해했다. 민비는 대원군과의 갈등이 심해질수록 청나라에 더 의존해야 했다. 청나라는 한 걸음 더 나아가 위안스카이에게 공식 직함(주차조선총리교섭통상사의)을 주고 서울에 머물도록 했다. 위안스카이는 조선을 돕는다는 명분으로 조선 왕실의 일거수일투족을 감시하고 통제하며 막강한 위세를 부렸다. 약 10년간 인사, 내정, 외교, 국방 등 모든 분야에서 조선을 지배하는 위안스카이를 막을 수 있는 사람은 아무도 없었다. 오죽했으면 조선을 감시

---

14) 민영익(閔泳翊, 1860~1914) : 민비의 조카로 청나라 사대수구파의 대표 인물이다. 1874년 11월 폭탄 테러로 민승호와 그 아들이 사망하며, 대가 끊겨버렸던 민비 집안의 뒤를 잇기 위해 죽은 민승호의 양자가 됐다. 보빙사절단에 포함되어 세계를 일주하며 선진문물을 시찰했지만 관련된 기록은 전혀 남기지 않아 조선의 국정운영에 도움 되지 않았다. 1884년 갑신정변 당시 큰 부상을 입었지만 미국인 선교사/의사 알렌(Horace Newton Allen, 1858 ~ 1932)의 치료를 받고 살아났고 둘은 의형제를 맺었다. 민영익은 민비의 친러시아 행보를 위안스카이에게 몰래 보고했지만, 민비 세력에게 신변의 위협을 느끼며 홍콩으로 망명한 뒤 상하이에서 사망했다. 한편 알렌은 민비가 유일하게 절대적으로 신뢰한 외국인이었다. 민영익을 치료한 뒤 조선의 정치에 깊이 관여했다. 그는 최초의 근대식 병원인 광혜원(제중원)을 설립했다.(세브란스 병원). 한편 주한미국 공사를 맡으며 로비스트로 활동했고, 운산 금광채굴권/경인철도 부설권 등의 막대한 이권을 챙겼다. 알렌은 구한말 조선에 대한 기록을 다수 남겼고, 1905년 을사늑약이 체결된 후 일본인들과 함께 축배를 마신 뒤 미국으로 돌아갔다.

하고 관리한다는 '감국대신(監國大臣)'으로 불렸다. 한양에는 수교조약을 맺은 일본, 미국, 영국, 독일, 러시아 외교관들도 머물고 있었다. 모든 사절은 궁궐에 들어갈 때마다 가마에서 내려 걸어가야 했는데 위안스카이만은 가마를 타고 들어갔다. 또한 사절들은 고종 앞에 서 있어야 했지만 위안스카이만은 자리에 앉아 있었다. 게다가 조선 대신들은 위안스카이가 부르면 곧장 달려가 꼼짝없이 협박과 훈시를 들어야 했다. 20대 청년 장교에 불과했던 위안스카이에게 조선은 식민지배에 준하는 굴욕을 겪었다. 그는 조선 여성 3명을 첩으로 받아들이고 그 사이에서 자녀 15명(7남 8녀)을 얻었다.

요컨대 청나라는 권력 쟁탈에 이성이 마비된 시아버지(대원군)와 며느리(민비) 그리고 그 사이에서 갈피를 못 잡는 왕(고종)을 자유롭게 요리하며 국익을 알뜰하게 챙겼다. '톈진조약'으로 청나라와 일본 군대가 동시에 철수한 건 외세의 간섭에서 벗어나 자주적으로 개혁할 수 있는 절호의 기회였지만 민비는 또다시 외세를 끌어들여 권력을 유지했다. 그 뒤 약 10년간 세계 주요 국가는 근대화, 산업화를 추진하며 눈부시게 발전했다. 특히 일본은 근대개혁에 성공하며 국력을 쌓았지만 조선은 허송세월, '잃어버린 10년'을 보냈다.

1890년 당시 총리는 야마가타 아리토모였다. 그는 어린 시절 이토 히로부미 등과 함께 요시다 쇼인에게 가르침을 받았고, 죽기 직전 '쇼인 선생님께 가장 큰 영향을 받았다'라고도 했다. 그는 3월 내각회의에서 '외교정략론'을 연설했다.

> "우리나라 이익선의 초점은 조선이다. (...) 내년(1891)부터 러시아가 건설하는 시베리아철도가 완공되면 조선에서 많은 일이 일어나고 동양에도 많은 변동이 생기게 된다."

같은 해 12월 초대 일본국회 연설에서도 '조선은 일본의 이익선'이라고 강조하며 일본을 지키기 위해 조선을 점령해야 한다는 정책 방향을 밝혔다. 이처럼 일본은 20년 넘게 국력을 기르고, 서양과 대등한 관계를 맺으며 쌓은 경험과 자신감을 바탕으로 청나라를 물리치고 조선을 지배하겠다는 의도를 노골적으로 드러냈다.

1894년은 조선왕조 500년 중 가장 역동적인 시기였다. 무능한 국정으로 정부 조직과 경제는 무너져있었다. 2월, 전라도 고부군에서 전봉준(全琫準, 1855~1895) 등 동학 농민군이 봉기했다. 농민들은 관리들의 폭정, 착취, 부정부패에 오래도록 시달렸고 더 이상 참을 수 없어 무기를 들었다. 동학군은 순식간에 전라도 전역을 뒤덮고 5월 31일 전주성을 점령했다. 조선 지방군은 이름만 남은 상태였고 그나마 유지하던 중앙군 편제에 보부상, 짐장수들을 채워 넣어 동학군에 대응했다. 그런데 동학군이 가진 기세와 전투력이 만만치 않았다. 이에 놀란 민비 정권은 6월 3일 위안스카이에게 청나라 군대를 투입해달라고 요청했다. 내부 문제를 외국군대를 불러 해결하려는 시도에 반대하는 목소리도 있었지만 일단 발등에 떨어진 불부터 꺼야 했다. 대표적인 탐관오리 민영준(閔泳駿, 1852~1935)은 위안스카이가 머무는 공관을 수시로 드나들며 청나라군 피병을 주도했다. 그는 나중에 이름을 민영휘로 바꿨다. 한일합병 당시 자작 작위를 부여받고 '조선 제1의 갑부'로 불린 친일반민족행위자다. 식민지배 당시 본인 이름을 따 휘문학교(현재의 서울 휘문중학교, 휘문고등학교)를 설립했다. 2022년 현재도 민씨 가문이 소유 중인 휘문학원은 교육용 토지의 용도를 변경해 오피스텔을 짓는 과정에서 이사장 등이 각종 횡령을 저질러 구속 수감됐다.

전봉준

민영준(민영휘)

큰사람이 되자
진리를 탐구하고 진실을 추구하는 실천적 지식인이 되자.

- 설 립 자 : 하정 민영휘(荷汀 閔泳徽)
- 개 교 일 : 1906년 5월 1일
- 건학이념 : 득천하영재구국(得天下英才救國)
  지성, 감성, 인성을 겸비하여 정의와 평등을 실현하는 「큰사람」을 육성한다.
- 교 훈 : 큰사람이 되자

휘문고 공식 홈페이지 (2022년 현재)

    청나라는 기다렸다는 듯이 조선이 요청한 대로 움직였다. 6월 9일부터 12일 사이에 약 2,000명을 충청도 아산만으로 보냈다. '우리의 속국인 조선을 보호한다'는 명분이었다. 일본은 동학군이 어떻게 움직이는지 예의주시하고 있었고, 조선이 청나라에 파병을 요청한다는 소식을 접하자마자 긴박하게 움직였다. 일본은 갑신정변에서 청나라에게 수모를 당한 뒤 10년

간 국력을 키웠고, 이제 복수할 기회라고 생각했다. 일본은 파병 요청 첩보를 입수한 그 날 의회를 해산하고 1개 여단, 약 8,000명을 조선에 보내기로 했다. 또 천황이 국군통수권을 행사하도록 '대본영'을 설치했다. 동학군이 진주성을 점령한 지 5일도 되지 않아 국가를 전시체제로 전환할 만큼 일본 정부는 민첩했다. 본대가 준비하는 사이에 오토리 게이스케(大鳥圭介, 1833~1911) 공사는 헌병 400명과 함께 서울에 들어왔다. 당사자 조선은 발만 동동 구르며 대신 문제를 해결해 줄 세력을 찾는 동안 두 국가는 국익을 챙기려고 발 빠르게 움직였다.

6월 8일을 전후로 청나라군(천안)과 일본군(인천)이 조선에 도착했다. 이때 조선군은 전주성을 회복한 상태였고, 동학군도 외국군대가 온다는 소식을 듣곤 외세가 개입할 구실을 주지 않으려고 민비 정권과 협상하고 있었다. 6월 11일 전주화약을 맺고 동학군은 자발적으로 해산했다. 조선은 '동학란이 진정되고 있으니 이제 철수해 달라'고 청일 양국에 요청하고, 청나라도 '군대를 동시에 철수하자'고 일본에 제안했다. 하지만 전쟁을 각오한 일본은 이를 거부했다. 일본은 조선이 반대해도 군대를 계속 늘리고 서울까지 진출했다. 그리고 '조선이 내정에 실패하고 부패했기 때문에 동학봉기가 벌어졌다. 내정을 개혁하지 않으면 이런 반란이 또 일어날 수 있다. 결국 청나라와 일본이 조선에 파병하게 되어 동양평화를 깨뜨리게 된다. 따라서 이번에 조선을 개혁하지 않고는 철수할 수 없다.'고 주장했다.

6월 22일 일본은 청나라에 '조선 공동 내정개혁'을 제안했다. 일본은 청나라가 제안을 받아들이지 않을 거라 예상했고 실제로 거부하자 단독으로 조선개혁에 나섰다. 일본이 내세운 '조선 내정개혁'은 조선을 지배하려는 핑계였다. 당시 일본 외무대신으로 '외교의 신'으로 여겨지는 무쓰 무네미쓰(陸奧宗光, 1844~1897)는 자서전 『건건록』에서 '처음부터 조선 내정개혁은 정치적인 필요 이외에 아무 의미가 없었다. 일본과 청나라 관계를 정리하려고 도출한 일개 정책일 뿐이었다'라고 했다. 그는 사카모토 료마(坂本龍馬, 1836~1867)의 제자로 이토 히로부미와 함께 각종 외교 현장을 뛰어다녔던 인물로 유명하다.

사카모토 료마   무쓰 무네미쓰

일본군 4,000명이 서울을 점령한 상황에서 민비 정권은 일본의 뜻을 거역할 수 없었다. 그동안 청나라에 붙었던 권력가들이 지닌 기세가 꺾이고, 김가진, 유길준 등 일본과 가까운 개화파가 떠올랐다. '왕보다 센 왕'으로 10년 넘게 군림하던 위안스카이는 잔뜩 겁을 먹고는 6월 18일 호위병 한 명도 없이 공관에서 몰래 나와 청나라로 도망갔다. 1885년부터 10년간 이어진 '위안스카이 식민시대'는 허무하게 막을 내렸다. 그는 1916년 중화제국 황제가 되었다고 스스로 선포하며 중국을 갈기갈기 분열시켰고 몇 개월 뒤 요독증[15]에 걸려 사망했다.

---

15) 신장의 기능이 떨어져 소변으로 배출돼야 할 각종 노폐물이 혈액에 쌓여 나타나는 중독 증세

위안스카이가 도망가자 민비와 민씨 권력가들은 낙동강 오리알 신세가 됐다. 일본 오토리 공사의 단독무대가 된 조선은 '자주적'인 명분을 내세워 개혁하려 했다. 7월 13일, 교정청을 만들고 일본의 요구를 거부했다. 그러자 일본은 7월 23일 경복궁을 무력으로 점령하고 서울과 수원 등에 있던 조선군을 무장해제했다. 고종이 가진 권한도 정지하고 흥선대원군을 경복궁에 들여보냈다. 대원군은 일본 덕분에 다시 권력을 잡고 몇 년 만에 만난 아들(고종)을 질책하며 민씨들을 몰아냈다. 일본은 대원군 손을 빌려 개항 때부터 개혁정책에 반대하던 수구세력을 제거했다. 대원군은 계속해서 외세의 도구로 쓰였다. 1885년에는 청나라가 러시아를 견제하고 민비를 조종하려고 대원군을, 이번엔 일본이 민비와 수구세력을 몰아내려고 대원군을 활용했다.

대원군은 김홍집을 영의정에 임명하고 입법기구(군국기무처)를 설립해 첫 근대개혁인 '갑오개혁'을 시작했다. 군국기무처는 일본에게 영향을 받으며 다양한 개혁조치를 쏟아냈다. 먼저 정부조직을 왕실을 담당하는 궁내부와 내정을 담당하는 의정부로 개편했다. 이조, 병조 등 6개 부서(6조)는 8개 기능으로 나눠 '아문'으로 바꿨다. 관료 제도는 18품급에서 11품급으로 축소하고, 정부 자금은 탁지아문에서 관리하게 했다. 은을 기준으로 화폐제도를 통일하고, 세금은 모두 화폐로만 내게 했다. 온갖 부정부패의 온상이었던 과거제도를 없애고, 실무시험으로 관리를 선발하도록 했다. '3대를 멸한다'는 연좌제도 폐지하고, 10대 초반에 결혼하는 전통을 금지하며 재혼을 허용했다. 그리고 노비제도를 없애고 인신매매도 금지했다. 조선의 정치, 경제, 사회질서와 제도가 근대적인 모습으로 빠르게 바뀌었다. 이를 1차 갑오개혁이라고 한다.

한편 일본은 경복궁을 점령하고 이틀 뒤인 7월 25일, 충청 아산만에 머물던 청나라 함선을 기습 공격했다. 청나라와 전쟁을 벌이려는 무력도발이었다. 뒤이어 8월 1일엔 '조선 독립과 내정개혁을 방해하는 청나라를 조선에서 쫓아낸다'는 내용을 담아 청나라에 선전포고했다. 청나라는 '속국 조선을 보호한다'며 전쟁에 돌입했고 청일전쟁이 발발했다. 민비 정권이 동학군을 진압하려고 청나라에 기댄 결과 한반도에서 국제전쟁이 터진 것이다. 이렇게 되기까지 조선군은 무엇을 했을까? 한 번 알아보자.

'그만 알아보자'

이렇게 하고 싶을 만큼 처참했다. 조선군은 별다른 역할을 하지 못했다. 1894년 청일전쟁 직전에 형식적으로나마 등록돼있던 조선군 주요 전력은 다음과 같다. 그런데 수치와는 달리 실제로 운영할 수 있는 지방군은 거의 없었다.

* 조선군 전력(중앙군 + 지방군)

구분	병영 소재지	합계
총계		297,636명
중앙군	서울	8,500여 명
강원도	횡성, 춘천, 삼척, 철원	10,031명
경상도	안동, 대구, 경주, 상주, 진주, 김해, 동래	44,600명
전라도	순천, 전주, 여산, 운봉, 나주	35,079명
충청도	홍주, 청주, 충주, 해미, 공주	17,772명
평안도	숙천, 중화, 덕천, 순천, 용천, 구성, 가산, 영변, 정주, 철산, 초산, 곽산, 벽동, 의주, 삼화, 선천, 창성, 강계	**65,078명**
함경도	홍원, 영흥, 덕원, 갑산, 삼수 단천, 부령, 경성, 무산, 명천, 길주, 회령, 종성, 온성, 경원, 경흥	**52,313명**
황해도	봉산, 안악, 평산, 풍천, 곡산, 산산	15,463명
수군(해군)	아래 참조	약 48,800명

* 조선 수군 전력(19세기 초반)

구분	소재지	총계	전선	방선(중무장)	병선(경무장)
총계		353	129	70	154
경기 수사	교동	25	5	11	9
경상 우수사	통영	87	42	2	43
경상 좌수사	부산	31	15		16
전라 좌수사	순천	39	19		20
전라 우수사	해남	73	32	11	30
충청 수사	보령	51	10	21	20
평안 수사	관서	6	3		3
황해 수사	소강진	41	3	25	13

무기 측면에서 조선군 전력을 살펴볼 수 있다. 조선은 직접 무기를 만들기보다는 외국에서 구입하는 데 집중했다. 임오군란 후 청나라에서 청동포 10문, 영국제 조총 1,000정을 구입하고, 1882년에는 일본에서 무라타 소총 2만 정을, 1884년 미국에서 소총 4,000 정, 개틀링포 6문, 레밍턴 소총 3,000 정, 탄약 등을 구입했다. 1880년대 후반까진 청나라, 일본, 독일로부터 무기를 사들였다. 그 결과 1894년 일본군이 경복궁을 점령하고 조선군을 무장해제 시켰을 당시 중앙군은 포 19문, 각종 소총과 화승총을 보유하고 있었다. 하지만 자금과 탄약이 없어 훈련도 제대로 하지 않았고, 신식 무기를 다룰 수 있는 병력은 소수에 불과했다. 그 와중에도 자체적으로 무기를 만들려는 노력도 있었다. 1883년 무기를 생산하는 기기창을 서울 삼청동에 만들고 1889년 일본에 유학생을 보내 화약 제조기술을 습득하게 했다. 그러나 기기창의 실제 생산량은 미미했고 주로 기존 무기를 수리하는 데 그쳤다. 어떤 무기를 어느 정도 생산했는지 등 기록은 남아있지 않다. 기

기창은 역사상 최초로 신식 무기를 만든 공장이자 근대식 공장이란 점에서 의미가 있지만 1894년에 폐쇄됐다.

앞서 살핀 것처럼 조선군은 짧은 기간 여러 번 제도가 바뀌었고, 군대라는 형태가 있었지만 궁궐 수비 이상은 하지 않았다. 그 결과 외국군대가 조선에서 전쟁을 일으켜도 꼼짝없이 지켜보기만 했다. 자체적인 노력이 아주 없던 건 아니지만 군대는 과정보다 결과로 증명해야 하는 숙명을 가진 조직이다. 특히 국가 생존과 관련된 상황이라면 더욱 그래야 한다. 전쟁 패배는 곧 국가소멸이기 때문이다. 조선이 국가로서 기능하지 못하는 사이 외세는 광산개발, 철도/도로 구축, 생산시설 건설 등 근대화에 관련된 주도권과 이권을 모두 앗아갔다.

근대 최초의 군사동맹과 청일전쟁

일본은 조선에서 시작한 전쟁에 서구 열강이 간섭하지 않도록 명분과 정당성을 확보해야 했다. 그래서 조선이 일본에 전쟁을 '위탁'했다는 증거를 만들려고 했다. 먼저 조선을 압박해 청나라와의 관계를 모두 끊도록 강요했다. 그런데 조선은 이 요구를 거절하며 서양 외교관들을 통해 일본군을 철수시키려 했다.

처지가 불리해진 일본은 8월 26일 조선과 일방적으로 군사동맹을 체결하고 곧바로 관보에 공개하며 '조선을 침략할 의도가 없다'는 주장을 세계에 홍보했다. 외무대신 김윤식이 단독 처리한 날림 조약이었지만, 어쨌든 조선은 최초로 근대적 군사동맹을 맺게 됐다. 이 조약을 기점으로 '조선 독립'이란 용어도 공식적으로 등장했다. 일본은 서구 열강이 청일전쟁에 간섭하지 못하도록 '조선독립'이란 대의명분을 계속 내세웠다.

대조선국 대일본국 양국 맹약(조일양국맹약)
1894.8.26.

조선이 '주찰조선국 경성 일본국 특명 전권공사'에게 청나라 군대를 대신 물리쳐 줄 것을 위탁해, 양국 정부는 청나라를 향한 동맹에 뜻을 같이했다. 동맹을 맺는 이유를 명확하게 하고, 공동 목적을 달성하고자 양국 대신이 전권을 위임받아 결정한 조약은 다음과 같다.

1. 이 맹약은 청나라 군대를 조선 국경 밖으로 철퇴 시켜, 조선이 자주독립을 공고하게 하고 조선과 일본 양국의 이익을 증진하는 것을 목적으로 한다.

1. 일본은 청나라와 전쟁에 임하고, 조선은 일본 군대가 기동할 때 식량 등을 미리 준비하고, 편의를 제공하는 데 반드시 노력한다.

1. 이 맹약은 청나라와 화해조약을 맺게 되는 날에 종료한다. 양국 전권대신은 이를 조인하고 증빙한다.

대조선국 개국 503년 7월 26일
외무대신 김윤식
대일본국 메이지(明治) 27년 8월 26일
특명전권공사 오토리 게이스케

9월 15일, 평양성에서 버티던 청나라군 2만 명은 일본군에 크게 패했다. 그때까지도 일본을 얕잡아봤던 조선인들은 '무려' 청나라가 '겨우' 일본에 지자 경악했다. 3일 뒤엔 압록강 앞바다에서 일본 해군이 청나라 군함 4척을 침몰시키고 7척을 대파했다. 일본 함정들은 스크래치만 조금 생겼을 만큼 압도적인 승리였다. 10월 24일, 일본군이 압록강을 건너 청나라 영토로 진입하고, 전략적 요충지인 다롄(11월 3일), 뤼순(11월 21일)을 점령했다. 청나

라는 수도 베이징까지 위협받자 급하게 평화회담을 제안했지만 일본은 응하지 않았다.

일본은 이노우에 가오루를 조선 공사로 파견했다. 그는 요시다 쇼인을 스승으로 모시는 조슈번 출신으로, 청년 시절 특별 유학생으로 선발되어 이토 히로부미와 함께 영국에서 유학했다. 메이지 유신 1급 공로자로 외무대신, 내무대신 등을 역임했다. 이노우에는 조선과도 매우 깊이 연관되어 있다. 강화도조약 장본인이며, 임오군란을 수습하고 갑신정변 당시 한성조약을 맺는 등 조선을 가장 잘 알고 가장 능숙하게 다뤘던 일본인이다. 사무라이 출신으로 얼굴에 칼자국이 10개가 넘을 만큼 험악한 인상이었지만 인내심이 강하고 포용력이 있었다고 평가받는다. 이렇게 일본을 대표하고 조선을 잘 아는 거물급 정치인이 '외교관'으로 왔다. 조선 왕실은 위풍당당하게 서울에 온 그를 보며 잔뜩 긴장했다. 하지만 고압적이었던 위안스카이와는

일본 공사 오도리 게이스케(전임)

이노우에 가오루(후임)

달리 이노우에는 매우 공손하게 처신했고 '조선 왕실을 보호하는 데 힘쓰겠다'며 고종과 민비를 달랬다.

10월 7일 이노우에는 고종과 민비를 만났다. 민비는 자신이 기대던 청나라와 민씨 권력가들이 사라지고 대원군에 밀려있다가 이노우에가 따뜻하게 대해주자 무한한 신뢰를 보냈다. 이노우에가 언제든지 왕실과 연락할 수 있도록 특별한 호의도 베풀었다. 왕실이 일본에 기대자 오랜 기간 암살위협에 시달렸던 개화파에게도 기회가 찾아왔다. 박영효는 10년 만에 조선에 돌아올 수 있었다. 원래 민비는 그를 증오하며 죽이려고 안달 나 있었지만 관복을 지어 보내며 화해의 뜻을 전했다. 이때부터 박영효는 대원군에게 미움을 샀다. 그만큼 민비와 대원군은 사사건건 부딪쳤다.

대원군은 일본 덕분에 권력을 회복했지만 위정척사, 척화비 등이 보여주듯이 근대 개혁정책과는 거리가 먼 인물이었다. 본인이 일인자라고 착각하며 갑오개혁을 주도하던 군국기무처에 수시로 간섭했다. 일본은 더 이상 대원군을 이용할 필요도 가치도 못 느꼈다. 민비가 일본에 붙자 대원군은 거추장스러운 존재가 됐고, 이노우에도 대원군을 제거하려 했다. 마침 일본군이 평양성을 공격할 때, '청나라가 승리하기를 바란다'며 대원군이 청나라에 보낸 비밀편지가 발견됐다. 일본은 그 책임을 물었다. 10월 21일, 대원군은 경복궁에서 나아 원래 머문렸던 운현궁으로 되돌아갔다.

11월 21일 조선은 내무대신에 박영효, 법무대신에 서광범을 임명하며 2차 갑오개혁을 추진했다. 의정부를 내각으로 바꾸고, 8아문을 7부로 개편했다. 전국 행정구역은 8도에서 23부로 나눴다. 각종 재판소를 설치해 사법권을 독립시키고, 경찰 권한을 하나로 통합하며 치안과 행정을 분리했다. 그리고 고종과 민비를 위해 왕실 존칭을 한 단계 높였다.(주상 전하 〉 대주군폐하, 왕비 전하 〉 왕후 폐하 등) 한성 사범학교, 외국어 학교 관제를 발표하며 새로운 교육제도를 도입하려고 시도했다. 또한 시위대, 훈련대를 새로 만들고, 3도 통제군과 각 도 병영, 수영 등을 폐지했다.

1895년 3월, 대원군 손자 이준용이 동학군과 함께 고종을 끌어내리려는 반역을 꾀했다는 음모를 받았다. 민비는 박영효, 서광범 등을 시켜 이준용을 체포하라고 지시했다. 그들은 대원군이 보는 앞에서 이준용을 폭행해 끌고 가 강화도 10년 유배형을 선고했다. 대원군은 손자와 조금이라도 가까운 곳에 있으려고 공덕 아소정으로 거처를 옮겼다. 10년 전 갑신정변 당시 서로 못 죽여 안달이었던 철천지원수 민비와 박영효가 연대하는 아이러니한 상황이었다.

같은 달, 일본은 청나라와의 전쟁에서 승리했다. 3월 20일, 승전국 지도자 이토 히로부미 총리는 패전국 대표자 리훙장을 시모노세키로 불렀다. 부산 바로 아래쪽에 있고 조선통신사가 상륙하던 곳으로 아베 신조 전 일본 총리의 지역구이기도 하다. 조선통신사가 상륙하던 지점 바로 건너편 건물에서 협상이 시작됐다. 불과 10년 전엔 이토가 청나라 톈진으로 불려가 조약을 맺었는데 둘은 정반대 위치에 놓였다. 그만큼 일본은 10년 동안 독기를 품고 국력을 기른 것이다.

일청강화조약기념관(일본 시모노세키)

조선통신사 상륙기념비(바로 건너편에 있다)

리훙장은 빠르게 전쟁을 끝내길 요구했지만 이토는 더 유리한 결과를 얻으려고 협상을 지연시켰다. 3월 24일 한 일본인이 리훙장을 총으로 저격하는 일이 벌어지며 회담이 중단됐다. 이토는 서구 열강이 끼어드는 것을 우려해 3월 30일 휴전협정을 먼저 체결하고 전쟁배상 협상을 이어갔다. 마침 일본군이 수도 베이징을 위협하고 있는 상황이라 리훙장은 이토의 요구를 최대한 받아들였다. 4월 17일 강화조약이 체결되며 전쟁이 끝났다. 이를 시모노세키조약이라고 한다.

시모노세키조약[16]

제1조 청나라는 조선국이 완전무결한 자주독립국임을 확인한다. 따라서 (조선의) 자주독립을 해치는, 청나라에 대한 조선의 공물 헌납 전통적인 의식 등은 앞으로 완전히 폐지한다.

제2조 청나라는 아래 토지의 주권 및 해당 지방의 성루 병기 제조소 및 관청의 소유물을 일본에 영원히 넘겨준다.
1. 아래의 경계 안에 있는 펑텐성(奉天省) 남부의 땅 : 랴오둥반도 등 [중략]
2. 타이완 및 그 부속 도서
3. 펑후 열도(동경 119도~120도와 북위 23도~24도에 있는 모든 도서)

제3조 앞의 조항에 언급하고 부속 지도에 표시한 경계선은 본 조약의 비준을 교환하는 즉시 일청 양국에서 각각 2명 이상의 경계공동획정위원을 임명하고 실지(實地)를 확정한다. 만약 본 조약에 정한 곳의 경계가 지형상 또는 시정 상 완전하지 않으면 경계획정위원은 이를 개정할 임무를 가진다. 경계획정위원은 가급적 신속하게 그 임무에 종사하고, 임명 후 1년 이내에 이를 종료해야 한다. 단, 경계획정위원이 개정할 곳이 있을 때에는 그곳에 대해 일청 양국 정부에서 인정할 때까지는 본 조약에 작성한 경계를 유지한다.

제4조 청나라는 군비 배상금으로 은 2억 냥을 8회에 걸쳐 일본국에 지불할 것을 약정한다. [중략]

---

16) 일본 외무성, 『일본외교연표병주요문서』, 1966.

제5조 일본국에 넘겨준 지역의 주민으로서 해당 지방과 다른 곳에 주거하려는 자는 자유롭게 그 소유 부동산을 매각하고 옮길 수 있도록 한다. 이를 위한 유예 기간은 본 조약 비준 교환일로부터 2년으로 한다. 단, 이 연한이 끝났음에도 해당 지방을 떠나지 않는 주민은 일본국의 편의에 따라 일본의 신민으로 간주한다. [중략]

제6조 일청 양국 간 일체의 조약은 교전으로 인해 소멸되었으므로 청국은 본 조약 비준 교환 후 신속히 전권위원을 임명하여 일본국 전권위원과 통상 항해 조약 및 육로 교통 무역에 관한 약정을 체결할 것을 약정한다. 그리고 현재 청국과 서양 각국 간에 존재하는 제반 조약 장정을 일청 양국 간 제 조약의 기초로 한다. 또 본 조약 비준 교환일로부터 제 조약의 실시에 이르기까지 청국은 일본국 정부의 관리 상업 항해 육로 교통 무역 공업 선박 및 신민에 대하여 모두 최혜국 대우를 부여한다. 청국은 그 외에 아래의 것을 양여하되 해당 양여 사항은 본 조약 조인일로부터 6개월 후에 유효하다.
[중략]

제7조 현재 청국 내에 있는 일본국 군대의 철수는 본 조약 비준 교환 후 3개월 이내로 한다. 단, 다음 조항에 기재한 규정에 따른다.

제8조 청국은 본 조약의 규정을 성실히 시행한다는 담보로써 일본 군대가 일시 산둥성 웨이하이웨이를 점령하는 것을 승인한다. 그리고 본 조약에 규정한 군비 배상금 첫 회와 그다음 회의 금액을 납부하고, 통상 항해 조약의 비준 교환을 완료한 때 청국 정부에서 배상금 잔액의 원금과 이자에 대하여 충분하고 적당한 약정을 수립한다. 청국 해관세로 저당할 것을 승인할 경우 일본 군대는 위에서 언급한 장소에서 철수한다. 만약 이에 관해 충분하고 적당한 약정이 수립되지 않는 경우, 해당 배상금의 최종회 금액을 납부한 후가 아니면 철수하지 않는다. 아울러 통상 항해 조약의 비준 교환을 완료한 후가 아니면 군대를 철수하지 않는다.

제9~11조 [중략]

앞의 증거로서 양제국의 전권대신은 여기에 기명 조인한다.
메이지 28년 4월 17일(광서 21년 3월 23일) 시모노세키에서 2통을 작성한다.

대일본제국 내각총리대신 백작 이토 히로부미(伊藤博文)
외무대신 자작 무쓰 무네미쓰(陸奥宗光)

대청제국 태부문화전대학사 북양통상대신대신직예총독 리훙장(李鴻章)
2품정대전출사대신 리찡팡(李經方)

시모노세키조약 체결 현장

　조약 제1조 덕분에(?) 조선은 자주독립국이 됐다. 300년 넘게 중국(청나라)에 조공을 바치던 속국 처지에서 벗어나 국제법적으로 독립한 것이다. 이렇게 일본은 조선에서 청나라의 영향력을 제거했다. 그리고 2조에 따라 타이완, 산둥반도 등을 식민지로 만들었다. 또한 충칭, 쑤저우, 항저우 등 4개 지역 항구를 열고, 배상금 2억 냥(약 3억 6천만 엔)을 받아냈다. 당시 청나라 1년 예산의 2.5배, 일본 1년 예산의 약 4배에 달하는 엄청난 금액으로, 전쟁에서 약 2억 3,000만 엔을 쓰고 매우 큰 수익을 얻었다.

　일본이 막대한 전리품을 얻어내자 러시아가 발끈했다. 조약이 체결된 지 1주일도 안 돼 프랑스와 독일을 끌어들여 일본을 압박했다. 세 국가는 '일본이 랴오둥반도를 가지면 조선 독립이 유명무실해지고, 유럽 각국의 이익에 방해되어 오히려 동양평화를 해치게 된다'며 랴오둥반도(여순, 다롄 등)를 포기하라고 강요했다. 즉, 본인들이 아시아에 진출하는데 방해되는 일본을 압박했다. 일본은 러시아, 프랑스, 독일과 맞설 수 없었다. 랴오둥반도를 포기하는 굴욕을 참는 대가로 청나라에서 3천만 냥을 더 배상받았다. 청나라는 독일, 프랑스, 영국 등에게 영토를 나눠주며 배상금으로 낼 돈을 빌렸고 반식민지 상태로 전락했다.

원래 일본 국민은 전쟁 승리에 기뻐하고 의기양양하며 '우리도 할 수 있다'는 자신감에 불타올랐다. 그런데 서구열강이 개입해 고생은 일본이 다하고 성과는 러시아가 가져가게 되자 불만이 고조됐다. 또한 '외교가 전쟁의 승리를 실패로 만들었다'는 비난도 쏟아졌다. 언론, 지식인, 교육기관 등은 러시아에 대한 반감과 복수심을 내비쳤고, 지도부는 국력을 더 길러 복수해야겠다고 결심했다. 일본은 국가 생존은 도리, 윤리, 명분이 아니라 힘에 의해 결정된다는 것을 다시 한 번 깨달았다.[17]

랴오둥반도

---

17) 한국에선 이 사건을 러시아, 프랑스, 독일의 '3국 간섭'이라고 가르친다. 그런데 '간섭'은 일본의 관점에서 쓰는 용어다. 한반도에서 멋대로 전쟁을 일으키고 일본 '덕분에' 독립적인 지위를 얻은 것도 불편한 사실인데, 굳이 일본의 입장을 대변하는 용어를 쓸 이유는 없다. 필자는 삼국간섭으로 쓰이고 있는 용어를 삼국견제, 삼국개입 또는 삼국압박 등으로 바꿔야 한다고 생각한다.

당시 뉴욕 타임스는 '일본이 중국 항구를 개방하며 최혜국 대우를 요구한 것은 매우 현명했고 서양을 감탄하게 했다'고 평가하고,[18] 3개국이 일본을 압박한 것에 대해선 '미국과 영국이 동맹을 맺고 일본을 지원해야 한다'고 주장했다.[19] 영국 타임스는 '일본이 랴오둥반도를 포기하며 높은 수준의 정치적 타협능력을 보였다'고 평가했다.[20] 탈아입구론(脫亞入歐論)을 주장하고 일본 개화사상 지도자로 여겨지며 현대 일본 1,000엔 지폐 주인공인 후쿠자와 유키치(福澤諭吉)는 지지신보(현재 산케이 신문)에서 "청일전쟁은 문명개화 진보를 추구하는 세력(일본)과 그것을 방해하는 세력(청) 사이 벌어진 전쟁"이라고 했다.[21] 즉, 일본 발전과 조선 개화를 방해하는 청나라와의 전쟁은 불가피했다는 주장이다.

흥선대원군과 일본이 함께 저지른, 민비 살해(을미사변)

청일전쟁과 갑오개혁은 동시에 진행됐고, 일본은 조선 개혁에 절대적인 영향을 미쳤다. 조선은 청나라가 일본에 막대한 배상금과 영토를 내주는 걸 보며 경악했다. 기껏 '섬나라'였던 왜구가 '하늘(천자)'을 물리친 것이다. 중국 중심의 세계관이 뿌리부터 흔들렸고 민비는 재빨리 태세를 바꿔 일본과 가까워졌다.

---

18) The New York Times, "Japan and Commerce", 1895.4.22.
19) The New York Times, 1895.4.27.
20) The Times, 1895.5.4.
21) 時事新報, "日清の戦争は文野の戦争なり", 1895.7.29.

그런데 불과 얼마 뒤 일본이 러시아에 굴복했다는 소식이 알려졌다. 서울에 있던 러시아, 프랑스, 영국, 미국 외교관들도 일본이 조선에서 이권을 독차지하려는 것에 반대했다. 서구 열강의 압박에 일본이 고개 숙이자 민비는 태도를 다시 바꿔 러시아에 은밀하게 접촉했다. 민비에게 신뢰를 받으며 기세등등하던 이노우에 공사는 순식간에 무시당하는 처지가 됐다. 일본은 이렇게 표리부동한 민비에게 큰 배신감을 느꼈다. 서울에서는 러시아, 미국 등과 가까이 지내던 세력이 떠올랐다. 그 중심에는 이완용이 있었다. 민비와 왕실에 충성하던 이들은 주로 서양국가들의 공사관이 있던 서울 정동(덕수궁 뒤편)에서 활동했다. 그래서 정동파 혹은 왕비파라고도 불렸다. 정동파는 민비와 러시아 베베르 공사 사이에서 연결고리를 맡으며 일본 세력을 배척하고 주도권을 잡으려 했다.

2차 갑오개혁 당시 박영효는 일본군 장교를 교관으로 삼고 훈련대를 꾸렸다. 훈련대는 궁궐을 지키며 왕실이 러시아와 연결하지 못하도록 견제했다. 그러자 민비는 미국인 다이 장군을 앞세워 러시아식으로 훈련받은 시위대를 만들었다. 고종과 민비는 '일본' 훈련대보다 '러시아/미국' 시위대를 더 신뢰했다. 그래서 같은 조선군끼리도 서로 갈등했다. 이 과정에서 박영효는 훈련대를 활용해 민비를 해치려 했다는 음모혐의를 받았고 다시 일본으로 도망갔다.(박영효 음모사건) 민비는 훈련대 주요 간부를 해임하고 김가진, 유길준 등 개화파 세력을 쫓아냈다. 그 결과 2차 갑오개혁 정부는 반년도 되지 않아 와해됐다.

왕실은 미국 서기관 알렌에게 추천받아 초대 주미공사였던 박정양을 총리로, 이완용을 학부대신으로 임명하고 친미/친러 내각(3차 김홍집 내각)을 새로 꾸렸다. 정부는 미국, 러시아와 가깝고 민비에게 충성하는 사람들로 구성됐다. 그들은 기존 1, 2차 갑오개혁에서 추진한 조치들을 부정하며 개혁 이전 상태로 되돌리려 했다. 일본은 조선에 개입하자니 러시아에 견제당하고, 그대로 두자니 그간 쌓아온 모든 노력이 물거품 되는 진퇴양난에 처했다. 청나라와 전쟁까지 했건만 얻는 건 하나도 없는 상황에서 특단적인 조치를 취하기로 결심했다. 이토 히로부미 총리는 이노우에 공사를 귀국시키고 후임으로 미우라 고로(三浦梧樓, 1847~1926) 육군 중장을 임명했다. 미우라도 이토, 이노우에와 같은 고향인 조슈번에서 사무라이로 성장했고, 외교보다 전쟁에 익숙한 사람이었다. 그는 1895년 7월 13일 서울에 부임해 딱 한 번 고종을 만나곤 남산 일본공사관에 머무르며 대원군과 은밀하게 소통했다. 민비가 개화파 관료들을 해임하던 날, 오카모토 류노스케 고문관은 대원군을 찾아가 '민비 제거(암살) 계획'을 토의했다. 대원군은 '거사를 치른 뒤 내정에 관여하지 않는다. 대원군 손자(이준용)를 일본으로 유학 보내준다.' 등 4가지 조건이 담긴 각서에 서명했다. 이 자리엔 아들 이재면, 손자 이준용이 함께 있었다. 각서는 미우라에게 전달됐고 어제까지 적이었던 대원군과 일본이 공동의 적인 민비를 두고 다시 동지가 됐다.

　대원군과 미우라는 민비가 훈련대를 해산시키기 전에 움직였다. 10월 8일, 훈련대(대대장 우범선, 이두황 등)와 일본 낭인(사무라이)들은 대원군을 호위해 경복궁으로 갔다. 미국 디시 장군이 이끄는 시위대 약 500명은 경복궁을 지키고 있었지만 크게 저항하지 않았다. 대원군은 민비 제거의 명분을 적은 〈국태공 명의의 고유문〉을 서울 시내 곳곳에 게시했다.[22]

---

22) 을미년 고종 32년 8월, 대한계년사(2004), 일당기사 등

"최근 소인배들이 어진 사람을 배척하고, 간사한 무리를 기용해
대업(갑오개혁)을 중도에 폐지하고, 500년 종사도
하루가 급한 위기에 처해있으니 나는 이를 좌시할 수 없다.
그러므로 이번에 궁궐에 들어가 대군주(고종)를 보좌하고
사악한 무리(민비)를 쫓아내려고 하니, 모든 백성은 안심하고
생업을 지키며 섣불리 경거망동하지 말라.
만일 나를 막는 자가 있으면 반드시 큰 죄로써
다스릴 것이요, 후회가 막급할 것이다."

대원군은 경복궁 강녕전에 머물며 기다렸다. 조선군 훈련대와 일본 사무라이들은 고종이 있는 건천궁 등 곳곳을 뒤지며 민비를 찾았다. 그리고 옥

흥선대원군

미우라 고로

민비 살해 주범

호루에서 민비를 찾아내 잔인하게 살해하고 시신을 불태웠다. 훈련대 2대 대장 우범선 등은 민비가 죽는 마지막 순간을 지켜봤다. 1866년 대원군에 의해 16세의 나이에 왕비가 되고, 남편을 앞세워 무소불위 권력을 누리며 45세가 된 민비는 비참한 최후를 맞이했다. 이로써 시아버지와 며느리가 펼친 '22년 전쟁'이 끝났다. 바로 을미사변이다.

한국은 민비를 황후, 국모, 심지어 여신으로 칭송하며 우상화하기도 한다. 뮤직비디오, 뮤지컬, 드라마, 소설 등도 민비를 미화하는데 크게 기여했다. 그 정도가 지나쳐 역사를 스스로 왜곡하는 수준이다. 민비는 국고를 탕진하며 임오군란을 자초했다. 국정농단, 부정부패, 미신신봉, 당파 갈라치기, 가문 독재, 비선실세, 표리부동, 외세개입 주도 등 그가 조선 망국에 일조한 근거는 셀 수 없다. '강대국 사이에서 균형외교를 지향했다'는 해석도 있지만, 소신과 원칙은 물론이고 식견조차 없는 상태에서 '표변했다'란 것 외에는 표현할 방법이 없다. 민비의 죽음을 오직 일본의 탓으로 여기는 것도 마찬가지다. 당시 세계 각국 공사들도 대원군을 민비 암살의 주범으로 규정했다. 대원군이 없었다면 민비 암살은 애초에 불가능했다. 즉, 실정을 거듭하고 청나라-일본-러시아 사이를 멋대로 오가던 민비는 대원군과 일본에 의해 살해됐다.

대원군은 아들을 궁내부 대신에 앉히고 왕비파를 내쫓았다. 그리고 민비가 쫓아냈던 서광범, 조희연, 정병하, 유길준 등을 다시 기용했다. 경복궁 경비는 훈련대(일본식)가 맡고 시위대(미국식)는 밀려났다. 고종은 일본과 밀접한 관리들과 대원군 사이에 끼여 고립됐다. 본인의 눈앞에서 만든 음식이 아니면 절대로 먹지 않는 등 독살 위협에 시달리며 매일 잠을 설쳤다. 보다 못한 미국인 알렌과 러시아 베베르 공사가 음식을 상자에 넣고 자물쇠를 잠가 보내주고 그 열쇠는 고종에게 직접 전달했다. 심지어 잠잘 때 서양인 선교사와 외교관들에게 지켜달라고 요청해 언더우드, 헐버트, 아펜젤러 등이 교대로 고종 옆을 지켰다. 밖에서 작은 소리만 나도 벌벌 떨며 "서양인들은 어디 있느냐?"라고 물어볼 만큼 겁에 질려 있었다. 서양인들은 32년간 집권한 조선 국왕을 성의껏 보살피면서도 '조선의 겁쟁이'라고 흉보기도 했다.

쫓겨난 이범진, 이완용 등 친러/친미파는 고종을 경복궁 밖으로 빼내려 했다. 10월 12일(음력) 새벽, 교련병대 설립을 주도했던 윤웅렬(尹雄烈, 1840~1911) 등 30명은 러시아가 지원한 무기로 무장하고 경복궁 춘생문(현재 청와대 춘추관 위치)에 다가가 무력충돌을 벌였다. 하지만 전날 밀고자가 계획을 발설해 실패했다.(춘생문 사건) 이로 인해 이범진은 러시아 군함을 타고 상하이로 망명하고 이완용은 미국 공사관으로 피신했다. 조선 권력가들은 마치 관행인 것처럼 일이 있을 때마다 외국에 목숨을 의지했다. 일본은 미국과 러시아가 개입해 조선왕실을 공격했다고 비난하며 민비 살해사건의 본질을 흐렸다. 그리고 민비 살해에 가담했던 자들을 모두 석방하곤 어느 누구도 처벌하지 않았다. 친러파가 고종을 빼내려다가 일본 범죄자들을 풀어준 꼴이 됐다.

기존보다 친일성향이 강해진 내각은 3차 개혁정책을 추진했다. 날짜 계산법을 음력에서 양력으로 바꾸고, 청나라 연호를 버리고 독자 연호를 사용했다. 단발령을 선포하며 고종을 포함한 대신 모두 상투를 잘랐다. 그리고 경찰을 동원해 백성들의 상투를 강제로 잘랐다. 상투는 성리학 질서체계의 상징물 중 하나로 조선인에겐 생명과도 같았다. 상투를 자르는 건 모든 조상과 부모를 욕보이고 정체성을 버리는 만행이었다. 안 그래도 민비가 살해된 뒤 일본에 대한 반감이 높아진 상황에서 단발을 강요하자 민심은 폭발했다. 전국 곳곳에서 국모(민비)의 원수를 갚고 단발령에 반대하는 시위와 의병 활동이 일어났다. 살아있을 땐 그렇게 지탄받던 민비는 갑자기 모두가 충성하고 우러러보는 피해자가 됐다.

고종은 의병을 진압하려고 서울에서 병력 일부를 빼내 지방으로 보냈다. 조선군이라고 해봤자 약 4천 명에 불과했고 그중 절반은 궁궐을 지키고 있었다. 친일파들에게서 주도권을 가져오려 했던 이범진, 이완용 등은 이 틈을 노렸고, 러시아 베베르 공사와 고종의 또 다른 부인 '엄상궁'도 함께 움직였다. 1896년 2월 10일, 베베르 공사는 러시아군 약 120명과 대포 1문을 서울 정동 러시아 공사관에 배치했다. 엄상궁은 고종에게 다가가 "대원군과 친일 관리들이 고종을 폐위하려고 한다. 살기 위해서라도 러시아 공사관으로 가야 한다."고 했다. 다음날 새벽, 궁녀들이 타는 가마 2대가 경복궁 신무문을 빠져나와 러시아 공사관으로 갔다. 그 안에 고종과 세자(훗날 순종)가 타고 있었고, 이완용, 이범진, 베베르가 그들을 맞이했다. 이렇게 왕이 러시아 공사관으로 몰래 도망간 사건을 아관파천(俄館播遷)이라고 한다. 자고 일어나 어안이 벙벙해져 버린 흥선대원군은 권력에서 아예 물러나게 됐고,

이범진

엄상궁(순헌황귀비)
아관파천 주동자

이완용

경기도 양주에 은거하다가 1898년 2월 사망했다. 고종은 아버지의 장례식에 가지 않았다.

러시아에게 보호받게 된 고종은 기존에 없던 자신감이 생겼다. 김홍집(총리대신), 유길준(내부대신), 조희연(군부대신), 정병하(농상공부대신), 장박(법부대신) 등을 역적으로 규정하고 처단하라고 지시했다. 관료들은 해가 뜨고 나서야 고종이 사라진 것을 알게 됐다. 국정을 총괄하던 김홍집은 고종을 만나려고 러시아 공사관으로 가다가 체포됐는데 경무청으로 끌려가는 길에서 분노한 군중에게 맞아 죽었다. 군중은 시체의 손발을 묶어 광화문, 종로 거리를 며칠이나 끌고 다니며 방치했다. 오래도록 정부에서 각종 업무를 담당하고, 영의정과 총리까지 맡으며 각국과의 외교에도 기여했던 김홍집의 끝은 처참했다.

고종은 친일내각을 정리하고 박정양을 총리대신 및 내부대신(대행)으로, 이완용을 외부대신, 학부대신(대행), 농상공부대신(대행)으로 임명했다. 이완용의 형 이윤용은 군부대신 겸 경무사(치안)가 됐다. 이로써 4개월 전 친일세력으로 바뀌었던 정치권력은 친미/친러 세력으로 바뀌었다.

보복과 피로 물든 정치는 조선왕조 내내 이어졌고 그 뒤로도 그랬다. 오죽했으면 위안스카이, 일본, 러시아도 조선이 가진 특성을 간파하고 걱정하며, '암살과 보복을 자제하라'고 요구할 정도였다. 또한 1894년부터 동학운동, 갑오개혁, 청일전쟁, 을미사변까지 진행된 만 3년은 어떤 외국세력에 붙는지에 따라 관직과 권력이 정해졌다. 그마저도 짧은 기간에 몇 번이나 손바닥 뒤집듯 바뀌었다. 국가기능, 행정, 정책이 제대로 추진될 수가 없었다. 현대 한국에선 갑오개혁을 '자발적인 근대화'라고 가르치는 경우가 대부분이지만, 그 실상을 들여다보면 자발성과는 거리가 멀고 일관성도 부족했다.

청일전쟁	일본 승리	3국 견제 후	민비 살해 후	고종의 러시아 공사관 피신 후
1894년 7월 ~	1894년 12월 ~	1895년 7월 ~	1895년 10월 ~	1896년 2월 ~
친일 정부(1년)		친미/친러 정부 (3개월)	친일 정부 (4개월)	친미/친러 정부
1차 갑오개혁	2차 갑오개혁		3차 갑오개혁 (을미개혁)	

러시아군 1개 포대, 일본군 100명을 극복할 힘도 없었다

인류 역사를 통틀어 봐도 국가 지도자가 자신의 영토에서 다른 국가의 대사관에 숨어들어 간 경우는 찾기 힘들다. 조선은 국가기능을 잃은 것도 모자라 굴욕과 치욕을 겪었다. 전국의 뜻있는 사람들은 고종이 다시 경복궁으로 돌아오길 상소했지만 고종은 듣지 않았다. 미국에서 귀국한 필립 제이슨(서재필)이 같은 주장을 하자 친러파 이범진은 그를 역적으로 몰아세우기도 했다.

고종은 1년 넘게 마음 편하게 먹고 자며 혈색이 좋아지고 살도 통통하게 올랐다. 반대로 조선은 블랙홀에 빠졌다. 모든 일은 러시아 공사관에서 결정되고, 관리들은 러시아 경비병에게 허락을 받아야만 출입할 수 있었다. 근대개혁은 물 건너가고 서양 국가들이 국토 곳곳을 개발했다. 경인철도 부설권(미국 〉 일본), 경의선 철도부설권(프랑스), 압록강/두만강/울릉도 삼림 채벌권(러시아), 금광/광산 채굴(미국, 러시아, 독일, 영국, 일본) 등을 포함해 막대한 개발이권을 빼앗겼다. 특히 미국은 운산금광을 헐값에 샀다. 1939년 금광에서 철수할 때까지 약 40년간 순금 무려 80톤(2020년 기준 5조 원 상당)가량을 가져가며 천문학적인 수익을 올렸다. 이곳 관리인들이 '금에 손대지 말라'며 외친 'No Touch!'는 '돈이 쏟아져 나오는 곳'이란 뜻을 지닌 노다지란 단어가 됐다. 한 서양기자는 아관파천 당시 조선을 '외국인들이 이권을 노리는 즐거운 사냥터'라고 표현했다. 이 시기 서양 각국과 맺은 협정, 조약, 계약서의 서명자는 외부대신 이완용이다.

조선군도 변화를 겪었다. 1895년 6월, 조선은 훈련대 간부를 기르려고 〈훈련대 사관양성소 관제〉를 제정했다. 사관학교를 만들고 18개월 동안 간부를 훈련시키려 했지만, 훈련대가 민비 살해에 가담한 여파로 끝내 폐지됐다. 춘생문 사건 직후 시위대와 훈련대는 모두 해체되고 중앙군(친위대)과 지방군(진위대)으로 개편됐다. 그러나 이름만 바뀌었을 뿐 병력과 편제는 훈련대가 하던 방식 그대로였다. 1896년 1월 11일 칙령 제2호로 〈무관학교 관제(武官學校官制)〉를 만들어 장교를 양성하려 했다. 하지만 그 직후 고종이 러시아 공사관으로 도망가며 흐지부지됐다. 쉽게 말해, 조선군은 러시아군 1개 포대, 일본군 100명을 극복할 힘이 없었다. 군대라고 이름 붙이기도 민망한 조직이었다.

조선도 주체적인 근대화를 시도했다며 실학, 동학 등을 대표 사례로 드는 경우가 있다. 하지만 둘 모두 농업시대 담론이었다. 불편한 사실이지만, '실학'은 1930년대 조선학운동 당시 식민사관에 대항해 꾸린 담론이었고, 그전까지 실학이란 개념과 명칭은 존재하지도 않았다. 조선은 농업문명에 머물러 있었다.

제 2 장

움트다
대한제국군

일본은 동양의 강호 청나라와 유럽에서 가장 강력한 제국인 러시아를 물리쳤다. 세계를 호령하는 제국들이 각축을 벌이는 동아시아에서 고종과 조선인은 어떤 선택을 했을까?

러시아 품에 안긴 조선, 대한제국의 탄생

고종이 궁궐을 떠나 러시아 품에 안기자 일본은 당황했다. 두 국가는 러시아가 고종을 보호하게 된 것을 인정하고, 조선에서 동일한 군사력을 유지하는데 합의했다.(베베르-고무라 각서, 1896.5.14.)

1896년 5월 26일, 러시아 마지막 황제 니콜라이 2세(Nicholas II, 1868~1918)가 모스크바에 약 20개국 지도자를 초청해 황제대관식을 열었다. 고종은 외사촌 동생이자 민씨 가문 대표주자인 민영환을 보냈다. 그는 한 달 넘게 미국, 프랑스, 독일 등을 관광하고 나서 모스크바에 도착했다. 대관식에는 청나라 대표 리훙장과 일본 대표 야마가타 아리토모 등도 찾아와 각자 국익을 챙기려고 치열한 외교전을 펼쳤다.

여기서 야마가타는 러시아 외무장관(로바노프)에게 '38도선을 기준으로 조선을 분할 점령하자'고 제안했다. 그런데 러시아는 조선 전체를 삼키려 했고 그에 앞서 만주를 점령하는 게 최우선이었다. 한창 공사 중이던 시베리아 횡단철도를 완성하고, 군사적 우위를 가질 때까진 일본과 직접 충돌하지 않으려 했다. 로바노프는 야마가타가 제안한 내용을 거절하고 적당하게 타협했다. 그 결과 '러시아와 일본은 조선의 재정에 대해 조언할 수 있다. 조선이 외국에서 차관을 도입할 경우 러시아와 일본이 합의해서 제공한다'고 결정했다. 여기에 별도 비밀조항을 두어 조선 정세가 불안해질 경우 러시아와 일본이 동시에 군대를 파견하기로 했다.(로바노프-야마가타 의정서, 1896.5.28.) 이처럼 러시아와 일본은 서로를 견제하면서도 협력하는 등 전략적인 수싸움을 치열하게 벌였다. 민영환은 로바노프, 야마가타와 같은 시간, 같은 공간에 있었지만 이런 움직임을 전혀 눈치채지 못할 정도로 둔감했다. 그는 자신에게 호의를 베푸는 러시아에 감사해하며 몇 가지를 요청했다.

1. 고종을 호위하는 러시아 경비병을 파견해 달라.
2. 조선에 러시아 군사교관(200명)과 재정고문을 파견해달라.
3. 조선에 차관 300만 엔을 빌려 달라.
4. 조선과 러시아 사이에 전신을 놓아 달라.

러시아는 이미 일본과 비밀약속을 한 뒤였기에 민영환의 요구를 받아줄 수 없었다. 일본이 동의하지 않으면 조선에 군사지원도 할 수 없었다. 속사정을 전혀 몰랐던 민영환은 모스크바에 2개월 넘게 머물며 계속 요청했고 러시아는 시간을 끌었다. 조선이 국제정세 파악과 첩보 수집 등에 얼마나 무능력했는지 보여주는 대목이다. 러시아는 8월이 넘어서야 '경비병 양성'을 도울 군사교관을 조선에 파견하기로 결정하고 일본에 통보했다. 일본은 궁궐 경비병이 있어야만 고종이 러시아 공사관에서 나오도록 요구할 수 있었기에 반대하지 않았다. 10월 21일, 민영환은 러시아 푸챠타 대령(Dmitry Vasilyevich Putyata, 1855~1955) 등 교관단 14명과 함께 서울로 돌아왔다.

민영환

조선은 중앙군(친위대) 5개 대대 약 3,300명을 보유했다. 러시아 교관단은 입국한 지 1주일 뒤부터 친위대에서 5개 중대 약 800명을 선발해 군사훈련을 시작했다. 민영환은 군부대신이 되어 군사업무를 담당했다. 조선군은 아관파천 직전까진 일본군 제복을 입고, 일본군 무기를 들고 일본식 구령으로 훈련하다가 이제는 러시아군 무기를 들고, 러시아어 구령에 따라 훈련했다. 교관 10명은 각자 80명씩 담당하며 러시아군 신병훈련과 동일하게 교육했다. 기본훈련 3주 뒤 소총(베르댕, 레밍턴 등)을 지급하고 각개전투, 사격 등을 가르쳤다. 다음 해 2월 200명을 추가 모집해 훈련시키고, 3월에는 러시아식 조선군 1개 대대를 편성했다. 훈련을 수료한 군인들은 다른 조선인들을 가르쳤다. 그런데 러시아 교관과 조선인 장교 사이에 갈등이 많았고, 상대적으로 차별대우를 받는 기존 군인들도 불만을 토해냈다.

한편 아관파천 5개월 뒤 독립협회가 탄생했다. 독립협회는 이완용, 이윤용, 김가진, 필립 제이슨(서재필) 등 14명이 '조선이 청나라로부터 독립했다'는 사실을 세계에 알리고, 청나라 외교관을 맞이하던 곳에 독립기념물을 세우려고 만든 단체다. 협회는 서울 서대문에 있던 영은문을 헐어 독립문을 건설하고, 청나라 외교관들이 묵던 숙소인 모화관을 독립관으로 리모델링했다. 이완용은 독립협회 위원장, 회장 직책을 맡으며 가장 많은 보조금을 냈고, 협회 존속 기간의 2/3를 주도했으며 독립문의 현판을 썼다. 그는 독립

영은문

독립문과 독립관(구 모화관)

문에 주춧돌을 놓던 11월 21일, '조선이 미국같이 되기를 바란다'고 연설했고 만민공동회도 주도했다.

일본과 달리 러시아는 조선의 개혁을 원하지 않았다. 조선이 갑오개혁 이전 상태로 돌아가 러시아에 더욱 기대게 하려 했다. 그 결과 조선 내각도 개혁에 반대하는 수구파로 채워졌다. 독립협회 등은 개화와 자주를 추구하며 수구파를 비판하고 고종이 궁궐로 되돌아가야 한다는 여론을 형성했다. 마침 군대훈련도 마무리되고 고종이 돌아가기로 정해진 덕수궁(경운궁)도 수리를 마쳤다. 고종은 러시아 공사관에 더 머물 이유가 사라졌고, 1897년 2월 20일 1년 만에 러시아 공사관에서 나와 바로 근처에 있는 덕수궁으로 들어갔다. 경복궁이 아니라 덕수궁으로 간 이유는 처량하고 궁색했다. 혹시 무슨 일이 벌어지면 바로 러시아, 영국, 미국 등의 공사관으로 도망가려고 가장 가까운 덕수궁을 선택했던 것이다.

일본은 그동안 숨겨왔던 카드를 곧장 꺼내 들었다. 러시아와 은밀하게 맺었던 〈베베르-고무라 각서〉와 〈로바노프-야마가타 의정서〉를 이완용에게 보내 공개하며, 러시아가 조선을 두고 얼마나 이중적인 태도를 갖고 있었는지 보여줬다. '조선이 러시아에 달라붙어도 얻을 건 없다'는 메시지였다. 조선은 러시아에 큰 배신감을 느꼈다. 다양한 요구에 답하지 않고 꾸물거렸던 이유도 그제야 알게 됐다.

러시아는 군사교관 160명을 추가로 파견해 조선군 6천 명을 양성하겠다고 통보했다. 베베르 공사는 고종에게 '군대에 대한 모든 권한을 러시아에 위임하라'고 강요했다. 러시아는 언제든지 덕수궁 경비대를 철수시킬 수 있었다. 일본은 러시아를 막고자 영국과 긴밀하게 협조하며 고종에게 '러시아의 요구를 거부하라'고 강요했다. 우유부단하고 겁 많았던 고종은 이러지도 저러지도 못했다. 일본이 반발하자 러시아는 규모를 확 줄여 교관 21명을 파견하겠다고 했다. 군부대신 심상훈이 러시아 공사관과 소통하며 이를 추진하자 외부대신 이완용은 반대했다. "현재 정세를 볼 때, 앞으로 몇 년 안에 일본과 러시아가 분명히 충돌한다. 조선이 러시아 군사제도를 받아들이면 정세에 큰 문제가 되니 걱정된다. 내가 외부대신을 그만두는 한이 있어도, 러시아 군사교관단을 추가로 받아들일 수 없다."

7월 28일, 러시아 교관 13명(장교 3명, 부사관 10명)이 서울에 도착했다. 일본은 '모스크바 의정서를 위반했다'며 러시아를 비난하고, 러시아는 '조선 정부가 요청해서 보낸 것'이라고 주장했다. 러시아는 비난을 받더라도 조선에 진출해야 할 이유가 있었다. 만주에 철도를 짓고 영향력을 높여야 하는데 청나라 리홍장이 반대해 어려워진 상황에서 조선이라도 장악해 세력 확장의 발판을 마련해야 했다. 이처럼 '조선 궁궐 경비병 육성'을 두고도 정치, 경제, 외교, 국방, 국제관계 등이 긴밀하게 얽혀있었다.

정부 관리와 재야 지식인들은 아관파천으로 인해 땅에 떨어진 국격을 드높이고, 왕권도 강화하고자 왕을 황제로 바꾸자고 건의했다. 궁궐 경비병도 갖추고 자신감도 조금 올라온 고종도 동의했다. 1897년 10월 12일, 고종은 스스로를 황제라고 칭하며 나라 이름을 조선에서 대한으로 바꿨다. 열강에 맞서 스스로를 지키겠다는 의지도 담았다. 그렇게 대한제국이 태어났다.

러시아는 베베르를 대신해 알렉시스 드 스페예르를 새로운 공사로 임명했다. 러시아를 위한 일이라면 물불 가리지 않는 제국주의자였던 그는 재정고문을 맡던 영국인(존 브라운)을 해고하고 러시아인(알렉시예프)을 채용하도록 고종에게 강요하며, 받아들이지 않으면 경비병을 철수시키겠다고 협박했다. 고종은 곧바로 굴복했다. 협박받은 다음 날, 고종은 영국인을 해고하고 러시아인을 임명했다. 그러자 영국이 크게 반발하며 인천 앞바다에 함대 7

척을 투입해 무력시위를 벌였다. 고종은 해고된 브라운에게 해관 세무사란 직책을 주며 갈등을 무마했다. 적절한 균형이 맞춰지자 러시아와 영국도 고종의 조치를 받아들였다. 이때부터 러시아는 대한제국의 재정을 장악했다. 지난날 청나라 위안스카이, 묄렌도르프가 내정에 깊이 관여했던 것처럼 이제는 러시아가 사사건건 간섭했다.

독립협회는 러시아의 횡포에 반대하는 정치단체로 변모했다. 특히 재정고문을 바꾸는 과정에서 러시아가 보인 행태에 반발했다. 1898년 3월 10일 이완용과 필립 제이슨이 주도해 서울 종로에서 만민공동회를 열었다. 약 1만 명의 군중은 대한제국을 향해 '러시아의 군사교관과 재정고문을 해고하고 본국으로 돌려보내라'고 요구했다. 여기서 훗날 대한민국 임시정부 초대대통령이자, 대한민국 초대 대통령이 되는 이승만이 총괄위원으로 선발되어 활약했다. 하지만 대한제국은 러시아에 위협에서 자유롭지 못했다. 정부는 러시아에 반대 목소리를 내던 독립협회 회장 이완용을 전라북도 관찰사로 좌천시켰다. 그 뒤 그는 외국에 이권을 너무 많이 넘겨줬다는 이유로 독립협회에서도 쫓겨났다.

그런데 만민공동회가 끝난 뒤 러시아가 대한제국에서 갑자기 순식간에 사라졌다. 16개월 동안 조선군을 길렀던 군사교관들도, 재정고문도, 세운 지 얼마 안 된 한로은행도, 러시아어 학교도 한 마디 설명도 없이 하루아침에 러시아로 돌아갔다. 대한제국 정부와 국민들은 그 이유조차 알지 못했다.

갑오개혁 이전의 조선으로 되돌아간 광무 '개혁'

러시아는 내부 권력구도가 급변하고, 독일이 청나라 칭다오 주변 해역(자오저우만)을 점령하면서 동아시아 전략을 바꿨다. 시베리아횡단철도로 연결할 수 있는 뤼순과 다롄 등을 점령한 상황에서 조선에선 힘을 빼고 만주에 집중하기로 했다. 이를 눈치챈 일본은 '만주를 줄 테니 대한제국은 일본에 넘기라'고 했다. 주일 러시아 공사 로젠과 일본 외무대신 니시가 니치로는 1898년 4월 25일 도쿄에서 새로운 협약을 체결했다.

> **로젠-니시 협상안**
>
> 1. 러시아와 일본은 조선의 주권과 완전독립을 확인하고, 그 내정에 직접 간섭하지 않는다.
> 2. 조선이 러시아 혹은 일본에게 조언을 요구할 경우, 특히 군사교관이나 재정고문의 임명에 대해서는 사전에 협상하지 않고는 아무 조치도 하지 않는다.
> 3. 러시아 정부는 일본이 조선의 상업과 공업을 크게 성장시킨 사실과 조선에 체류하는 일본인이 많다는 것을 인정한다. 또한 조선과 일본 사이의 상공업 발달을 방해하지 않는다.

이렇게 대한제국에서 일본과 러시아가 힘의 균형을 이뤘다. 예상하지 못한 상황 덕분에 대한제국은 기존보다 자주적으로 움직일 수 있는 공산을 확보했다. 고종은 '옛 제도를 근본으로 삼고 새로운 제도를 도입한다'는 구본신참(舊本新參)을 내걸고 광무개혁이란 정책을 추진했다. 겉으론 개혁을 표방했지만 실제 정부는 '갑오개혁 이전의 조선으로 돌아가자'고 주장하는 수구파로 채워졌다. 그들은 갑오개혁에서 추진했던 근대화 정책들을 정반대로 되돌리고 왕권을 강화하려 했다. 독립협회 등은 시대착오라고 비판하며 군주도 헌법에 따라 통제받는 입헌군주제를 요구했다. 그러자 고종과 수구파는 독립협회가 반역을 꾀했다며 해산시켜버렸다.

고종은 친위대에서 병력을 선발해 시위대를 새로 만들고 직속부대로 편성했다. 대한제국이 창설한 최초의 군대다. 또한 법률을 만드는 특별입법기구 교전소와 군대를 지휘하는 원수부 등을 만들고, 〈대한국국제 大韓國國制〉를 반포해 황제에게 절대권한을 부여했다. 대한국국제는 〈대일본제국헌법〉 형태를 본 따고 러시아 제국에게도 영향을 받은 일종의 헌법이었다.

대한국 국제 大韓國國制
1899년 8월 14일

제1조 대한국은 세계만국의 공인을 받은 자주독립한 제국이다.
제2조 대한제국의 정치는 과거 500년의 전통을 갖고 있고, 미래 만대에 걸쳐 변치 않을 전제 정치다.
제3조 대한국 대황제께서는 무한한 군주의 권리를 향유하시니, 공정한 법에서 말하는 것처럼 자립적인 통치 체제다.
제4조 대한국 국민이 대황제가 가진 군권을 침해하거나 훼손하는 행위가 있으면, 그 실행여부를 가리지 않고 신하된 백성의 도리를 어긴 자로 인정한다.
제5조 [황제의 군대 통수권]
제6조 [황제의 입법권, 은사권]
제7조 [황제의 행정명령권, 관료지휘 / 임명권]
제8조 [황제의 관료 영전, 훈장 수여권]
제9조 [황제의 외교권, 전쟁선포권, 강화 체결권]이 많다는 것을 인정한다. 또한 조선과 일본 사이의 상공업 발달을 방해하지 않는다.

그 외에도 각종 공장, 은행, 관립학교, 사범학교 등을 만들고 교통, 통신, 의료 등에 근대적인 시설을 도입하려 했다. 이처럼 점진적으로나마 개혁을 추진했지만, 일본과 서구열강 자본이 이미 기반을 잡은 뒤라 그 성과와 효과는 미미한 수준이었다. 국가 예산도 정책보다는 황제의 권한을 강화하는

데 흥청망청 쓰였다. 그 결과 대한제국은 중세봉건시대 지배구조를 벗어나지 못하고 갑오개혁 이전으로 되돌아갔다. 모든 권력은 황제와 황족, 그리고 측근 몇 명에게 쏠렸다. 오랜 기간 쌓인 부조리, 조세부정, 부패와 비리, 매관매직은 더욱 기승을 부리며 국가 운영이 걷잡을 수 없이 문란해졌다. 겉으로 볼 땐 외국으로부터 조금 자유롭게 독자적인 개혁을 추진한 걸로 보이지만 실제론 엉망진창이었던 것이다. 무엇보다도 대한제국이 잠시 얻었던 '자주성'은 러시아와 일본의 힘이 균형을 이루고 국제 정세가 변동하는 가운데 잠깐 주어졌던 일시적인 현상에 불과했다.

러시아식 군대로 탄생한 대한제국 중앙군과 지방군

그럼에도 불구하고 대한제국은 조선과 달리 군사적인 면에선 근대적인 발전을 추구했다. 오래도록 군대다운 군대가 없어 수모를 당하고 벌벌 떨었던 고종이 그래도 군대, 정확히는 본인을 지키는 군사들을 기르는 데에는 과감하게 투자했기 때문이다. 그는 1899년 6월 22일 〈원수부 관제〉를 반포하며 황궁 안에 원수부를 만들었다. 말 그대로 군대를 지휘하는 '원수'의 부시나. 대한제국 국군 통수권자인 고종황제는 대원수, 황태자는 원수가 됐다. 전국 군사행정권(군정권)과 군사명령권(군령권)은 대원수가 장악했다.

> "대황제 폐하께서는 대원수이시니, 군기를 총람하시어
> 육해군을 통령하시고, 황태자 전하께서는 원수이시니, 육해군을
> 일률적으로 통솔한다. 이를 위하여 원수부를 설치한다."
> -원수부 관제

대한제국 조직도(1899.8.)

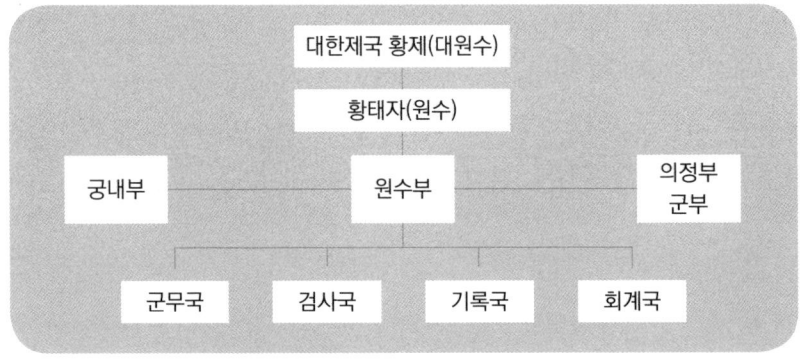

　군대 지휘 권한과 체계를 통합하긴 했지만 곪아있는 문제는 많았다. 예산을 확보하는 것부터 힘들었다. 각종 이권은 서구 열강과 일본에 넘어갔고, 경제성장 동력을 스스로 찾아내지 못했다. 게다가 나라 곳곳에선 부정부패가 성행했다. 군사제도는 농민이 평소에 농사를 짓다가 유사시 무기를 들고 싸우는 병농일치에 머물러 있었다. 수시로 창설되고 혼합됐던 각 부대의 갈등과 반목도 극심했고, 원래 군부에서 담당한 작전, 군대편성, 교육 등의 임무가 원수부로 통합되며 생긴 업무 혼란과 공백도 컸다. 게다가 군대는 짬뽕 그 자체였다. 군대는 그전까지 각각 청나라식, 일본식, 러시아식, 미국식으로 훈련받았다. 구령, 부대 편성, 병력규모, 인원배치, 무기, 복장, 훈련방식, 생활방법, 전술교범 등도 전부 달랐다. 대한제국 군인이자 훗날 독립군, 광복군 활동을 한 황학수(黃學秀, 1879~1953)가 이를 통합하기 전까지 대한제국군은 큰 혼란을 겪었다.

　대한제국군은 서울 친위대(1895년 9월)와 시위대(1897년 3월), 지방 진위대와 지방대로 나뉘었다. 주력은 황실을 지키는 시위대(러시아식)였다. 대부분 보병으로 1개 연대에 2개 대대와 대포를 담당하는 포병중대가 있었다.

1899년에는 기병대대(정원 424명)를 창설했다. 1900년 12월 포병중대를 포병대대(정원 215명)로 증강하고 군악대(정원 102명)를 배치했다. 이로써 시위대는 보병, 포병, 기병, 군악대를 갖춘 전투부대의 모습을 갖고 덕수궁을 지켰다. 1902년 10월엔 1개 연대를 증강해 총 병력 3,000명을 보유했다. 친위대(약 1,760명)는 서울 성곽을 방어했다. 1900년 공병대(정원 175명), 치중병대(정원 198명)를 창설하고, 1902년 10월에는 1개 연대를 증강해 전력을 키웠다.

어느 정도 군대다운 모습을 갖춘 중앙군과는 달리 지방군의 사정은 극도로 열악했다. 갑오개혁, 청일전쟁을 거치며 지휘/명령체계와 편제가 와해되고 강제 해산됐었다. 아관파천 후 지방군을 일관된 체계로 편성하려는 시도도 있었지만 성과는 없었다. 대한제국은 먼저, 기존군대 이름을 '지방대'로 통일했다. 그리고 중앙군 편제를 본 따 장교, 병사 등 인원수와 편제를 구성하고 지역치안 유지, 국경지역 수비 등을 맡겼다. 1896년 5월까지 구성된 9개 지방대는 다음과 같다.

아관파천 직후 지방대 현황(명)

구분		평안	경기	충청		경상		함경	강원	황해
현황	총계	강계	강화	공주	청주	대구	고성	북청	춘천	해주
	2,387	103	311	208	208	311	415	415	208	208
병사	2,300	100	300	200	200	300	400	400	200	200
간부	87	3	11	8	8	11	15	15	8	8

* 진위대 : 전주(전라), 평양(평안)에 설치

다음 해 8월 충주, 홍주, 상주, 원주에 지방대를 설치하면서 지방군 병력이 3,000명에 달했다. 하지만 곧바로 9월에 지방대 7곳을 폐지하며 1,800

명으로 줄었다. 을미사변과 단발령 파동 후 전국 곳곳에서 의병, 반란 활동이 끊이지 않아 지방군을 꾸렸지만 국방예산이 부족해 더 유지하기 힘들었다. 그래서 일단 중앙군부터 제대로 갖추고 지방군을 챙기려고 했다. 1897년 6월 8개 지방대를 다시 창설하며 14개 지역에 지방군 총 6,912명을 보유했다. 그런데 지방대는 지휘관이 자주 교체되고, 도지사(관찰사)와 업무 관계가 혼선을 빚고 직무유기가 끊이지 않는 등 다양한 문제가 발생했다.

1899년 1월 〈진위대, 지방대 편제 개정〉으로 구식 군대인 지방대를 신식 군대 진위대로 전환하기 시작했다. 1894년 갑오개혁에서 제시한 〈육군편제강령〉의 '지방군을 진위대로 통일한다'는 방침을 추진했다. 원수부가 군대를 지휘한 뒤로 속도가 붙었다. 1900년 6월, 함경도, 평안도 4개 지역에 진위대(총 4,000명)를 설치했다. 다음 달 전국 지방대를 진위대로 통합했다. 이로써 지방대는 4년 역사를 끝으로 사라지고, 지방군도 러시아식 군대로 재탄생했다. 이후 병력을 늘려 전국에 약 1만 8천 명을 보유했다. 진위대는 1900년 전후 전국 곳곳에서 일어난 활빈당, 1905년 11월 을사늑약에 반대한 의병 활동 등을 진압했다.

대한제국 진위대 현황

구분	1연대	2연대	3연대	4연대	5연대	6연대	제주대
	경기/황해	경상		평안	함경	충청	제주
주둔 지역	강화, 인천, 황주	수원, 청주, 전주	대구, 진남, 울산	평양, 의주, 강계	북청, 덕원, 종성	청주	제주
진위대 총병력 약 18,100명(추산) *1개 연대당 약 3,000명							

대한제국 육군무관학교(陸軍武官學校)

인류 역사에서 군대 없는 국가는 없었고, 모든 국가는 우수한 간부 양성을 국방의 최우선순위로 삼는다. 대한제국은 중앙군과 지방군을 편성하면서 간부를 기르는 정책도 추진했다. 1898년 3월 군부대신 이종건은 고종이 러시아 공사관으로 도망가며 무산됐던, 무관학교를 설립하자고 건의했다. 그리고 5월 14일 〈무관학교 관제, 칙령 제11호〉를 개정하며 대한제국 육군무관학교를 설립했다.

학교는 6월에 1기를 모집했다. 약 1,700명이 지원해 9:1 경쟁을 뚫고 200명이 뽑혔다. 선발과정에 대한 공식기록은 남아있지 않지만 무관학교 1기로 졸업한 황학수에 따르면, '1차 시험에서 300명을 선발하고 2차 시험에서 200명 선발'했다. 1차 학과시험, 2차 적성시험, 3차 수능시험(우선선발 합격자 제외)을 거치는 현대 한국의 국군 간호, 공군, 육군, 해군 사관학교의 선발절차와 유사하다.

무관학교장은 고위 군인 중에 선발해 겸직하게 했다. 원래 일본과 러시아 교관들이 교육을 담당했는데 그들이 본국으로 돌아간 뒤엔, 일본 육사를 졸업하고 돌아온 대한제국군 장교들이 교관을 맡았다. 생도들은 전술, 군제, 병기, 축성, 지형, 위생 등 군사과목과 외국어 등을 배웠다. 외국어 학습 비중이 40%가 넘을 만큼 높았다. 당시 주요 군사서적 대부분이 영어, 일본어, 러시아어로 되어있었기 때문이다. 외국어는 별도로 고용한 외국인이 가르쳤다.

1899년 11월부턴 원수부가 교육과정, 평가, 졸업 및 임관 등을 모두 통제했다. 생도들은 원수부에서 주관하는 시험을 통과해야만 졸업할 수 있었다. 1900년 1월 제1회 졸업시험을 통과한 1기 128명이 졸업했다.(중도하차

72명) 그들은 1년 6개월 교육과정을 마치고 육군 참위로 임관했다. 1기 졸업식에는 대한제국 대원수 고종도 참석했다. 1903년 12월 제2회 졸업시험을 거친 37명이 졸업한 뒤, 1909년 해체되기 전까지 장교 약 500명을 배출했다.

국가 예산의 40%를 국방에 쓴 결과

러시아와 일본은 동아시아에서 각자의 국익을 놓고 치열하게 다퉜다. 일본이 현대에 와서도 주된 안보위협을 러시아로 여길 만큼 오래된 대립이다. 대한제국은 러시아 방식을 따라 군대를 만들고 무관학교도 세워 간부를 양성했다. 일본은 조선 인재들을 일본 육군사관학교에서 교육시키는 등 두 국가는 각자의 방식으로 조선에 영향을 미쳤다. 대한제국도 우수한 간부를 길러야 했고, 일본 육사 유학을 적극적으로 추진했다. 일본 육사는 요시다 쇼인의 제자였던 야마다 아키요시(山田顕義, 1844~1892) 등이 1874년 설립한 대표적인 장교양성 기관이다. 1875년 2월 1기를 모집하고, 1945년 8월 15일 대동아전쟁에서 패배할 때까지, 일본제국 간부 약 5만 2천 명을 육성했다. 설립 당시에는 프랑스식 교육과정이었다. 에도 막부 시기부터 프랑스 군사 고문단을 초청해 군대를 훈련시키기도 했고, 프랑스식 군대 모델이 당시 유럽을 대표하고 있었기 때문이다. 메이지 유신 초기 군인, 경찰, 사법 관료 다수가 프랑스에서 유학하고 온 영향도 있었다. 1881년 창설된 일본제국 헌병 역시 '쟌다름(Gendarme), 쟌다르메리(Gendarmerie)'로 불리는 프랑스 헌병을 모델로 삼아 만들었다. 1882년 이토 히로부미가 독일식 법률과 제도를 받아들이면서 육사 교육도 독일식으로 바뀌었다. 일본 육사의 교육목표는

'천황을 위해 목숨 바치는 장교 육성'이었다. 이곳에서 1~2년간 교육받은 조선인 청년들도 천황주의에 직간접적인 영향을 받았다.

조선인 유학생은 먼저 후쿠자와 유키치가 세운 게이오 기쥬쿠(慶應義塾)에서 일본어와 일반학을 배워야 했다. 그 뒤 기초군사훈련을 받고 일본 육사에 입학하는 것이 일반적인 절차였다. 1896년 8기 8명 입학을 시작으로 조선인이 일본 육사에 진출했다. 8기에는 대한제국 군부대신과 육군부장을 맡고 일제 강점기 시절 귀족이 됐던 이병무도 있었다. 갑오개혁 정부에서 보낸 유학생 21명은 11기로 입학했다. 그런데 이들은 생도 시절은 물론이고 졸업한 뒤에도 많은 고난을 겪었다. 당시 대표적인 친일인사 박영효가 민비 제거 계획을 추진했다는 음모를 받아 일본으로 망명하고, 고종이 러시아 공사관으로 도망치면서 일본에서 교육받던 11기에 대한 지원을 끊었기 때문이다. 대한제국은 이들을 조선인으로 증명해주지 않아 국적 없는 국제 미아 신세로 전락했다. 1900년 7월에야 신분을 증명해 겨우 장교로 임관할 수 있었다. 11기들은 이런 처사에 분노해 비밀결사 '일심회'를 만들고 대한제국 정부에 대한 저항을 꾀하기도 했다. 훗날 대한민국 임시정부에서 국무총리를 맡고 최초로 조종사를 양성한 노백린, 국무차장을 하다가 일제에 투항한 김희선 등이 11기 출신이다.

1907년에는 8명이 15기로 입학했다. 훗날 대한민국 임시정부 참모총장이 된 유동열을 포함한 15기 대부분은 자기 돈을 들여 유학했다. 그 뒤 1명이 자비를 들여 23기로 입학했다. 그는 3·1운동 후 3년 후배인 이청천(지청천)을 데리고 신흥무관학교에서 독립군을 양성하고, 공산주의에 귀의하지 않은 채 시베리아에서 투쟁하다가 강제노역 중 생사불명 된 김경천(김일성) 장군이란 설이 유력하다.

1912년 26기로 입학한 14명은 대한제국 육군무관학교에 다니다가 군대

해산 이후 일본 육사로 편입됐다. 훗날 대한민국 임시정부에서 광복군 총사령관을 맡고 대한민국 국회의원이 된 이청천(지청천)과 일본제국군 중장까지 진급한 후 대동아전쟁 전쟁범죄 재판에서 사형을 선고받은 홍사익 등이 있다. 홍사익은 관동군사령부에서 복무하며 1930년대 조선인이 만주국 군관학교에서 교육받을 수 있도록 조치하기도 했다. 그리고 27기 20명, 29기 영친왕 이은 등 2명, 30기 1명까지, 총 8개 기수에 걸쳐 75명이 일본 육사에서 교육받고 장교가 됐다.

대한제국군, 일본제국군, 현재 한국군 계급 단순비교

대한제국군	일본제국군	2022년 현재 한국군
대장	대장	대장
부장	중장	중장
참장	소장	(준장) 소장
정령	대좌	대령
부령	중좌	중령
참령	소좌	소령
정위	대위	대위
부위	중위	중위
참위	소위	소위

일본 육사 출신의 대한제국인(75명)

기수	이름	대한제국군 계급(경력)	일본제국군 계급 / 기타 경력
일본 육사 8기 (1896 ~1897)	성창기	참령	
	권태한	부령	대좌
	왕유식	정령	소장
	조성근	참장	중장 / 조선총독부 중추원 참의
	이대규	참령	
	이병무	군부대신 / 육군부장	중장 / 일제 조선 귀족(자작)
	이희두	참장	소장
	김상열		

기수	이름	대한제국군 계급(경력)	일본제국군 계급 / 기타 경력
일본 육사 11기 (1898 ~1899)	권승록	정위	대좌
	강용희	정위	
	권호선	참위	
	김관현	정위	조선총독부 중추원 참의
	김교선	정위	조선총독부 중추원 참의
	김규복	참위	
	김상설	부위	조선총독부 중추원 참의
	김성은	부령	
	김형섭	정위	대좌
	김홍남	정위	
	김홍진	참위	
	김희선	참령	대한민국 임시정부 국무차장
	노백린	정령	대한민국 임시정부 국무총리
	방영주	참령	
	어담	정령	조선총독부 중추원 참의
	윤치성	부령	
	이기옥	정위	
	임재덕	참령	
	장인근	정위	소좌
	장호익	참위	
	조택현	참위	
일본 육사 15기 (1902 ~1903)	김기원	참령	중좌
	김응선	참령	소장
	남기창	참령	
	유동열	참령	대한민국 임시정부 참모총장
	박두영	참령	대좌 / 조선총독부 중추원 참의
	박영철	참령	조선총독부 중추원 참의
	이갑	참령	
	전영헌	부령	

기수	이름	대한제국군 계급(경력)	일본제국군 계급 / 기타 경력
23기	김광서	부령	중위 / 만주, 시베리아 독립군 "김경천 장군" "김일성 장군" 시베리아 강제노역 중 행방불명
일본 육사 26기 (1912 ~1914)	권영한	대련 상업학교 교사	중위
	김준원	대한민국 육군 준장 배재/오산중학교 교사	중위
	민덕호		중위
	박승훈	대한민국 육군 준장	소좌
	신태영	대한민국 육군 중장	중좌
	안병범	대한민국 육군 준장	대좌
	염창섭	오산중학교 교사	중위 / 만주국 참사관
	유승열	대한민국 육군 소장	대좌
	이대영	대한민국 육군 준장	소좌
	이응준	대한민국 육군 중장	
	이청천 (지청천)	대한민국 임시정부 광복군 총사령관 대한민국 국회의원	중위
	조철호	오산학교/보성전문 교사	중위
	홍사익		중장 / **연합군 전범재판에서 사형**
일본 육사 27기 (1913 ~1915)	김석원	대한민국 육군 소장 한국전쟁 참전 국회의원	대좌 '신화' 일본군 1개대대로 중국군 1개사단 제압
	김인욱		중좌
	김종식	대동상업학교 교장	중위
	김중규		중위
	남우현		중좌
	박창하	연희전문 교수 조선체육회장	대위
	백홍석	대한민국 육군 소장	대좌
	서정필		중위
	원용국		대위

기수	이름	대한제국군 계급(경력)	일본제국군 계급 / 기타 경력
일본 육사 27기 (1913 ~1915)	유관희	용인여중 초대교장 대한민국 육군 대령	대위
	윤상필		소좌 / **만주국 개정총국**
	이강우		중좌
	이동훈	평양 광성고등보통학교 건국훈장 애국장	소위
	이종혁	참의부 군사위원장(마덕창)	중위
	이희겸	함흥 영생중학교 교사	중위
	장기형		중위
	장석윤	휘문·오산중학교 교사 대한민국 육군 대령 의정부중고교교장	중위
	장성식		중위
	장유근	오산중학교 교사	중위
	정훈	조선군사령부 보도부장 황민화운동 주도	중좌
일본육사 29기 (1915~1917)	이은	영친왕	중장 / 1963년 귀국
	조대호		소좌 / 조선귀족, 조선총독부 촉탁
일본육사 30기 (1916~1918)	엄주명	대한민국 육군 준장 동교재단 이사장(진명여중고) * 엄상궁의 조카 / 영친왕 사촌	중위

    일본 육사를 졸업하고 임관한 한국인들은 귀국 후 대한제국 군인으로 복무했다. 주로 육군무관학교에서 교관 임무를 맡으며 새로운 간부를 길렀다. 당시 원수부 회계국장 민영환이 이 과정을 주도했다. 1901년 일본 육사 11기 중 6명은 보병(노백린, 김형섭), 포병(어담, 김교선), 기병(김희선) 과목을 가르쳤다. 앞서 살펴본 것처럼 대한제국군은 철저히 러시아식 군대로 편성되어 교육, 훈련받았다. 그런데 일본 육사 출신들이 합류하고, 국제정세가 급변하

면서 1903년 일본식으로 뒤바뀌었다.

한편 1900년 6월 30일 육군참장 백성기(白性基)는 일본 〈헌병조례〉을 본따 〈육군헌병조례〉를 만들었다. 하극상을 포함해 군기 문란 사건이 수시로 발생해 헌병이 절실했다. 1903년 5개 중대 약 450명 규모로 군기, 사법, 경찰 등을 담당했다. 일본이 만든 '헌병'이란 용어를 그대로 활용하고 운영방식도 거의 비슷했다. 1905년 통감부가 설치된 뒤 유명무실해졌고 1907년 해산됐다. 해방 이후엔 미국 헌병을 본 따 1947년 3월 군감대, 1948년 3월 조선경비대 군기사령부를 설립하고 12월 '헌병'으로 이름 지었다. 2020년 '헌병'은 일제의 잔재라며 그 명칭을 '군사경찰'로 변경했다.

1903년에는 징병제도도 추진했다. 원래 1895년 갑오개혁에서 〈홍범 14조〉에서 제시했지만 실제로 추진하지 않았다. 원수부는 〈징병조례〉를 반포해 17~40세 남성을 모집하려 했다. 하지만 구체적인 시행방법은 없고 예산도 부족해 흐지부지됐다. 근대국가 대부분은 항상 준비된 군대, 즉 상비군을 필수적으로 보유했지만 대한제국은 상비군을 갖는 데 실패했다.

요컨대 조선은 갑오개혁 당시 개혁, 혁파를 명분으로 삼고 기존의 군대를 해산하고 군사제도를 무너뜨리며 안보 공백을 자초했다. 청나라, 일본, 러시아, 영국, 독일, 미국 등이 각축을 벌이는 과정에서 국방이 중요하다는 걸 깨닫고, 나라 이름을 대한제국으로 바꾼 뒤에야 국방을 챙겼다. 한해 정부 총예산 중 무려 40% 내외를 국방에 투자하고 중앙군과 지방군을 갖추며 간부도 길렀지만 스스로를 지키기엔 턱없이 부족했다. 왕실 행사에 쓰려고 턱없이 비싸게 화물선(양무호)을 구입하는 등 '국방'이란 이름만 달고 밑 빠진 독에 물을 부었다. 또한 외교 전략은 부실하고, 국가정책은 과거로 회귀하고, 부정부패가 판치며, 자체적인 산업기반이 없어 무기 하나도 만들지 못하는 등 전반적인 국력이 쇠약했다. 즉, 스스로를 지킬 수 있는 최소한의 힘도 갖추지 못했다. 그 결과는 참혹했다.

대한제국 정부총예산 및 국방예산 현황(원)

구 분	1896	1897	1898	1899	1900	1901	1902	1903	1904
정부 총예산	6,316,831	4,1900,427	4,525,530	6,471,132	6,161,871	9,078,682	7,585,877	10,765,491	14,214,298
국방 예산	1,028,401	979,597	1,251,745	1,447,351	1,733,207	3,724,185	2,907,357	4,247,534	5,349,521
비율(%)	16.28	23.38	27.66	22.37	28.13	41.02	38.33	39.46	37.63

러시아와 일본이 영토에서 전쟁을 일으켜도 지켜만 봐야 했던 대한제국

광무개혁은 국가의 시계를 10년 전으로 되돌려버렸다. 권력은 고종, 황족 그리고 측근 몇 명에게 몰렸다. 황실 재산을 관리하던 친러파 이용익(李容翊, 1854~1907)은 원래 보부상이었다. 1882년 임오군란 당시 민비와 청나라가 비밀편지를 주고받을 때 뛰어난 체력을 바탕으로 전령을 맡고, 민비와 고종에게 무한한 신뢰를 받으며 출세했다. 러시아는 일본을 싫어했던 이용익을 활용해 마산포(1900년 3월), 압록강 삼림벌채권(1903년 4월), 압록강 하구 용암포(1903년 4월) 등을 획득했다. 이용익은 러시아에게 그 누구보다 굴종하고 앞잡이 노릇을 도맡으며 국익을 팔아넘겼다. 훗날 고려대학교 전신인 보성학교를 세우고, 을사늑약 이후 반일활동도 했다. 현대 한국에선 이용익, 이범진(헤이그 특사단 이위종의 아버지, 경술국치 후 자결) 등을 애국지사로 여기기도 한다. 하지만 그들이 러시아를 향해 벌였던 매국 행위는 조명하지 않는다.

한반도에 대한 야욕은 러시아나 일본이 똑같았고, 오히려 러시아가 더 노골적이고 거칠게 대한제국을 침탈했다. 이용익은 대표적인 앞잡이였다.

이용익

1900년 청나라에선 국권을 강탈하는 외국세력에 대항하고 기독교를 탄압하는 운동이 일어났다. 의화단 운동(義和團運動)이다. 의화단은 베이징, 톈진에서 일본, 영국, 독일, 러시아, 미국, 오스트리아-헝가리, 이탈리아, 프랑스 등 8개 국가 연합군과 대규모 전투를 벌였다. 연합군은 청나라군과 의화단을 제압하며 청나라의 국권을 빼앗았다.

러시아는 의화단에게 받은 피해를 들이밀며 1901년 2월, 청나라가 만주에 군대를 배치하거나 철도 운영권과 광산 채굴권을 다른 국가에 넘기지 못하도록 했다. 또한 만리장성까지 철도를 놓을 수 있도록 보장받았다. '만주지역 철도를 안전하게 보호한다'는 명분으로 만주에 대규모 군대(약 20만 명)를 보내 점령했다. 러시아군은 훈춘 지역을 점령하면서 한국인 약 2,000명을 사살하기도 했다. 의화단과 러시아군은 대한제국 국경 부근을 수시로 침범했고, 러시아군은 아예 대한제국 국경을 자유롭게 넘나들 수 있도록 요구했다. 이때 대한제국군이 이들을 격퇴하려고도 했지만 효과는 적었다. 이처럼 의화단 운동으로 동아시아에서 러시아의 영향력이 강해지자 일본이 반발했다. 1902년 1월, 일본은 영국과 동맹을 맺고 러시아와의 대결을 준비했다.

의화단 운동 전후 만평[1]

의화단원

일본군은 1903년 예비병력 약 15만 명, 대포 약 700문 등을 보유했다. 10년 전 청일전쟁 후 당한 굴욕(삼국개입)에 대한 복수를 꿈꾸며 2.5배 이상 군사력을 길렀다. 1904년 2월 4일, 일본은 러시아와 전쟁을 결의하고 대한제국의 진해, 마산, 인천으로 불법 침입해 병력, 장비, 물자, 식량을 운반했다. 2월 9일, 인천 앞바다에서 러시아 군함 2척을 공격해 침몰시키며 '대한제국의 독립과 영토를 보전한다'는 명분으로 러시아에 전쟁을 선포했다. 청나라 의화단 운동이 도화선이 되어 한반도에서 러시아와 일본의 긴장이 시작됐다.

서울은 일본 천하가 됐다. 그간 대한제국을 이끈 친러 권력가들은 순식간에 밀려나고 친일 세력이 들어찼다. 고종은 전쟁에 끼지 않으려고 '전시

---

1) 프랑스 〈르 프티 주르날(Le Petit Journal)〉 1898년 1월 6일

중립'을 선언했었지만, 관심 가져주는 국가는 세계 그 어디에도 없었다. 일본은 만약 고종이 외국 공사관으로 또 도망가면 국가를 멸망시켜버리겠다고 위협했다. 그리고 정부 관리들을 매수하고 협박하며 일본과 동맹 관계를 맺도록 강요했다.

일본군이 서울에 진출하면서 고종의 중립선언은 무효가 됐다. 잔뜩 겁먹은 고종은 미국 공사관으로 도망가고 싶어 했지만 미국은 다른 국가 정치에 개입하지 않는다는 방침을 갖고 있었다. 미국 알렌 공사도 고종의 피신요구를 거절했다. 당시 미국 루즈벨트 대통령(Theodore Roosevelt, 1858~1919)도 일본과 긴밀한 관계를 갖고 있었기에 대한제국의 요청을 들어줄 이유도 없었다.

1904년 2월 23일, 전쟁 시작 2주일 뒤 일본 공사 하야시 곤스케(林權助, 1860~1939)는 대한제국 외부대신(대리) 이지용에게 〈한일의정서〉를 들이밀었다. 원래 전쟁 전부터 협상하다가 고종이 중립을 선언하며 무산됐다. 그런데 러일전쟁이 시작되자 더 노골적이고 강경한 조항을 추가했다. 원래

하야시 곤스케

이지용 * 고종의 조카, 을사오적 중 한 명

'동맹 관계'를 제안했지만 이젠 '속국'이 되도록 강요했다. 조약은 일본이 입버릇처럼 되뇌어 온 '대한제국의 독립과 영토를 확실히 보장한다'는 명분으로 시작한다. 게다가 '일본이 러시아와 전쟁하는데 필요한 땅을 대한제국 동의 없이 마음대로 활용할 수 있다'는 내용을 넣었다. 이지용은 일본이 건넨 1만 원(현재 기준 약 13억 원)을 받고 조약을 체결했다. 훗날 을사5적이 된 그는 고종의 조카로 대한제국 황족이다. 국가 최고 권력자가 나라를 팔아먹은 것이다. 이지용 말고도 고종을 포함해 대한제국 황족이란 사람 거의 모두는 일본에게 두둑한 돈을 선물 받으며 매국에 앞장섰다.

한일의정서
1904. 2. 23.

제1조 한일 양국 사이의 항구적이고 변함없는 친교를 유지하고 동양의 평화를 확립하기 위해, 대한제국 정부는 대일본제국 정부를 믿고 시정 개선에 관한 충고를 받아들인다.

제2조 대일본제국 정부는 대한제국 황실을 확실한 친의(親誼)로서 안전하고 강령하게 한다.

제3조 대일본제국 정부는 대한제국의 독립과 영토 보전을 확실하게 보증한다.

제4조 제3국의 침략이나 내란으로 인해 대한제국 황실의 안녕과 영토의 보전이 위험할 경우, 대일본제국 정부는 신속하게 필요한 조치를 할 수 있다. 대한제국 정부는 대일본제국의 행동이 용이하도록 그 편의를 충분히 제공한다. **대일본제국 정부는 앞항의 목적을 이루기 위해 군사전략 상 필요한 지점을 상황에 따라 차지하고 이용할 수 있다.**

제5조 두 국가는 상호 승인을 거치지 않고는 앞으로 본 협정의 취지를 위반하는 협약을 다른 국가와 맺을 수 없다.

제6조 미비한 세부조항은 대일본제국 대표자와 대한제국 외부대신이 그때그때 협의해서 결정한다.

1904년(광무 8년, 메이지 37년) 2월 23일
대한제국 외부대신 임시서리 육군참장 이지용
대일본제국 특명전권공사 하야시 곤스케

협약에 따라 전쟁 전에 대한제국을 불법 침입했던 일본군의 주둔은 합법화됐다. 일본군은 '한국주차군'으로 확대됐다. 전쟁 시 보급에 필수적인 철도와 전신 등을 보호한다는 명분으로 대한제국 전역에서 치안 유지, 검열, 사찰 등과 관련된 활동을 펼쳤다. 서울 용산 지역 약 115만 평은 일본군사령부 기지로 활용하기도 했다. 또한 평양, 독도 등 약 400만 평도 점령했다. 이때부터 용산 일대는 군사기지로 활용됐고, 2022년 현재도 외국군대의 기지(유엔사, 한미연합사, 주한 미8군사령부 등)로 쓰이고 있다. 이외에도 일본은 어업권, 황무지 개척권 등 자국에 이익이 되는 모든 것을 마음껏 요구하며 내정에 더 깊이 관여했다.

당시 일본 정부와 사회에선 대한제국을 어떻게 처리할 것인지를 놓고 다양한 의견이 존재했다. 강제병합론, 보호국론, 영구중립론, 고문통치론 등 약 10가지 주장이 있었다. 프랑스가 베트남을 점령하고, 영국이 이집트를 통치하는 것처럼 일본이 대한제국을 '보호국'으로 삼아야 한다는 주장이 가장 지지받았다. 그런데 일본 정부의 견해는 조금 달랐다. 다른 국가를 '보호국'으로 삼으려면 다른 열강이 승인해야 했다. 하지만 러시아와 전쟁 중에 섣불리 식민지를 늘리려 했다간 '10년 전 수모를 다시 당할 수 있다'고 걱정했다. 그래서 당시 총리였던 가츠라 다로(桂太郞, 1848~1913)는 열강이 개입할 명분도 적으면서 대한제국에서 영향력을 높일 수 있는 최선책으로 고문을 배치해 내정에 관여하는 '고문통치론'에 힘을 실었다. 궁극적으로 대한제국을 보호국으로 만들려는 사전 작업이었다. 8월 22일 외부대신(대리) 윤치호와 하야시 일본공사는 제1차 한일협약(고문용빙에 관한 협정서)을 체결했다.

> **고문용빙에 관한 협정서**
> 1904. 8. 22.
>
> 1. 대한정부는 대일본정부가 추천하는 일본인 1명을 재정 고문으로 고용하고, 재무에 관한 사항은 일체 그 의견을 물어 시행한다.
>
> 1. 대한정부는 대일본정부가 추천하는 외국인 1명을 외교고문으로 고용하고, 외교에 관한 중요한 업무는 일체 그 의견을 물어 시행한다.
>
> 1. 대한정부는 외국과 조약을 체결하며 기타 중요한 외교 안건, 즉 외국인에 대한 특권 양여와 계약 등의 처리에 관해서는 미리 대일본 정부와 협의한다.
>
> 외부대신서리 윤치호
> 특명전권공사 하야시 곤스케

메가타 다네타로

가쓰 가이슈

이로써 대한제국은 일본이 추천하는 재정고문(일본인)과 외교고문(외국인)을 받아들였다. 일본은 '고문정치'를 시작하며 가장 중요한 두 국가기능을 빼앗았다. 재정고문으로 일본 최초 하버드 로스쿨 졸업생인 메가타 다네타로(目賀田種太郎, 1853~1926)가 왔다. 그는 사카모토 료마의 스승이자 걸출한 관료였던 가쓰 가이슈(勝海舟, 1823~1899)의 사위다. 메가타는 대한제국이 일본 화폐를 쓰도록 강요하고 군대를 줄이도록 했다. 이로 인해 친위대가 해산되고 시위대와 진위대는 대폭 감축됐다. 또한 외국에 있는 대한제국 공사관을 철수하게 하는 등 보호국, 속국, 식민지로 만드는 각종 작업을 주도했다. 1904년 2월과 8월에 맺은 조약으로 인해 대한제국은 정치, 경제, 군사 주권을 사실상 일본에 빼앗겼다.

러일전쟁 중 일본 가쓰라 총리와 미국 윌리엄 태프트 국방장관은 도쿄에서 비밀리에 만났다. 가쓰라는 조슈번 출신으로 요시다 쇼인의 제자들과 깊은 관계를 갖고 있었고, 일본에서 역대 4번째로 오래 재임한 총리다. 태프트는 이후 미국 제27대 대통령이 됐다. 청일전쟁 당시 3사단장으로 활약하기도 했던 가쓰라는 '대한제국이 경솔하게 행동해 러일전쟁이 일어났다. 일본이 대한제국을 보호해야만 동아시아가 안정된다'고 주장했다. 윌리엄은 '일본과 친밀한 미국이 필리핀을 통치하면 일본에도 유리하다'고 했다. 미국은 필리핀을, 일본은 대한제국을 차지하는 이해관계가 정확하게 맞아떨어졌다. 루스벨트 대통령은 비망록으로 기록된 이 대화를 긍정했다. 1905년 7월 29일의 '가츠라-태프트 밀약'이다. 국가 간의 공식조약이 아니라 두 정치인이 주고받은 거래였다. 일본은 2주일 뒤 영국과 협상을 진행해 '대한제국을 일본의 보호국으로 승인한다'는 제2차 영일동맹을 맺었다.

일본군은 러시아군과 옥신각신한 끝에 여순과 봉천 등을 점령하고, 멀고 먼 길을 돌아 대한해협에 도착한 발틱함대를 동해에서 전멸시켰다. 러시아

가츠라 다로　　　　　　　　　윌리엄 태프트

는 더 이상 전쟁을 이어갈 힘이 부족했고, 일본도 러시아를 제압할 만한 힘이 없었다. 사실 일본은 경제, 재정, 군사 기반이 취약해 국내에서 큰 어려움을 겪고 있었다. 미국, 영국, 독일 등도 러일전쟁이 더 길어지는 것을 우려했고 미국 루스벨트 대통령이 중재자로 나섰다. 1905년 9월 5일, 미국 뉴햄프셔주 포츠머스에서 일본 고무라 주타로(小村壽太郎, 1855~1911)와 러시아 비테(Sergei Yulyevich Witte, 1849~1915)가 강화조약을 맺으며 전쟁이 끝났다. 총 15개 조항 중 제2조가 대한제국에 대한 내용이다.

포츠머스 강화조약 中
1905. 9. 5.

제2조 러시아 제국 정부는 일본이 대한제국에서 정치, 군사 및 경제 분야에서 탁월하고 절대적인 이익을 갖는 것을 승인한다.
- 러시아는 일본이 대한제국에 실행하는 지도, 보호 및 감리 조치를 방해하거나 간섭하지 않는다.

> - 일본은 대한제국에서 러시아국 식민을 다른 외국 신민 또는 인민과 완전히 동등하게 대우하며, 최혜국의 신민 또는 인민과 동일한 지위로 여긴다.
> - 일본과 러시아는 일체의 오해를 피하기 위해 러시아와 한국 간의 국경에서, 러시아 또는 한국의 영토 안전을 침해할 수 있는 어떠한 군사 조치도 취하지 않는다.

일본이 압도적인 판정승을 얻어냈고, 러시아는 대한제국과 청나라 밖으로 밀려났다. 러시아는 당시 일본 예산 3년 치에 달하는 금액(8억 루블)을 투자해 만든 뤼순, 대련 항구와 남만주철도 경영권을 일본에 넘겨줬다. 일본은 10년 전 청일전쟁 후 빼앗긴 요동반도를 다시 차지했다. 러시아는 당시 유럽에서 가장 강한 제국이었다. 세계 모두의 예상을 뒤엎고 승리한 일본은 하늘 높은 줄 모르는 기세와 자신감에 휩싸였다. 반면 '얼지 않는 항구'를 갖고자 남쪽으로 세력을 넓히던 러시아는 간절한 그 꿈을 접어야 했다. 제국 열강으로 우뚝 선 일본을 견제할 수 있는 국가는 그 어디에도 없었다.

러시아는 비록 굴욕을 당했지만 완전히 포기하진 않았다. 포츠머스 회담 직후 1905년 9월 26일, 러시아에 근무 중인 한국공사 이범진에게 '2년 뒤 있을 헤이그 평화회의에 대한제국 대표들을 초대한다'고 통보했다. 일본이 대한제국을 식민지로 삼지 못하도록, 세계열강이 대한제국의 주권을 인정하게 하려는 계획이었다. 대한제국을 위하기보단 동아시아에서 약간의 영향력이라도 지켜보려는 방안이었다. 두 달 뒤 일본이 을사늑약으로 대한제국 외교권을 빼앗은 뒤에도 종종 갈등했지만, 1906년부터 러시아는 일본과 갈등보다 협력하기로 방침을 바꿨다. 이범진에게 제시했던 '헤이그 평화회의 초대장'도 철회했다. 그리고 1907년 '일본은 한반도와 남만주를, 러시아는 외몽고와 북만주를 지배한다'는 비밀협정을 체결하며 전략적인 협업 관계로 나아갔다. 국가끼리 수단과 방법을 가리지 않고 싸워 죽이다가도, 국익을 챙기기 위해 협상하고 협력하는 과정에서 감정, 감성, 도덕, 정의, 진심 등이 끼어들 여지는 없었다. 대한제국은 다른 국가가 본인 땅에서 전쟁을 일으켜도 손 한번 쓰지 못했고, 국제정세를 읽지도 않았다. 우물 안에서 본인의 주장만 외치는 힘없는 외골수이자 외톨이였다. 1907년 4월 20일 자 고종의 서명이 적힌 신임장을 들고 헤이그에 갔던 이위종은 '한국을 위한 호소문'[2]을 외쳤다. 그는 일본이 저지른 불법행위에 비중을 두면서도 '대한제국 정권의 실체'를 세계에 고발했다.

"(...) 잔인한 지난 (고종) 정권의 학정과 부패에 질려 있던 한국인들은
일본인을 희망과 공감으로 맞이했다.
일본이 부패한 관리들에게 엄격한 잣대를 적용해 정의를 구현하며
정부에 솔직한 충고를 해주리라고 믿었다.
일본이 한국인에게 필요한 개혁을 하리라고 믿었다. (...)"

시어도어 루스벨트

포츠머스 회담

---

2) 〈Plea for Korea〉, 미국 Independent 지, 1907년 8월 22일

메가타 재정고문은 대한제국의 국방예산이 과도하다고 분석했다. 어차피 일본이 보호해주니 병력도 줄이고 예산도 아끼자고 했다. '군사제도 개혁'이란 이름으로 대한제국 원수부를 폐지하고 고종이 가졌던 군사지휘권(군정권, 군령권)을 군부가 담당하도록 전환됐다. 육군, 해군 간부들의 근무연한을 줄이고, 조직, 훈련, 무관학교 교육 등 그동안 추진한 국방정책 전반에 관련된 법령도 무력화됐다. 러시아식 군대는 일본식으로 빠르게 바뀌었다. '육군연성학교'를 세우고 일본 육사 교육을 모방해 기존 군인들을 재교육시켰다. '육군유년학교'도 만들어 15~18세 청소년을 가르친 뒤 육군무관학교에 입학하도록 했다. 교관은 대부분 일본 육사를 졸업한 조선인들로 채웠다.

1894년 청일전쟁에서 공을 세우고 1904년 육군 대장으로 진급한 하세가와 요시미치(長谷川好道, 1850~1924)는 조선 주둔 일본군 사령관이 됐다. 고종은 러일전쟁을 이끌던 그에게 대훈위 금척대수장, 대훈위 이화대수장을 수여하기도 했다. 그는 대한제국 황제에게 최고훈장까지 받으면서 대한제국군을 해체하고 일본군으로 대체했다. 훗날 육군 원수로 진급해 1916년부터 1919년까지 제2대 조선총독을 지낸 '무단 헌병통치'의 주인공이다.

하세가와 요시미치

러일전쟁 승리를 앞둔 1905년 4월, 일본은 궁궐을 지키던 시위대 1개 연대만 남기고 대한제국군 중앙군(시위대, 친위대 2개 연대)을 없앴다. 지방군 진위대도 폐지하고 전국 8도에 1개 보병대대씩만 남겼다.[3] 규모가 크진 않지만 그동안 나름대로 공들여 길렀던 대한제국의 국방은 이렇게 허무하게 무너졌다. 1905년 을사늑약 체결 뒤 모든 군사학교는 이름만 남겨졌고 1909년 9월 15일(칙령 77호) 모든 군사학교를 폐지시키면서 남아있던 학생들은 모두 일본 육사로 편입됐다.

을사늑약의 실체, 돈 받고 나라 판 고종이 범인이다

1905년 9월 18일, 대한제국은 이완용을 학부대신, 박제순을 외부대신, 이지용을 내부대신으로 임명했다. 이완용은 1897년 러시아의 군사교관 파견을 거부하다 쫓겨난 뒤 부친상 등을 치르고 8년 만에 중앙정치에 복귀했다. 그동안 친러, 친일 세력이 치열하게 다투던 현장에서 벗어나 있던 건 그에게는 행운이었다.

일본은 곧바로 대한제국을 식민지로 만드는 데 집중했다. 1905년 11월 9일, 일본이 완공한 경부선 철도를 타고 이토 히로부미가 서울 정동 손탁 호텔에 왔다. 그는 다음날 바로 옆 덕수궁에 들어가 고종을 만났다. 메이지 천황이 "동양평화의 대한제국 안건을 지키려면 일본과 협조해야 한다. 일본이 대한제국을 보호해도 황실의 안녕과 존엄은 조금도 훼손되지 않게 할 것이다"라고 쓴 친서를 전달했다. 5일 뒤 이토는 다시 고종을 찾아 '동양의 평화를 영구히 유지하기 위해 그동안 항상 화근이 됐던 대한제국 외교를 일본

---

3) 강원도 원주, 경기도 수원, 경상도 대구, 충청도 청주, 전라도 광주, 평안도 평양, 함경도 북청, 황해도 황주

이 맡아야 한다'라며 외교권을 넘기도록 요구했다. 1870년 이후 왕실이 집안싸움을 하느라 청나라, 러시아, 일본 등을 끌어들이고 이리 붙었다 저리 붙었다 해왔던 건 세계가 아는 사실이었다. 고종은 '대한제국이 계속해서 전쟁 빌미를 제공했다'는 이토의 주장에 반박하지도 못하고, '일본에 외교권을 넘기길 거절하진 않는다. 조약에 대해서도 말하지 않겠다. 하지만 대한제국에도 외교권이 남아있다는 형식만큼은 남겨주면 좋겠다.'라고 요청했다. 이토는 단칼에 거부했다.

고종은 '외부대신 박제순과 일본 하야시 공사가 협상을 끝내면, 정부에서 토의하고 결정하겠다'며 앞으로 있을 모든 책임을 신하들에게 떠넘겼다. 다음날 이토는 대한제국 관료들을 불러 '대한제국은 임금과 신하 간 음모가 많은 데다가, 나라를 지킬 만한 힘이 없어 항상 동양평화를 해치는 화근이 되고 있다'며 외교권을 넘기도록 다시 요구했다.

11월 17일 오전 11시, 하야시 공사가 대한제국 대신(장관) 8명을 일본 공사관으로 불렀지만 결론이 나지 않자 오후 3시 덕수궁으로 자리를 옮겼다. 고종은 대신들과 토의했다. '이번 조약을 전부 거절하면 서로 좋은 관계를 보존할 수 없을 거라고 이토 대사가 말했다. 조약 문구를 수정하는 건 가능할 수도 있다. 초안에서 어디를 고치면 좋겠는가?' 그리고 '일본이 대한제국 황실의 안녕과 존엄을 보장한다는 내용을 포함해 잘 처리했으면 좋겠다. 내 뜻은 이미 말했으니 이제 당신들이 (이토와 협의해) 잘 처리하는 것이 좋겠다'라며 권한을 넘겼다. 대신들은 '황제는 잘 협상해서 처리하라고 했지만 우리는 이 조약에 모두 반대한다'며 협상을 최대한 지연시켰다. 하야시 공사와 이토 히로부미는 분노했다. 조선주둔군 사령관 하세가와 요시미치에게 군대를 동원해 덕수궁을 둘러싸고 위협하도록 했다. 그리고 이토는 고종과 1:1 면담을 요청했다. 겁에 질린 고종은 '머리에 종기가 생겨 만나기 힘드니, 대신들과 잘 협상하고 타협해 달라'고 했다.

이토는 덕수궁 중명전에 대한제국 관료들을 불러 모아 한 명 한 명에게 찬반 뜻을 물었다. 이하영, 이완용, 이근택, 이지용, 권중현이 찬성한다고 하자 곧바로 붓을 들고 조약문을 작성했다. 11월 18일 오전 1시, 외부대신 박제순과 하야시 공사가 최종 체결했다. 〈을사 5조약〉이다. 대한제국은 주권을 잃고 보호국이 됐다.

> **을사늑약**
> 1905. 11. 18.
>
> 일본국 정부(이하 일본)와 대한제국(이하 한국) 정부는 공동의 이익을 공고히 하기 위해, 한국이 실제로 부강해졌다고 인정할 수 있을 때까지 아래에 열거한 조목들을 약정한다.
>
> 제1조 일본은 도쿄 외무성을 통해 이후 한국의 외교 및 그 사무를 감독하고 지휘하며, 일본의 외교 대표자와 영사는 외국에 재류하는 한국의 관리와 백성 및 그 이익을 보호한다.
>
> 제2조 일본은 한국과 다른 나라 사이에 현존하는 조약의 실행을 완전히 책임지며, 한국은 이후 일본의 중개를 거치지 않고는 국제적 성격을 띤 어떤 조약이나 약속도 하지 않는다.
>
> 제3조 일본은 한국 황제 아래에 1명의 통감을 둔다. 통감은 외교에 관한 사항을 관리하기 위해 서울에 머물고, 한국의 황제를 직접 만날 수 있는 권리를 갖는다. 또한 일본은 한국의 각 개항장 및 기타 필요하다고 인정하는 곳에 이사관을 둘 권리를 갖는다. 이사관은 통감의 지휘 아래 기존에 일본 영사가 갖고 있던 일체의 권리를 행사한다. 아울러 본 협약의 조항을 완전히 실행하는 데 필요한 일체의 사무를 맡아 처리한다.
>
> 제4조 일본과 한국 사이에 현존하는 조약과 약속은 본 협약의 조항에 저촉되는 것을 제외하고는 모두 그 효력이 계속된다.
>
> 제5조 일본은 한국 황실의 안녕과 존엄을 유지할 것을 보증한다.
>
> 아래 사람들은 각기 본국 정부에서 해당 권한을 위임받아 본 협약에 기명 조인한다.
>
> 광무 7년 11월 17일 대한제국 외부대신 박제순
> 메이지 38년 11월 17일 대일본제국 특명전권공사 하야시 곤스케

이에 찬성한 5명을 '을사5적'이라고 한다. 조약 체결 다음 날, 대한제국 군중은 들고일어나 이완용 집을 불태워버리고 이근택을 살해하려 했다. 전국 각지에선 매국노들을 처단하라는 상소가 빗발쳤다. 〈대한매일신보〉 등 주요 신문은 '매국노 5명이 고종을 협박해 멋대로 보호조약을 체결했다'고 보도했다.

그런데 고종은 피해자였을까? 하야시는 조약을 체결하기 전 고종에게 2만 원(현재가치 약 25억 원)을 지급했다. 즉, 고종은 돈을 받고 국권을 팔아넘겼다. '매국노에게 협박받은 고종은 피해자', '고종의 승인 없이 매국노들이 멋대로 맺은 조약은 무효'라는 주장이 대부분이지만, 실제 기록들은 '고종이 돈 받고 외교권을 팔았다'고, '무책임하게 권한을 위임해 나라를 넘겼다'고 일관되게 말한다. 결국 을사늑약의 주인공은 고종이다. 을사5적은 그 명령을 따른 실행자이자 공범이었다. 심지어 고종은 조약을 맺은 직후 이토 히로부미에게 편지를 보냈다. 과연 '이완용'만 매국노일까?

"새 협약(을사늑약)의 성립은 두 나라를 위해 축하할 일이다.
짐(고종)은 병에 걸려 피로한데, 당신(이토)은 밤늦게까지 수고했으니
얼마나 피곤하겠소"

대한제국군, 해산하라!

일본이 대한제국의 외교를 대신하게 되자 서울에 있던 7개국(일본, 미국, 영국, 독일, 러시아, 프랑스, 청나라) 외국 공사관은 철수했다. 미국은 기다렸다는 듯이 빠르게 철수하며 '앞으로 대한제국에 대한 업무는 도쿄를 거쳐 진행될

것'이라고 통보했다. 1882년 맺었던 한미수호통상조약은 일방적으로 종료됐다. 이처럼 일본이 한반도를 점령할 수 있도록 든든하게 지원한 미국은 그로부터 35년 뒤 일본과 피 터지게 전쟁을 했다. 그리고 다시 일본과 동맹을 맺고 지금에 이르고 있다. 또한 미국은 을사늑약 40년 뒤엔 한반도를 일본으로부터 해방하고 대한민국 건국과 한국전쟁을 도운 뒤 피로 맺은 동맹관계를 유지하고 있다. 이처럼 국제관계에는 영원한 적도 영원한 친구도 없다.

66살 이토 히로부미는 1906년 한국 초대 통감이 됐다. 그는 일본 헌법을 만들고, 총리를 4번 역임하는 등 세계열강에게 '가장 위대한 동양인'으로 인정받던 거물 정치인이었다. 통감부는 서울 광화문 외부(외교부)에 자리 잡았다. 외부는 아관파천 당시 외부대신 이완용이 청나라로부터 독립을 기념해 독립협회를 창설하고, 러시아 군사교관 파견을 거부하며 '독립'과 '자주'를 꿈꾼 곳이었는데 이젠 한국 식민지배의 중심지가 됐다. 일본인들은 대한제국의 내정에 대거 관여하기 시작했다. 교육, 정치, 경제, 국방 등 모든 분야에서 일본식 제도가 도입되고, 조선과 대한제국의 흔적을 지워나갔다.

1907년, 이토는 간혹 반대의견을 보이며 발목 잡는 고종을 물러나게 한 뒤 지능이 딸리는 황태자를 즉위시켜 허수아비로 삼고 대한제국을 지배하려 했다. 최초의 군사학교였던 육영공원에서 영어를 가르치기도 했던 미국인 선교사 헐버트[4]는 오랜 기간 고종을 도왔다. 그는 일본이 부당하게 국권을 강탈했다고 알리려고 네덜란드 헤이그에서 열릴 만국평화회의에 대표

---

4) 호머 헐버트(Homer Bezaleel Hulbert, 1863~1949) : 한국 이름 헐벗, 흘법(訖法), 허흘법(許訖法), 할보(轄甫), 허할보(許轄甫) 등으로 불렸다. 한국 독립운동을 지원했다. 대한민국 정부는 외국인에게 최초로 1950년 대한민국 건국훈장 독립장을, 2014년 대한민국 금관문화훈장을 추서했다. 그는 서울 지하철 2, 6호선 합정역 인근 '양화진 외국인선교사묘원'에 안장되어 있다.

단을 보내고자 했다. 6월 25일, 고종이 쓴 위임장을 지참한 대한제국 대표 3명(이상설, 이위종, 이준)과 헐버트가 헤이그에 도착했다. 그들은 러시아 대표이자 평화회의 의장이었던 넬리도프(Nelidov)에게 참석자격을 달라고 요청했지만, '한국은 일본의 보호국이고, 외교권은 일본에 있으므로 회의에 참석할 자격이 없다'며 거절당했다. 결국 어떤 기회도 얻지 못하자 언론인을 상대로 기자회견을 갖고 호소했다.(Plea for Korea) 하지만 공염불에 그쳤다. 이준은 헤이그에서 병에 걸려 사망하고 이상설, 이준, 헐버트는 미국으로 떠났다.

호머 헐버트

헤이그 특사 관련 외신보도 (Courrier de la Conférence, 1907.7.5.)

서울에 있던 이토는 1907년 7월 1일, '고종이 보낸 특사라는 한국인들이 헤이그에서 을사늑약 무효를 주장하고 있다'는 소식을 전해 들었다. 그는 격노하며 이완용을 불러 '일본과의 조약을 위반하고 적대행위를 한 책임을 물어 전쟁을 일으키겠다'고 협박했다. 이완용은 거듭 사과하며 선처를 빌었다. 이완용과 정부 대신들은 고종이 '이 사건에 책임을 지고 물러나야 한다'는 대안을 계획했다. 나라를 지키려면 고종이 물러나야 한다고 건의했다. 고종은 격하게 화내며 반대했다. 그리고 자신을 지켜줄 최후의 수단으로 이토 히로부미와 가까운 박영효를 불렀다. 그는 1884년 갑신정변 후 일본으로 도망갔다가 10년 뒤 갑오개혁에서 복귀한 뒤 민비 역모 혐의를 받아 또 도망갔었다. 일본이 대한제국을 장악하면서 12년 만에 다시 귀국해 황실 업무를 담당하는 궁내부대신으로서 고종 곁을 지키고 있었다. 과거의 대역 죄인이 황제를 지키는 마지막 충신이 된 우스운 상황이었다. 7월 18일 고종은 이토를 불러 헤이그 사건을 전면 부인하고 특사들에게 모든 책임을 돌렸다.

"나는 헤이그 밀사 사건에 대해 아는 바가 없다.
이준이나 이상설을 조사하면 알 수 있을 것이다."

일본 정부는 특별사절을 파견해 고종을 문책했다. 이완용과 대신들은 '(전쟁을 피하고) 황실과 나라를 보존하기 위해 황제에서 물러나 달라'고 고종에게 거듭 건의했다. 19일 고종은 모든 대신을 불러 의견을 물었다. 자신을 구해주리라 믿었던 박영효는 몸이 아프단 핑계를 대고 참석하지 않았다. 결국 대신들의 뜻에 따라 '황태자에게 통치를 넘긴다'고 결정했다. 이 소식이 알려지자 수많은 군중이 덕수궁 앞에 몰려와 통곡했고 일본군과 충돌했다. 여기에 대한제국군까지 뛰어들어 양측 모두 사상자가 발생했다. 그러자 일본군은 대규모 병력을 동원해 시위를 진압했다.

20일, 대포로 무장한 일본군이 덕수궁을 둘러싼 가운데 순종이 즉위했다. 새로운 황제 순종은 약 3년 재위 기간에 걸쳐 '올린 대로 처리하라' 말고는 한 일이 없다. 말 그대로 허수아비를 세우는 데 성공한 일본은 거침없이 질주했다. 이토는 23일 이완용을 불러 '대한제국을 안정시키려면 선진국이 지도해야 한다'며 7개 조항이 담긴 새로운 조약을 제시했다. 일본이 입법권, 행정권, 인사권을 장악하고 군대를 해산시키는 내용이었다. 다음 날 순종은 별다른 의견 없이 승인하며 순식간에 조약이 체결됐다. 정미 7조약(한일신협약)이다.

한일협약(정미7조약)
1907. 7. 24.

일본국 정부와 한국 정부는 속히 한국의 부강을 도모하고, 한국인의 행복을 증진하기 위해 다음의 조항을 약정한다.

제1조 한국 정부는 시정 개선에 관해 통감의 지도를 받는다.
제2조 한국 정부의 법령 제정 및 중요한 행정상의 처분은 통감의 승인을 거친다.
제3조 한국의 사법 사무는 일반적인 행정사무와 구별한다.
제4조 한국인 고등 관리의 임명과 면직은 통감의 동의에 의해 집행한다.
제5조 한국 정부는 통감이 추천하는 일본인을 한국 관리에 임명한다.
제6조 한국 정부는 통감의 동의 없이 외국인을 채용하지 않는다.
제7조 메이지 37년(1904) 8월 22일 조인한 일한협약 제1항을 폐지한다.

아래 사람들은 각기 본국 정부에서 해당 권한을 위임받아 본 협약에 기명 조인한다.

광무 11년 7월 24일 대한제국 내각총리대신 훈2등 이완용
메이지 40년 7월 24일 대일본제국 조선통감 후작 이토 히로부미

이토와 이완용은 조약 시행세부규정을 비밀각서로 작성했다. 각서 중 제3조는 다음과 같다.

---

1. 대한제국군은 육군 1개 대대만을 남겨 황궁 경비를 담당하고, 나머지 부대는 모두 해산한다.
1. 그동안 교육받고 있는 사람 중 군대에 남을 필요가 없는 사람은 일본 군대에 배속시켜 훈련받게 한다.
1. 한국인 간부는 일본에서 양성한다.

둘은 '군대에서 쓰는 비용을 줄이고 나중에 군사제도를 개혁하기 위해' 대한제국군을 해산하기로 합의했다. 통감부는 앞선 6월 27일, 기존군대를 해산하고 다시 만들겠다며 모병령을 발표했었다. 대한제국군을 해산시키려는 술책이었다.

> **조선 통감부 〈모병령〉**
> 1907년 6월 27일
>
> 제1조 대한제국 국민인 남자는 만 17세 이상 만 40세까지 병역에 복무할 의무를 진다.
> 제2조 병역은 현역, 예비역, 국민병역으로 구분한다.
> 제3조 현역 복무기간은 3년으로, 만 18세부터 25세까지의 남자가 지원할 수 있다.

1907년 7월 30일 일본군 하세가와 사령관과 총리대신 이완용, 군부대신 이병무는 창덕궁에 머물던 순종을 찾아갔다. 순종은 역시나 아무 의견도 없이 군대해산 조칙을 승인했다. 군부대신 이병무는 8월 1일 아침 동대문의 훈련원에서 '맨손훈련을 한다'는 핑계를 대고 모든 군인을 비무장 상태로 집합하게 했다. 일본군이 삼엄하게 경비하는 가운데 몇십 원씩 보상금을 쥐어주곤 해산을 명령했다. 갑자기 직업을 잃은 군인들은 크게 반발했다. 시위연대 1대대장 박성환은 해산조치에 분노하며 부대에서 권총으로 자살했다. 1대대 병사들과 2연대 2대대 병사들은 무기를 들고 남대문 인근에서 일본군과 전투를 벌였다. 하지만 대한제국군은 2시간 만에 패배하고 제압당했다. 이 전투에서 대한제국군 약 200명, 일본군 약 100명 죽거나 다쳤다. 8월까지 각 지역 진위대도 순서대로 해산됐다.

고종을 퇴위시키고 군대까지 해산한 일본에 분노하며 전국에서 의병이 일어나 곳곳에서 전투를 벌였다. 신돌석, 민긍호, 허위, 이강년 등 13도 창의군 약 1만 명은 경기도 양주에 집결한 뒤 서울탈환을 시도했다. 여기엔 대한제국군 출신 약 3천 명도 속해 있었다. 총대장 이인영은 서울에 있는 외국 공사관에 의병을 교전단체로 인정해달라고 호소했다. 그런데 부모님이 돌아가시자 삼년상을 치르기 위해 갑자기 고향으로 돌아갔다. 의병들은 일본군과 벌인 몇 차례 전투에서 패배하며 뿔뿔이 흩어졌고 소멸됐다. 의병 활동은 1911년까지 산발적으로 이어졌다. 뿔뿔이 흩어진 대한제국군 일부는 간도, 연해주 등으로 이동해 독립운동을 하고, 일부는 일본군에 소속되어 군인이 되거나 다른 형태로 일본에 협력하는 삶을 살았다. 또 다른 사람들은 고향으로 돌아가 식민지인으로서 살아갔다. 이때 이완용은 '한국인 헌병 보조원'을 활용한 토벌작전을 제시했다. 즉, 한국인으로 다른 한국인을 제압하도록 했다. 이때부터 헌병이 민간 치안, 사법까지 담당하는 '헌병정치'가 본격적으로 시작됐다.

이토와 이완용은 일본에서 영웅 대접을 받았다. 일본은 1884년 〈화족령〉을 제정해 5등급의 귀족 서열을 정했다. 공작(公爵), 후작(侯爵), 백작(伯爵), 자작(子爵), 남작(男爵)이 있다. 이토는 공작이 됐고 이완용은 일본 정부로부터 '대일본제국 욱일동화훈장'을 받았다. 심지어 순종은 정미7조약을 주도한 이완용에게 '이번에 내각 대신들이 충성을 다한 공적이 현저하다'며 '대한제국 이화훈장'을 수여했다. 순종은 스스로 나라를 넘기고 군대를 해산시킨 것도 모자라 그 주역들에게 훈장까지 준 것이다. 대한제국을 장악한 이토는 고향 야마구치 현 하기(萩) 시에 있는 요시다 쇼인의 묘지를 찾아가 '선생님, 드디어 뜻을 이뤘습니다'며 감격의 눈물을 흘렸다.

요시다 쇼인

이토 히로부미

정미 의병 중 대한제국군 출신 의병장[5]

구 분	대한제국군 출신 의병장
경기	이경한, 정용대, 연기우, 하상태, 김운선, 지홍일, 황순일, 김석하, 이익삼, 김동수, 박종한, 윤전, 지홍윤, 황재호, 연기우, 제갈윤신, 현덕호, 조재호, 허준, 신창호
강원	황주일, 이주순, 권주길, 이금하, 변학기, 장현조, 민긍호, 손재규, 김시영, 김규식, 김구성, 김익현, 박준성
경상	신중근, 김용복, 백남규, 김황국, 최응선, 정연철, 강진선, 우재룡
황해	조병화, 김봉기, 호원직, 지홍진, 황찬성
평안	신병두, 김승호, 노희태, 김창희, 오기형, 김선생
전라	서안경, 강사문, 명기준, 정원집, 문태수, 이초래, 강재천, 양상기
함경	윤동섭, 김국선, 홍범도, 장석호, 김덕제, 김명봉, 현학술, 최인복, 유기운, 김명학, 최동율
충청	김규환, 민창식, 김순오, 장윤석, 한치만, 장기수, 진성구, 박관실, 심상희, 노병대, 우명수, 이헌영, 이덕경, 이인환, 김형식, 한풍수

5) 김의환, 『의병운동사』, 박영사, 1974.

대한제국, 멸망하다

이토 히로부미는 3년 3개월의 대한제국 통감 임기를 마치고, 일본으로 돌아가 천황을 보좌하는 기구인 추밀원의 의장으로 부임했다. 부통감 소네 아라스케(曾禰荒助, 1849~1910)가 그 뒤를 이어 2대 통감이 됐다. 이토는 순종의 아들 즉, 황태자를 가르치는 큰 스승으로 임명됐었다. 순종은 일본에 돌아가는 이토를 칭송했다. 고위 관료와 일부 백성은 '이토를 기리는 비석과 동상을 세우자'고 주장했다.

> "(이토 히로부미가) 안으로는 내정 개선을 지도하고,
> 밖으로는 외교를 관리하여 법과 규율이 바로 서고,
> 나라의 운세가 점차 트이게 됐으며 황실이 편안하게 되고
> 영토가 보존됐으며 백성들이 넉넉하게 살 수 있게 됐다." [6]
> - 순종

1909년 7월 12일, 이완용과 소네 통감은 사법권을 넘기는 각서에 서명했다. 대한제국은 껍데기만 남았다. 그해 10월 26일, 중국 하얼빈역에서 대한육군 참의중장 안중근(安重根, 1879~1910)이 이토 히로부미를 저격해 암살했다. 이토는 일본으로 돌아간 뒤 대한제국 황태자와 함께 여행도 하고 국익을 위해 만주지역을 시찰하고 있었다. 그는 하얼빈에서 러시아 재무장관 코코우츠프와 만나 만주 지배권을 두고 협상하려 했다. 안중근은 천황을 속

---

6) 순종실록 1909.6.15.

여 동양평화를 해치고 대한제국을 침탈한 이토에게 책임을 묻고자 그 순간을 노렸다. 이로써 중국 리훙장, 영국 빅토리아 여왕, 독일 비스마르크와 함께 당대 거물로 평가받았던 이토 히로부미는 69세에 사망했다.

이토 히로부미 암살 소식을 들은 대한제국 황실과 정부는 기겁했다. 이완용을 대표로 하는 정부 공식 조문단을 보내고, 고종과 순종도 자신의 심복을 보내 조문하게 했다. 서울에서는 3일 동안 노래와 춤, 음주가 금지됐고, '큰 스승'을 잃은 황태자에겐 3개월간 상복을 입도록 했다.(황태자의 '작은 스승'은 이완용이었다) 또한 순종은 이토에게 '학문에 밝고 오직 나라 일만 걱정했다'는 뜻을 담아 '문충공(文忠公)'이란 호를 부여하고 지극정성으로 예우했다.

도쿄에서 열린 이토 장례식 날, 서울 장충단에선 대한제국 모든 관리가 참석하고, 서울 시내 모든 학교 학생들까지 동원한 가운데 '이토 히로부미 추도식'을 거행했다. 전국 유림들과 지역 대표를 자처하는 사람들은 '대한제국이 일본에 사죄해야 한다'며 요란을 피웠다. 지금 한국은 안중근 장군을 민족 영웅으로 받들고 있다. 당시에도 안중근을 옹호하는 사람도 있었다. 하지만 정작 당시에 안중근은 대한제국 황실, 정부, 권력가, 유지들로부터 아무런 보호도 받지 못했다. 오히려 지탄받고 천대받았다. 다음 해인 1910년 3월 26일, 뤼순 감옥에서 사형당한 안중근의 유해는 여전히 찾지 못하고 있다.

그해 겨울, 일진회가 '대한제국을 일본과 완전히 합쳐야 한다'며 한일합방을 주장했다. 일진회는 1984년 일본에 맞서 동학군을 이끌었던 이용구와 독립협회 일부 세력이 만든 단체다. 서울에 본부를 두고 전국 13도에 지부 및 약 360개 군에 지회를 둔 사상 최초이자 최대의 전국적 민간단체였다. 러일전쟁 중 일본을 돕고 을사늑약을 지지하며 한일합방을 가장 강력하게 주장한 대표적인 매국단체이기도 했다.

> **일진회 〈한일합방 상주문〉**
> 1909. 12. 4.
>
> 일본은 일청전쟁으로 한국을 독립시켜주고, 일러전쟁으로 러시아로부터 한국을 구해줬다. 그런데도 한국은 이를 고맙게 여기지 않고 이 나라 저 나라에 들러붙으며 결국 외교권을 뺏겼으니 모두 우리가 자초했다.
>
> 정미7조약도 헤이그 문제를 일으킨 우리의 책임이다. 이토 히로부미는 백성들을 보살펴주고 황태자를 이끌어주고 한국을 위해 수고를 다했다. 그런데도 하얼빈의 변고가 일어났으니 이제 어떤 위험이 닥칠지 모른다. 이 또한 우리 한국 사람들 스스로 그렇게 만들었다. 일본 천황 폐하는 너그럽고 어진 마음과 큰 도량으로 우리를 형제처럼 어루만져 주는데, 정작 우리는 모든 일에서 신의를 잃고 있다.
>
> 한국은 이미 목숨 끊어진 지 오래된 시체나 다름없다. 우리가 통곡한들 무슨 소용 있겠는가. 최근 한국에 오는 일본인이 해마다 1만 명이 넘는다. 이대로 가면 한국인은 일본인의 종으로 전락하게 된다. 그러니 보호받는 열등국민으로 살기보다는 차라리 일본과 합쳐 세계 대제국을 만들어 일등국민으로서 일본인과 똑같은 대우를 받으며 살아보자.
>
> 이것이 조선민족이 사는 길이며 황실을 보존할 수 있는 유일한 길이다

1910년 5월 30일, 병에 걸린 소네 통감을 대신해 데라우치 마사타케가 새롭게 임명됐다. 그 역시 조슈번에서 태어난 군인이었다. 러일전쟁 전부터 육군대신을 맡아 일본 군부 최고 실력자로 군림했다. 그는 대한제국을 빠르게 병합해야 한다고 주장하는 대표적인 사람이었다. 서울에 도착하기도 전인 6월 24일, '대한제국 경찰업무를 일본 부에 넘긴다'는 각서를 내부대신 (임시) 박제순에게 보내 체결하며, 공문서 하나만으로 경찰권을 빼앗았다.

7월 23일, 인천으로 들어오는 그를 이완용 총리부터 모든 정부대신이 나가 맞이했다. 이완용은 자신의 심복이었던 『혈의 누』 작가 이인직을 시켜

한일합방을 제의했다. 8월 16일 이완용과 데라우치가 만나 합방에 합의하고 2일 뒤 내각회의는 이를 통과시켰다. 8월 22일 창덕궁 대조전 흥복헌에서 순종, 내각대신, 황족대표들이 참석한 가운데 한일합방안이 확정됐다. 순종은 이완용에게 전권을 위임하며 조약 체결을 지시했다.

이완용은 곧바로 데라우치 통감을 찾아가 조약에 서명했다. 조선왕조 27대 519년 역사는 모두 끝나고 대한제국은 멸망했다. 이 과정에서 별다른 강압이나 협박도 없었고, 저항도 없었다. 대한제국이 먼저 일본에 합방을 제안하고, 일본이 받아들이는 형태로 깔끔하게 끝났다.

한일병합조약
1910. 8. 22.

대한제국(이하 한국) 황제 폐하 및 대일본국(이하 일본) 황제 폐하는 양국 사이의 특수하고 친밀한 관계를 고려해 서로의 행복을 증진하며 동양의 평화를 영구히 확보하고자 한다. 이 목적을 달성하기 위해서는 한국을 일본에 병합하는 수밖에 없음을 확신하고, 이에 양국 간에 병합 조약을 체결한다. 이를 위해 한국 황제 폐하는 내각총리대신 이완용을, 일본 황제 폐하는 통감 자작 데라우치 마사타케를 각각 전권위원으로 임명한다. 이에 따라 전권위원은 회동 및 협의하여 다음과 같은 조항을 협정한다.

제1조 한국 황제 폐하는 한국의 모든 일에 관한 일체의 통치권을 완전하고 영구히 일본 황제 폐하에게 양여한다.

제2조 일본국 황제 폐하는 앞 조항에 게재한 양여를 수락하고, 한국을 완전히 일본제국에 병합할 것을 승낙한다.

제3조 일본 황제 폐하는 한국 황제 폐하(순종), 태황제 폐하(고종), 황태자 전하, 황후, 왕비, 후예로 하여금 각기 지위에 걸맞은 존칭, 위엄, 명예를 향유하게 하고, 이를 유지하는데 필요한 세비를 충분하게 지급할 것을 약속한다.

제4조 일본 황제 폐하는 앞의 조항 이외에 한국의 황족과 그 후예에 대해 각기 걸맞은 명예와

대우를 향유하게 하고 이를 유지하는데 필요한 자금을 지급할 것을 약속한다.

제5조 일본 황제 폐하는 훈공이 있는 한국사람 중 특히 표창하는 것이 적당하고 인정되는 자에 대해 작위를 수여하고 사례금을 준다.

제6조 일본 정부는 병합의 결과로서 한국의 통치를 완전히 담당하고, 한국에서 시행하는 법규를 준수하는 한국인의 신체와 재산에 대해 충분한 보호를 베풀고 복리 증진을 도모한다.

제7조 일본 정부는 성의껏 충실하게 새로운 제도를 존중하는 한국인 중 상당한 자격을 가진 자를 사정이 허락하는 범위에서 관리로 등용한다.

제8조 본 조약은 한국 황제 폐하 및 일본 황제 폐하에게 재가 받았고, 공포일로부터 이를 시행한다.

양국의 전권위원은 본 조약에 기명하고 조인한다.

융희 4년 8월 22일 대한제국 내각총리대신 이완용
메이지 43년 8월 22일 일본국 조선통감 자작 데라우치 마사타케

4일 뒤, 순종은 한일합방을 추진한 이완용, 민병석에게 대한제국 최고훈장인 금척대수훈장을 수여했다. 박제순(내부대신), 고영희(탁지부대신), 이용직(학부대신), 조중응(농상공부대신), 김윤식(중추원 의장), 윤덕영, 이병무 등에겐 이화대수훈장을 수여했다. 8월 29일 공식적으로 한일합방이 선포됐다. 현대 한국은 이날을 경술국치라고 부른다.

데라우치는 초대 조선총독이 되고 순종은 '창덕궁 이왕'으로 불리게 됐다. 일본 정부는 3천만 엔(현재 기준 약 6천억 원)을 발행해 대한제국 황실과 관리, 지방 유지 등 89,864명에게 골고루 돈을 뿌리고 관리 76명에겐 귀족 직위를 선물했다.

의친왕 이강, 대원군 장남 이재면은 각각 83만 원(현재가치 약 1,080억 원),

이완용은 15만 원(현재가치 약 195억 원) 등 막대한 돈을 선물 받았다. 이때 원금은 50년 뒤 전액 지급하되 매년 이자를 받았다. 그 이자도 조선인들이 매년 내는 세금으로 지급했다. 즉, 조선인들은 나라를 팔아넘긴 자들에게 꼬박꼬박 돈을 챙겨줬다. 귀족이 된 관료들은 조선총독부 고문을 맡아 매년 막대한 급여를 받으며 평생토록 부와 권력을 누렸다.

'오타메고카시(御為ごかし)'라는 일본말은 '자기를 위한 행위를 마치 상대방을 위했던 것처럼 말한다'는 뜻을 가지고 있다. 강화도조약을 체결할 때부터 일본은 한결같이 오타메 고카시였다. '청나라로부터 독립시켜 주겠다', '조선을 보호해주고 발전시켜 주겠다.', '모두 동양의 평화를 위한 일이다.' 조선은 몇 번이나 기회가 있었지만 오타메고카시를 끝내 넘어서지 못하고 운명을 다했다.

제 3 장

갈라지다
의병, 독립군, 광복군, 일본군, 만주군, 중국군

제1, 2차 세계대전은 동아시아에도 큰 영향을 미쳤다. 요동치는 국제질서 속에서 일본의 식민지로 전락한 조선인은 어떤 선택을 했을까? 독립운동, 독립군과 광복군의 실체는 무엇인가?

수많은 갈래로 나뉜 '독립군'

'한국군의 뿌리는 독립군이다'에서 뜻하는 독립군은 도대체 누구를 지칭하는 걸까? 현재 대한민국에서는 어느 누구도 이 질문에 대해 제대로 설명하지 않는다. 곧이곧대로 믿고 외우기를 강요하고 있다. 결과적으로 '독립군'은 매우 다양한 갈래로 나뉜다. 민족주의, 공산주의, 무정부주의 등 이념과 가치관, 자본과 이해관계, 활동 지역과 시기 등을 기준으로 수많은 단체와 개인이 '독립군'이란 하나의 관념으로 퉁쳐서 정의된다.

이제부터는 수많은 단체의 이름이 등장한다. 국가고시를 준비하는 게 아니라면 외우지 않아도 된다. '이런 게 있었구나!' 스쳐 지나가도 괜찮다. 전체적인 흐름을 짚으며 때에 따라 세부적으로 들여다볼 예정이다. 독립군을 한국군의 뿌리로 여기는 근거는 무엇인지, 타당한 주장인지, 그래서 독립군이라는 게 누구를 가리키는 건지, 어느 지점에서 독립군에 대한 자긍심을 갖게 되는지 등을 살펴보고자 한다.

흔히 '의병'과 '독립군'을 동일하게 묶고 대강 짚어 넘기는 경우도 있지만 그 둘은 다르다. 지방 선비와 농민이 중심을 이룬 의병은 왕정주의, 즉 '조선 왕실을 지키자'가 주된 목표였다. 그런데 주로 개화파 지식인들이 추진한 애국계몽운동, 실력양성운동, 독립운동은 대부분 입헌군주제 혹은 근대국민국가 건설 등 공화주의를 지향했다. 1915년 결성된 최대 규모 독립운동단체 '광복회'가 서로 다른 방향성을 통합하기도 했다. 1917년 러시아 제국이 '볼셰비키 혁명(10월 혁명)'으로 인해 무너지고, 세계 최초로 공산주의 혁명에 성공하기 전까지 독립활동은 모두 '민족주의' 노선이었다. 하지만 '사회주의/공산주의'를 믿고 따르는 조선인이 생겨나면서 독립운동도 큰 영향을 받았다.

1910년대 국제환경과 독립운동의 기반

1910년대는 해외에 독립운동 근거지를 마련하는 시기였고 별다른 성과는 없었다. 특히 1914년 1차 세계대전이 발발하면서 각종 활동도 급격하게 침체 됐다. 1914년 9월 1일 러시아는 블라디보스톡에 계엄령을 선포하고 그간 한국인이 세운 모든 단체를 해산시키기도 했다.

1차 세계대전은 식민지 이권을 두고 연합국(미국, 프랑스, 영국 등)과 동맹국(독일, 오스만투르크, 오스트리아-헝가리)이 다투는 과정에서 발발했는데, 4년 4개월 동안 약 3천만 명이 넘는 사상자가 발생했다. 일본은 미국, 중국, 러시아와 동맹을 맺고 있었고 전쟁 승리국가가 되며 세계 5위 열강으로 발돋움했다. 세계 그 어느 누구도 일본제국이 운영하는 식민지를 두고 이견이 없었고, 국제사회에서 조선인이 항일과 독립을 주장하더라도 힘을 실어줄 국가는 거의 없었다.

1918년 11월 11일, 1차 대전 후 처리를 논의하는 회의가 파리 베르사유 궁전에서 열렸다. 미국 우드로 윌슨 대통령은 '각 민족은 자신의 정치적 운명을 스스로 결정할 권리가 있고, 다른 민족이 간섭할 수 없다'는 '민족 자결주의'를 선언했다. 당시 식민지배를 당하던 국가들은 큰 희망을 가졌다. 그런데 이는 패전국인 독일, 오스트리아-헝가리제국, 불가리아, 오스만제국이 지배했던 식민지에만 해당되고, 승전국 일본의 식민지들은 전혀 관련이 없는 주장이었다. 식민지 조선인들은 이런 맥락을 파악하지 못한 채 '서구 국가들이 우리를 도와줄 것'이란 막연한 희망을 가졌다.

의병

1910년 대한제국이 멸망한 뒤 국내 의병 전투횟수와 병력수는 다음과 같다.

연도	전투횟수	인원
1910년	120회	1,892명
1911년	41회	271명
1912년	5회	23명
1913년	3회	40명

의병들은 일제 총독부의 감시와 탄압을 피해 경기, 강원, 황해, 함경도 산악지역에서 소규모로 뭉쳐 활동하며 지역 경찰서, 헌병소 등을 공격했다. 하지만 그 횟수와 병력 규모는 판을 뒤집거나 국권 회복을 꾀할 수 있는 수준이 결코 아니었다. 총독부는 조선인 헌병보조원와 일제에 우호적인 조선인을 활용해 일반인과 의병을 철저하게 분리하고 색출했다. 조선인끼리 서로를 감시하고 일제에 밀고하는 경우도 잦았다. 그 결과 의병은 급속도로 사라졌다.

1910년대 일본은 조선에서 헌병을 앞세워 엄격하게 통치했고, 독립운동 여건은 매우 열악했다. 독립운동에 뜻을 가진 사람들은 만주나 연해주로 이동해 각자 단체를 세우고 회원을 모집했다. 가장 대표적으로는 신민회 사람들이 서간도 지역에 만든 신흥무관학교(신흥강습소, 신흥학교)가 있다. 신민회는 1907년 안창호와 이회영, 전덕기, 이동녕, 이시영, 이동휘, 윤치호, 양기탁, 이승만, 김구, 김규식 등이 기독교 이념을 바탕으로 만든 비밀결사 단체다. 근대적인 독립국가를 만들고자 주로 교육 계몽활동에 집중하며 대성학교(평양), 오산학교(정주)를 세우고 대한매일신보 등을 간행했다. 하지만

1911년 데라우치 마사타케 총독 암살을 시도했다는 음모를 받고 주요 인물 105명이 잡혀가며 해체됐다.(105인 사건) 독립운동자금을 모으는 계획도 수포로 돌아갔다. 이때 이회영과 형제 6명은 가문의 재산을 모두 정리해 약 40만 원(현재가치 약 600억 원)을 마련한 뒤 만주로 망명했다. 그들은 막대한 재산을 독립활동으로 썼다.

조선인들은 압록강을 건너 주로 서간도 지역에 모였고, 한일병합을 전후로 한흥동(1909), 경학사(1911), 부민단(1913), 신흥학우단(1913) 등을 만들었다. 북간도 지역에는 기독교 신자들이 한민자치회, 한민교육회, 간민교육회, 간민회 등을 만들고 활동했지만 일제가 탄압하고 중국도 방해해서 모두 해산됐다. 이 시기 중국에선 쑨원이 신해혁명으로 중화민국(현재의 타이완)을 세우고, 위안스카이는 중화제국을 선포하고 스스로 황제가 되는 등 혼란한 상황이 이어졌다.

러시아 연해주에도 조선인이 모여들어 블라디보스톡에 신한촌(1911)을 만들었다. 1912년 2월 최재형(崔在亨, 1860~1920) 등은 교육, 기업 활동을 바탕으로 독립운동을 진행하고자 권업회를 결성했다. 이동휘, 이상설 등은 대한광복군 정부(1914)를 조직했다. 일부 조선인들은 1917년 볼셰비키 혁명에서 노동자와 농민들이 제국주의와 부르주아 계급을 무너뜨리고 사회주의를 추구하는 것에 깊이 감명받았다. 1918년 이동휘 등은 볼셰비키에게 지원받아 최초의 사회주의 정당인 한인사회당을 창당했다. 그들은 '독립운동을 하려면 소련에게 지원받아야 한다'며 흑룡강과 연해주 등 8개 지역에 지부를 설치했다. 소련은 '민족주의'를 철저하게 배격하면서도 일본을 막는데 필요한 조선인을 적절하게 활용했다.

같은 해 상하이에서 여운형 등이 신한청년당을 만들었다. 1918년 12월 미국 윌슨 대통령에게 독립청원서를 보내고 1919년 1월 파리 강화회의에 김규식을 보내 조선 독립을 주장했다. 도쿄, 연해주, 미국 등과 연락하며 일본 유학생들이 주도한 2·8독립선언과 국내 3·1운동에도 영향을 미쳤다. 신한청년당은 상하이에 세운 대한민국 임시정부의 주축이었고, 1922년 임시정부가 해산명령을 내리면서 소멸됐다.

3·1운동과 대한민국 임시정부 수립

1919년 1월 22일 고종이 사망했다. 서울에는 '일제가 고종을 독살했다'는 소문이 나돌았고, 조선인들이 일제에 가져온 반감은 더욱 커졌다. 2월 8일, 도쿄에 있던 조선인 유학생 600명이 '독립선언서'를 낭독하자 국내외 독립운동가들도 용기를 얻었다. 고종 장례식을 이틀 앞둔 3월 1일, 천도교, 불교, 기독교 계열 대표주자들이 독립선언을 하면서 3·1만세운동이 전국적으로 거대하게 일어났다. 해외에서도 만세운동이 펼쳐졌다. 조선총독부는 온갖 폭력을 동원해가며 어렵사리 운동을 진압했다. 특히 4월 15일 수원 제암리 교회에 성인 남성들을 가두고 불을 지르는 등 곳곳에서 조선인을 학살했다. 물론 모든 조선인이 3·1운동에 참여하진 않았다. 경상도, 충청도에서는 '경거망동으로 조선인의 품위를 손상하는 일이 없도록 서로 자제하자. 우리는 소요를 진압하고 불순한 무리들을 배제할 것이다.'며 '만세운동 자제단'을 만들어 활동한 사람들도 있었다.

약 3개월간 만세운동에 참여한 인원은 2022년 현재도 정확하게 파악되진 않았다. 한국 연구자들은 적게는 약 50만 명, 많게는 200만 명이 참여했다고 분석하지만, 운동을 진압했던 조선총독부는 58만 7,641명으로 기록했다. 피해자 수도 마찬가지다. 총독부는 조선인 피해자는 사망 553명,

부상 1,409명, 체포 26,713명으로 일본군/경찰의 피해는 사망 9명, 부상 156명으로 기록했다.[1] 한국 측 연구는 사망 7,509명, 부상 15,961명, 체포 46,948명으로 기록한다.[2] 이 결과를 두고도 학자마다 차이가 있다.

그럼에도 불구하고 3·1운동은 일제를 향한 민족적인 저항이자 국가를 되찾기 위한 대중운동이었다. 조선인들의 폭발적인 독립 열망에 놀란 총독부는 약 10년간 유지하던 '헌병통치'를 부드럽고 유연한 '문화통치'로 수정했다. 그리고 한민족 분열정책을 적극적으로 추진했다. 3·1운동은 그간 침체 됐던 독립운동의 전환점이 됐고, 중국에서 일어난 5.4운동에 영향을 주는 등 세계 식민국가들의 독립운동에도 영향을 줬다.

뜻있는 사람들은 본격적이고 체계적으로 독립을 추구하려고 임시정부를 조직했다. 동시다발적으로 7개가 등장했고 3곳이 주로 활동했다. 3월 17일 러시아 블라디보스톡의 대한국민의회(의장 문창범), 4월 11일 상하이의 대한민국 임시정부(국무총리 이승만), 4월 23일 서울의 한성정부(집정관 총재 이승만)다. 상하이와 서울은 동시에 이승만을 지도자로 추대했다. 인재구성도 서로 겹치는 부분이 있었지만, 정부마다 이념, 이해관계, 방향성이 서로 달라 갈등했다.

대한국민의회는 4월 29일 상하이 정부를 임시승인하며 통합하는 조건으로 나중에 블라디보스톡으로 정부를 옮기도록 요구했지만 상하이는 거절했다. 또한 의회, 행정, 사법 기능이 통합된 소비에트식 제도를 원했지만, 상하이는 행정과 입법을 분리하자며 평행선을 달렸다.

---

1) 朝鮮總督府 朝鮮憲兵隊司令部, 〈騷擾事件 檢擧件數 調査表(1919.4.21.-1919.4.30)〉, 大正8年乃至同10年 朝鮮騷擾事件關係書類 共7冊 其7, 1919.5.
2) 역사학연구소, 『함께 보는 한국근현대사』, 서해문집, 2004.

상하이 임시정부는 국무총리 이승만, 군무총장 이동휘 등을 위촉했지만 그들이 수락하지 않아 업무는 마비 상태였다. 입법기구인 임시의정원은 5월 3일 '한성정부와 그 구성원을 인정하지 않는다'고 결정했다. 이승만은 한성정부 지도자로서 미국 워싱턴에 대한공화국 임시사무소(大韓共和國 臨時事務所)를 차리고 활동했다. 그는 명분, 직위와 권한 등을 들어 상하이 임시정부에 합류하지 않고 있었다. 그러던 중 내무총장 안창호가 상하이에 도착했다. 그는 독립활동가들이 상하이에 모이게 하려고 이승만과 이동휘를 하루빨리 데려오려 했다. 한성정부가 상하이와 블라디보스톡 사이를 중재하며 우여곡절 끝에 합의한 내용은 다음과 같다.

1919년 8월 20일경 타협안[3]

① 상하이와 블라디보스톡에서 설립한 정부들은 모두 폐지하고, 오직 국내에서 13도 대표가 창설한 한성정부를 계승한다. 그리고 국내의 13도 대표가 민족 전체를 대표한다고 인정한다.

② 아직 정부 위치는 상하이에 둔다. 다른 지역과 연락하기 비교적 편리하기 때문이다.

③ 상하이 정부의 제도와 인선을 모두 폐지하고, 한성정부의 집정관총재 제도와 그 인선을 채용한다. 상하이에서 그동안 실시했던 행정은 유효하게 인정한다.

④ 정부 명칭은 대한민국 임시정부라고 한다. 독립선언 후에 각 지역을 대표해 설립된 정부라는 역사적인 사실을 살리는 차원이다.

⑤ 현재 정부 각 구성원은 일제히 퇴직하고, 한성정부가 선택한 구성원들이 정부를 인계한다.

---

3) 독립운동사편찬위원회, 『독립운동사자료집 8』, p.858., 1973.

블라디보스톡은 일제는 물론 소비에트의 눈치도 봐야 했고 다른 국가와 소통하기도 곤란했다. 조선총독부가 있는 서울에서는 모든 활동이 극도로 제한됐다. 반면 상하이는 해상교통이 편리하고 서양 국가 외교관이 많이 있어 소통하기도 편했다. 일본의 영향도 상대적으로 적어 임시정부를 운영하기에 적합한 곳이었다.

권한과 정통성을 두고 벌인 진통 끝에 세 임시정부는 '한성정부 법통과 체계'로 뭉쳤다. 대한제국 멸망 9년 뒤인 1919년 9월 11일 '대한민국은 민주공화국'을 선언하고 이승만을 초대대통령으로 하는 대한민국 임시정부가 상하이에 수립됐다. 2022년 현재 대한민국 헌법 전문 중 '유구한 역사와 전통에 빛나는 우리 대한국민은 3·1운동으로 건립된 대한민국임시정부의 법통과 불의에 항거한 4·19민주이념을 계승하고'에서 가리키는 법통은 바로 한성정부가 가진 법통이다.

끝없는 내부갈등과 반목, 배반으로 와해된 임시정부

임시정부는 안창호가 주도한 연락체계(연통제)를 활용하며, 사람과 정보, 물자와 자금을 연결하고 수집했다. 하지만 이승만은 외교독립을, 안창호는 실력양성을, 이동휘는 독립전쟁(무장투쟁론)을 주장하며 계파가 갈렸고, 태어난 지역에 따라 서로 편을 가르며 대립했다. 출범 전부터 치열했던 권력다툼은 약 2년간 심화됐다.

경무국장 김구는 공산주의를 배격하는 민족주의자였다. 임시의정원 의원으로서 이승만을 배척했던 신채호는 자신이 주장하는 폭력혁명론 이외에 다른 의견은 맹렬하게 비판하며 김구 등과 갈등하던 중 임시정부를 떠났다. 1921년 초에는 안창호와 이동휘 등이 떠났다. 그러자 2월 박은식 등 14명은 〈우리 동포에게 고함〉이란 성명서를 발표했다.

> "임시정부는 창립부터 잘못됐고, 무능함과 알력다툼 때문에
> 독립활동에 이바지할 수 없다.
> 국민대표회의를 열어 국민의견에 기초해 통일정부를 세우고
> 민족독립운동 전략과 방책을 계획해야 한다"

이처럼 임시정부는 난장판, 아수라장이 됐다. 그럼에도 불구하고 뿔뿔이 흩어진 독립운동가들을 어떻게든 모으려는 시도가 이어졌다. 베이징, 워싱턴, 모스크바 등에서 회의하고, 1923년 1월 3일 상하이에서 국민대표회의를 열어 머리를 맞댔다. 민족주의, 공산주의 계열이 모두 참석해 기존 임시정부를 개조할 것인지(개조파) 아니면 새롭게 창조할 것인지(창조파)를 두고 대립했다.

구분	민족주의	사회주의
개조파	평안도파(안창호), 기호파, 서로군정서	상하이파 고려공산당(이동휘)
창조파	베이징 군사통일회(박용만, 신숙)	이르쿠츠크파 고려공산당(김만겸)

* 국민대표회의 반대 : 임시정부 유지파(이승만)

몇 개월 동안 개조파, 창조파, 유지파로 나누어 논의했지만 의견은 좁혀지지 않았다. 5월 16일 개조파 57명이 국민대표회의에서 탈퇴하고, 6월 7일 창조파 39명이 새 정부를 만들겠다고 결의하곤 8월에 블라디보스톡으로 떠났다. 그런데 소련 정부는 그들을 전혀 인정하지 않았고 결국 뿔뿔이 흩어졌다. 이렇게 국민대표회의는 형체도 없이 사라졌다. 그 뒤 민족주의와

공산주의 그리고 이념 안에서도 다양한 당파가 생겨나면서 독립운동의 구심점은 사라졌다. 그래도 '통합'을 계속 추구했고, 임시정부를 대신할 '민족유일당'을 만들고자 했다.

독립운동가가 맞서야 할 대상은 민족주의도, 사회주의도, 출신과 지역할당도 아닌 '일본제국'이었다. 하지만 독립운동을 했다는 대다수 기간은 조선인끼리 서로 싸우고, 이를 봉합하려고 회의를 열곤 중재 기관을 만들고 다시 분열하는 과정의 연속이었다. 게다가 서로를 밀고하고 암살한 경우도 많았다. 일본제국은 이런 '조선인의 성향'을 활용하며 독립운동을 치밀하게 방해했다.

"보복과 피로 물든 정치는 조선왕조 내내 이어졌고 그 뒤로도 그랬다.
오죽했으면 위안스카이, 일본, 러시아도 조선이 가진 특성을
간파하고 걱정하며, 암살과 보복을 적당히 자제하라고 요구할 정도였다."

- 제1장 내용 中

한국에서 나고 자라며 임시정부와 항일정신을 배웠던 필자는 사료들을 직접 살피며 충격받았다. '이게 임시정부의 실체구나', '대한민국 임시정부, 이름은 거창하지만 일개 시민단체 활동보다 못했구나', '흥선대원군과 민비가 벌인 22년 집안싸움과 뭐가 다르지?', '2022년 한국도 비슷하네?'

그런데 소위 민족사학에서는 이런 역사를 미화한다. 국민대표회의가 와해된 덕분에 '독립운동 세력이 이념과 노선에 따라 새로 편성될 수 있게 했고, 임시정부를 대신해 새로운 최고기관을 만들기 위한 민족유일당 운동을 일으키는 촉매가 됐다.'고 주장한다. 2022년 현재도 상하이 임시정부는 찬양의 대상이다. 조금이라도 다른 목소리에 대해서는 마치 친일파로 몰아가

며 실체에 대한 논의를 불가능하게 만든다.

역사왜곡과 정신승리는 우리 스스로에게도 해당되는 말이다. 필자는 육군 장교 시절 자비를 들이고 부대장의 승인까지 얻어가며 두 차례 상하이를 견문하고 왔다. 그때마다 꼭 '대한민국 임시정부 청사'를 찾아가 절을 올리고 벽과 바닥을 더듬으며 선조들의 영혼과 호흡(하려)했다. 그러나 이제 그곳은 사뭇 다르게 느껴진다. 대한민국은 지피지기하지 않는다. 그런데 손자병법을 들먹이며 '지피지기 백전불태'를 입으로만 외치고 있다.

대한민국 임시정부의 군대조직이 와해된 이유

임시정부에는 다양한 행정조직이 있었고 군무부가 군사업무를 맡았다. 구성원 대부분은 대한제국군 출신이었다. 총장 노백린, 차장 김희선은 일본 육사를 졸업한 뒤 대한제국군에서 복무했고, 참사 황학수는 대한제국 육군무관학교 1기 졸업생이었다. 군무부는 〈대한민국 육군임시군제〉[4], 〈대한민국 육군임시군구제〉[5], 〈임시육군무관학교조례〉[6] 등을 발표하며 임시정부 군사 활동을 계획하고 추진했다.

먼저 외부에서 지원받은 자금으로 무관학교를 세워 만 20세 이상 남자들을 선발했다. 학교에선 육군예식, 보병조전, 체조, 지리, 지형학, 축성학, 병기학, 전술학 등을 가르쳤다. 1920년 6월 8일, 약 6개월간 훈련받은 1기생

---

4) 군대의 편제와 법규
5) 3개의 군사구역(남만주, 북만주, 연해주)에 거주하는 한국인 남성을 군적에 편입하는 계획
6) 간부를 양성하는 육군무관학교 설립계획

이 졸업하고 곧바로 2기 훈련을 시작했는데 국방을 총책임지던 무관학교장 김희선이 변절해 일본제국으로 투항했다. 엄청난 충격이었다. 도인권과 황학수가 교장, 교관을 맡았지만 잘 운영되지 않고 자금도 떨어졌다. 12월 2기 24명이 졸업하고 3기가 입교했지만 결국 중간에 폐교됐다. 상하이 대한민국 임시정부의 군사 활동은 마침표를 찍었다.

신흥무관학교와 무장투쟁

34년 11개월 일제 식민지배 기간을 통틀어 '독립군'이 가장 활발하게 일제와 전투를 펼친 곳은 간도(남만주)지역으로 그 시기는 1910년대 후반에서 1920년 초반이다.

1911년 5월 서간도로 이주한 조선인들은 자치기관인 '경학사'를 조직해 농업, 교육, 군대 등을 꾸렸다. 6월 10일, 이상룡, 윤기섭, 이시영, 이회영 형제와 김형선, 이장녕, 이장직, 이동녕 등 대한제국군 출신들은 지린성 류허현 삼원포에서 중국인에게 빌린 옥수수 창고를 기반으로 신흥강습소를 설립했다. 미국인 저널리스트로 조선, 중국의 독립투쟁을 세계에 알렸던 님 웨일스(Nym Wales)의 『아리랑(Song of Arirang)』에 따르면, 신흥강습소는 산 속 깊이 숨겨져 있었다. 웨일스의 본명은 헬렌 포스터 스노(Helen Foster Snow, 1907~1997)다. 그는 한국과 중국의 항일 투쟁을 자세하게 서술하고 세계에 알린 공로를 인정받아 노벨평화상 후보에도 2번이나 지명됐었다.

무관학교 학생들은 산악지형에서 체력을 다지고 군사훈련을 받았는데 특히 조선 역사에 대해 철저하게 교육받았다. 지린성 합니하(哈泥河) 등에는 분교도 뒀다. 1919년 3·1운동을 계기로 뜻있는 조선청년들이 몰려오자 신홍무관학교로 이름을 통일했다. 다음 해 8월 폐교될 때까지 본교와 분교 4곳을 합쳐 졸업생 약 3,500명을 배출했다. 현재 경희대학교가 신흥무관학교에 뿌리를 두고 있다.

이회영(李會榮, 1867~1932)은 만주지역 독립활동에 핵심적인 구실을 했다. 신민회가 탄압받자 6명 형제들과 재산을 모두 팔고 1909년 만주로 망명한 뒤 경학사, 신흥강습소 등을 설립해 독립군 양성에 이바지했다. 1919년 상하이 임시정부에선 임시의정원 의원으로 활동했는데, 주로 아나키즘(무정부주의)을 추구했다. 재중국 조선무정부주의자연맹(1924년), 항일구국연맹(1931년), 흑색공포단(1931년) 등을 조직하며 독립활동을 이어가다가 1932년 11월 조선인들의 밀고로 일제에 체포된 뒤 고문후유증으로 감옥에서 사망했다. 대한민국 정부는 1962년 건국공로훈장 독립장을 추서했다.

1919년 김좌진(金佐鎭, 1889~1930)은 북간도 연변 지역에 무장독립운동 단체 '북로군정서'를 이끌었다. 주로 신흥무관학교 졸업생(강화린, 김훈, 박영희, 백종렬, 오상세 등)이 사관연성소에서 군인들을 길렀고 1920년 9월 9일 1기 298명이 졸업했다. 서간도 지역에선 신흥무관학교 졸업생들이 주도해 '서로군정서'를 조직했다. 그 외 대한제국 육군무관학교 1기 졸업생 김학소(김혁, 金學韶 1875~1936)는 '흥업단', 홍범도(洪範圖, 1868~1943)는 '대한독립군', 최진동(崔振東, 1883~1941)은 '군무도독부'를 만들고 서로 통합해 '대한의용군'을 결성했다. 청산리 전투 후 모든 독립군은 '대한독립군단'으로 통합했다. 1919년 11월 김원봉(金元鳳, 1898~1958)이 만주 길림에서 조직한 '의열단'에도 신흥무관학교 졸업생들이 다수 활동했다.

1920년 6월 홍범도, 최진동 등이 이끄는 독립군 부대가 봉오동에서 일본군을 상대로 전투를 벌여 승리했다. 독립군이 처음으로 일제를 무찌른 이 전투는 나라를 잃고 방황하던 조선인들에게 큰 감동이었고 파급력도 컸다.

소식을 들은 각 지역 독립군 단체들은 전투력을 한데 모으고자 했다.

10월에는 북로군정서와 대한독립군이 약 4천 명[7]이 청산리에서 일본군 약 3만 명을 격퇴했다. 당시 독립군은 수백 명이 전사하거나 다쳤다. 전투 결과에 대해 독립군 측은 '일본군 1,200명 사살, 3,300명 부상'이라고 했지만, 일제는 '11명 전사, 24명 부상'으로 기록했다. 현재 한국 교육에선 청산리 전투 성과를 일본군 1,200명 전사, 독립군 60명 전사, 90명 부상으로 가르친다. 하지만 대한민국 임시정부 자료에 따르면 일본군 전사자는 600명이었고 이마저도 과장된 결과라는 분석도 있다. 일본육사를 졸업하고 독립운동에 뛰어들었던 김경천은 청산리 전투에 대해 전해 듣고는 본인 일기에 '나는 우리 민족이 허언을 좋아하며 실행은 하지 않는 성향을 한탄해왔다. 이번에도 역시 마찬가지다'고 기록하기도 했다. 이처럼 전투결과를 놓고 기록, 연구마다 차이가 크고 사실관계는 여전히 결론 나지 않았지만, 어쨌든 청산리 전투는 독립군이 일제에 맞서 거둔 승리였다.

만주에서 무장투쟁이 성과를 내자 무장투쟁론을 주장하던 신채호 등은 이승만의 '외교독립론'을 거세게 비판했다. 신채호는 '군사통일촉성회'를 만들고 만주지역에 조직원들을 보내 무장 독립운동을 통합하려고 했다. 하지만 청산리 전투 이후 대다수 부대가 블라디보스톡 부근으로 이동하게 되면서 그의 시도는 무산됐다.

일본군은 봉오동, 청산리에서 패배한 뒤 독립군을 강하게 토벌하고, 다음 해 4월까지 간도 지역에 있던 모든 조선인을 마구잡이로 탄압했다. 청산리 전투 직후 한 달 동안 조선인 약 3,600명이 사망하고, 집 3,200여 채와 학교 41곳 등이 불탔다. 훈춘, 왕청, 연길, 유하 등 조선인 밀집 지역에서 살

---

[7] 독립군 규모에 대해 남아있는 정확한 기록은 아직 없다.

인, 방화, 강간, 학살 등을 일삼은 결과 조선인 수만 명이 희생되고 말았다.

공산주의의 확산과 독립군의 소멸, 자유시 참변

독립군 부대는 각 지역 조선인 사회를 기반으로 조직을 꾸렸지만 일제가 모두 무너뜨렸다. 상하이 임시정부가 '국민대표회의'를 두고 설전을 벌이던 때의 일이다. 독립군은 소련과 만주 국경 지역으로 이동하고, 약 10개 부대를 '대한독립군단'으로 통합했다. 2개 여단 약 3,500명 규모였다. 이들은 대부분 민족주의 계열로 종교와 사상이 달라도 비교적 잘 단합했다.

대한독립군단에 통합된 독립군

단체명[8]	결성 시기/장소	주요인물
북로군정서北路軍政署	1919년 북간도	김좌진, 김규식
대한독립군大韓獨立軍	1919년 봉오동	홍범도
대한신민회大韓新民會	1919년 블라디보스톡	김규면
대한국민회大韓國民會	1919년 평양	구춘선
훈춘대한국민회琿春大韓國民會	1919년 훈춘	이명순
군무도독부軍務都督府	1919년 만주 왕청현	최진동
의군부(義軍府)	1919년 만주 연길현	이범윤
혈성단血誠團	1919년 경남 진주	김국초
야단野團	1919년 만주 길림	신포
대한정의군정사大韓正義軍政司	1919년 만주 안도현	이규

---

8) 한국학중앙연구원, 『한국민족문화대백과사전』, 1996.

대한독립군단 주요 직위자

직위[9]	이름
총재	서일(대종교 지도자)
부총재	홍범도
고문	백순, 김호익
군사고문	지청천
외교부장	최진동
참모부장	김좌진
1여단장	김규식
2여단장	안무
기병대장	강필립

3·1운동 후 본격적으로 전파된 공산주의 사상은 세상을 바라보는 관점과 이념 체계가 극명하게 달랐다. 민족주의 계열은 '한민족 정통성을 복원하고 공화주의에 따른 자주 독립국가'를 목표로 한 반면, 공산주의 계열은 '모든 수단을 동원해 세계 부르주아 계층을 타도하고 소비에트와 같은 노동자 혁명 국가'를 추구했다. 두 계열은 일제라는 공공의 적을 상대하려고 협업하기도 했지만, 자유시 참변과 '조선공산당'과 '조선공산당 만주총국'이 세력을 갖춘 뒤로는 사사건건 격하게 충돌하고 서로를 향한 공작과 암살을 펼쳤다.

소련 지도자 레닌은 공산주의 혁명(볼셰비키 혁명)에 성공하고 국제 공산당 연합조직인 '코민테른'을 만들었다. 일부 조선인들도 공산주의에 흠뻑 빠졌다. 1918년 5월 하바롭스크에서 이동휘 등은 코민테른에 유일하게 인

---

[9] 한국학중앙연구원, "대한독립군단(大韓獨立軍團)". 『한국민족문화대백과사전』, 1995.

증받은 '한인사회당'을 만들었다. 일제와 맞서고자 공산주의를 활용하는 처지여서 정통 공산주의와는 차이가 있었고, 상하이 임시정부에도 참여했었다. 1921년 5월 고려공산당으로 이름을 바꿔 '고려공산당 상하이파'로 불렸다.

1919년 9월 이르쿠츠크에 만든 '전로한인공산당'은 시베리아 지역을 총괄했고 이르쿠츠크는 조선인 공산주의자들의 중심지가 됐다. 1921년 5월 고려공산당으로 이름을 바꿔 '고려공산당 이르쿠츠크파'로 불렸다.

상하이파와 이르쿠츠크파, 두 계파는 소련 정부와 코민테른에 인정받기 위해 치열하게 경쟁했다. 하지만 소련은 누구 편도 들지 않고 애매한 태도를 유지했다. 마침 소련은 레닌이 이끄는 붉은 군대(적군 赤軍)와 군주제와 자본주의를 추구하는 하얀군대(백군 白軍)가 내전을 벌이고 있었다. 독립군은 적군과 연합해 일제와 다퉜다. 일제는 연해주 지역에 군대를 보내 백군을 지원하고 공산주의 계열 독립군을 소탕하려 했다. 1920년 4월, 적군과 조선인은 블라디보스토크에서 일본군에게 습격당해 큰 피해를 입었고, 적군이 안전하게 장악하고 있던 자유시로 이동했다.

대한독립군단에 통합된 독립군

고려공산당	상하이파	이르쿠츠크파
부대 이름	이항부대(박일리아), 다반군대(최니콜라이)	자유대대(오하묵)

공산주의 독립군이 속속 모여든 자유시에는 원래부터 소련에 소속된 조선인 보병대대(자유대대)가 있었다. 소련은 공식적으론 '약소민족의 독립을 지원한다'는 방침이었지만 실제론 백군과 전쟁을 벌이는 데 독립군을 활용했다.

소련과 만주 국경에 머물던 대한독립군단은 식량, 무기, 옷 등이 모두 떨어져 지원을 받고자 자유시로 이동했다. 김좌진은 '공산주의자를 믿을 수 없다'며 반대했지만, 다시 일제와 싸우려면 외부지원이 절실하게 필요했다. 자유대대 지휘관 오하묵도 대한독립군단에게 주둔지를 제공하겠다며 자유시로 모이도록 권유했다.

대한독립군단 각 부대는 1921년 1월부터 두 달에 걸쳐 자유시로 집결했다. 상하이파(이항부대)와 이르쿠츠크파(자유대대) 그리고 대한독립군단은 연합부대를 누가 지휘할지를 두고 다퉜다. 그런데 원래 주도권을 갖고 있던 자유대대가 굴러온 돌 상하이파에게 밀리자 코민테른을 끌어들였고 싸움이 커졌다. 조선인끼리 첨예하게 다투는 모습을 보다 못한 적군은 6월 6일 모든 조선인 부대를 직접 지휘하겠다고 선포했다. 홍범도 등은 이에 따랐지만 상하이파는 반항했다. 결국 6월 28일, 적군은 강제로 독립군(상하이파, 일부 대한독립군단)의 무장을 해제했다. 적군과 자유대대는 기관총, 장갑차, 대포를 동원해 독립군을 무차별적으로 공격했다. 이 소식을 먼저 입수한 김좌진은 부하들과 함께 겨우 빠져나와 만주로 갔다. 결국 독립군 수십 명이 사망하고, 약 970명은 포로로 붙잡혀 강제노역소로 보내진 뒤 소련 적군에 편입됐다.

홍범도, 지청천 등 적군에 협조한 부대들은 이르쿠츠크로 이동했다. 8월 홍범도를 중심으로 '고려혁명군'을 만들고, 10월 고려혁명군관학교를 만들었다. 지청천은 교장을 맡았다. 그는 다음 해 4월 학교 교육방침을 문제 삼은 소련 당국에 체포됐다가 7월 상하이 임시정부가 나서서 겨우 석방됐다. 상하이파와 이르쿠츠크파는 참변을 겪고 나서도 더 심하게 다퉜다. 1922년 1월 코민테른은 두 계파를 모두 강제로 해체해버리고, 꼬르뷰로(Корбюро, 高麗局, 고려국)를 설립했다. 소련인(보이친스키)을 의장으로 임명해 조선인 공산주의자들을 일괄 통제했다. 이처럼 조선인들은 서로 싸우고 죽였다. 소련도 혀를 내두를 정도였다. 소련은 이미 와해된 상태나 다름없던 독립군을 공중분해 시켜줬다. 말그대로 참변, '자유시 참변'이다.

유일하게 살아남은 이범석, 김홍일 등 일부 독립군과 김좌진을 따르는 병력은 북간도 지역에서 중국에 무장해제를 당했다. 애써 구축한 독립군 부대들은 봉오동과 청산리 전투 후 1년도 되지 않아 몰살당했다. 이때부터 민족주의 계열은 공산주의자들을 '소련의 꼭두각시'로 여기며 더욱 적대시했다.

한편, 홍범도는 소련 적군에 협조적이었다. 그는 독립군 중 유일하게 1921년 12월 모스크바에서 공산주의 혁명의 주인공인 레닌과 트로츠키를 만났다. 레닌은 '고려혁명군 지휘관' 홍범도를 높게 평가하며 군모, 군복, 이름을 새긴 권총, 금화 등을 선물했다. 홍범도는 연해주 조선인 지도자로서 활동하고 1927년 소련 공산당에 가입했다. 그런데 1937년 스탈린이 내린 고려인 강제이주명령으로 인해 조선인 모두 카자흐스탄 지역으로 추방당했다. 홍범도는 크즐오르다(Kyzylorda) 지역에 거주하며 소련 정부에게 연

홍범도(레닌의 선물 착용)

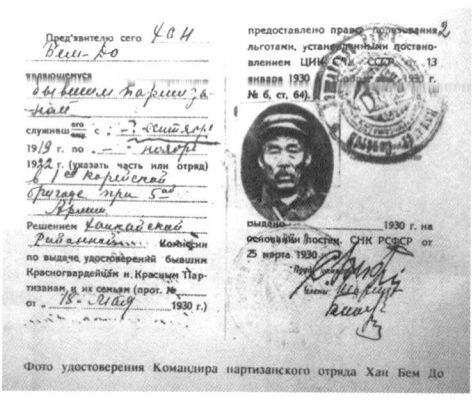
소련 공산당원증 (2019. 2. 22. 카자흐스탄 고려일보)

금을 받고 고려극장 경비소장, 정미소 노동자 등으로 지내다가 1943년 10월 25일 세상을 떠났다. 대한민국 임시정부 활동 등에는 일절 참여하지 않았지만, 소련 입국신고서에 소원을 묻는 질문(9번)에 '고려 독립'이라고 쓰기도 했다. 이와 함께 소련공산당증번호(578492)를 부여받고 1930년에는 '前 붉은군대와 빨치산 및 가족이 수혜받을 권리에 관한 인증서 발급'에 따라 복지혜택 인증서를 받기도 했다. 격동하는 역사 속에서 기구한 삶이었다.

김일성이 유일한 지도자여야만 하는 북한은 홍범도를 오래도록 외면해 왔다. 반면 1962년 박정희 국가재건최고회의 의장의 영향력 아래 있던 윤보선 정부는 홍범도에게 대한민국 건국공로훈장 복장(대통령장)을 수여하고, 2016년 박근혜 정부는 손원일급 잠수함 7번함을 홍범도함으로 명명했다. 육군사관학교는 2018년 충무관 입구에 흉상을 세우고 '홍범도실'을 꾸며놓았다. 2021년 한국 정부는 카자흐스탄에 있던 홍범도 유해를 대한민국으로 운구해 건국훈장 대한민국장(최고등급)을 수여하고 국립대전현충원에 안장했다. 하지만 북한 자성읍 출신으로 대한민국이 추구하는 자유 민주주의 가치와는 이질적인 삶을 살았던 그를 국립현충원에 안장한 것에 대해 비판하는 시각도 있다.

힘겹게 꿈틀대는 독립군

무장독립운동단체 '서로군정서'는 봉오동, 청산리 전투에 참가하지 않았지만 일본군이 벌인 잔인한 학살에 직격탄을 맞았다. 이들은 10년 동안 기반을 다졌던 곳을 떠나 북만주(액목현)로 이동했다. 하지만 자금이 바닥나며 생활기반도 없었고 대다수 부대원은 뿔뿔이 흩어진 상황이었다. 황학수, 이상룡 등은 서로군정서를 다시 조직하려고 시도했고, 남만주 지역 대한독립단, 광한단 등과 합쳐 '대한통군부'를 만들었다. 1922년 8월에는 대한통군부, 대한광복군영, 대한광복군총영, 대한정의군영 등을 합쳐 '대한통의부(통의부)'를 만들었다. 이렇게 남만주 독립군 단체가 모두 모였지만 조직구성, 인사, 이념을 두고 갈등했고 오래가지 못했다. 대다수 단체는 근대 공화주의를 추구했지만 대한독립단은 '대한제국을 복구하자'고 주장하다가 탈퇴해 '의군부'를 새로 만들었다. 그리고 남은 단체는 또다시 여러 분파로 나뉘었다. '독립군'이란 이름을 달고 끊임없이 반복되는 민낯이었다.

통의부와 의군부가 대립할 때 중립을 지켰던 세력은 상하이 임시정부와 협의했고, 1924년 6월 임시정부 군무부에 소속된 무장단체로 '참의부[10]'를 만들었다. 참의부는 주로 평안도와 인접한 국경 지역에서 활동하며 약 5년간 500명 수준을 유지했다. 중국 운남강무학교, 황포군관학교와 소련 사관학교를 졸업한 장교들이 일부 합류하기도 했다. 1924년에는 항일투쟁의 약 2/3를 참의부가 진행했을 만큼 가장 활발하게 무장활동을 벌였다.

비슷한 시기, 임시정부 운명을 결정하는 국민대표회의는 무참히 결렬됐다. 개조파 양기탁, 김동삼 등은 만주지역 독립운동이라도 통합해야겠다며 남만주 지린성 부근에 '정의부'를 조직했다. 이들은 조선인 약 87,000명(17,000여 가구)를 관할하며 이상적인 농촌을 건설하려 했지만 토지를 살 돈이 없어 실패하고 말았다. 이들은 각종 학교를 세우고 세력을 키우려 했지만, 무장투쟁을 주장하는 사람들과 자치에 더 집중해야 한다는 사람들이 대립하고, 거기에 공산주의자들까지 침투하면서 산산조각 났다.

---

10) 정식명칭 : 대한민국 임시정부 육군주만참의부(大韓民國臨時政府陸軍駐滿參議府)

자유시 참변에서 겨우 살아남아 북만주로 대피한 사람들도 다시 뭉치려고 했다. 김학소는 흩어진 사람들을 불러 모아 1924년 3월 '대한군정서'를 만들고 다양한 단체들을 통합해 '신민부'를 만들었다. 중앙집행위원장 김학소, 군사부위원장 김좌진, 참모부위원장 황학수가 이끌었

3부 위치

다. 신민부는 하얼빈 이남과 북간도 전체를 관할하는 대표적인 독립운동단체가 됐다.

이처럼 한반도 북쪽에 3부(국경 부근 참의부, 남만주 정의부, 북만주 신민부)가 독립운동, 조선인 자치생활을 주도했다.

신민부는 중국 마적단과도 협력했다. 마적단은 군대와 같은 무장력을 갖추고 자산가를 납치한 뒤 재물을 빼앗는 중국의 도적 무리로, 지역 치안을 담당해도 될 만큼 탄탄한 조직력을 갖고 있었다. 김학소, 김좌진, 황학수 등 지도부는 마적단과 협의하며 조선인을 보호하고 세력을 키웠다. 그런데 1927년 2월, 일제와 만주경찰이 협력해 신민부 본부를 습격하고 김학소 등 신민부 주요간부 12명을 체포했다. 대한제국 육군무관학교를 졸업하고, 한일병합 후 독립군 활동에 온몸을 바쳤던 김학소는 15년 형을 받고 하얼빈 감옥에 갇힌 뒤 1936년 병으로 사망했다.

수뇌부가 체포된 신민부는 새로운 위원장을 선출하는 문제와 장차 활동 방향을 두고 분열했다. 군사부위원장이자 총사령관인 김좌진은 더 적극적

인 무장투쟁을, 민사부위원장 최호 등은 교육과 산업발전, 즉 실력양성을 주장했다. 이렇게 '군정파'와 '민정파'로 나뉘며 갈등했지만, 김좌진이 중앙집행위원장을 맡아 최대한 협력하며 조직을 정비했다.

만주 독립운동 단체들은 일제, 만주군벌(장쭤린), 마적단 그리고 '일본군 100명보다 내부 첩자 1명이 더 무섭다'는

김좌진

말처럼 암약하던 내부 첩자(밀정), 소련 적군, 한국인 공산주의자 등 오만가지 위협에 시달렸다. 당장 먹고 사는 문제도 스스로 해결해야 하는 상황에서 이들은 권력과 주도권을 두고 치열하게 다퉜다. 일제만 상대해도 벅찬 그들을 괴롭히는 건 너무나 많았다.

"민족 모두 대동단결해 하나의 유일한 정당을 만들자!", 그리고 그 결과

1926년 안창호가 상하이에서 만주로 건너와 3부를 모두 합쳐 '민족 유일당'을 만들자고 역설했다. 다양한 어려움에 처했던 3부는 이에 응했다. 1927년 8월, 정의부가 '신민부, 참의부와 연합해 유일당을 준비할 것'이란 결의를 채택해 시동을 걸었다. 상하이 임시정부 국무령 홍진이가 사임한 뒤 정의부로 오고, 1928년 5월 '전민족 유일당 조직 촉성회' 회의가 열렸다.

하지만 여기서도 이념과 의견이 달라 애를 먹었다. 정의부는 힘 있는 단체를 중심으로 작은 단체들이 모이자는 '단체본위 조직론(조직중심론)'을, 정의부 외 단체는 기존 단체들을 해체하고 개인 중심으로 뭉치자는 '개인본위 조직론(개인중심론)'을 주장했다. 결국 회의는 결렬됐고 서로를 비난하며 헤어졌다. 그리고 3부는 각자 유일당 운동을 펼쳤는데 그마저도 내부에서 세력이 나누어지며 끝장나버렸다. 민족유일당을 만들어보려다가 모두 해체된 꼴이 됐다. 이들은 1928년 12월 '혁신의회'를 거쳐 1929년 4월 '국민부'로 통합된 뒤 1929년 12월 '조선혁명당'이 됐다. 1920년 초반 북간도 지역 독립운동 단체는 24개, 서간도 지역은 23개였고, 그 후에도 계속 만들어지고 사라지길 반복했다. 당시 사람들도 기억하기 힘들 만큼 단체는 수시로 바뀌었다.

1930년 당시 북만주에는 조선인 약 4만 4천 명이 거주했다. 민족주의 김좌진, 지청천(이청천), 황학수, 이장녕[11], 김창환, 박일만 등은 먹고 살 기반과 독립운동 자금을 마련하기 위해 '생육사'를 새로 만들었다. 그런데 공산주의자들이 생육사를 공격하고 같은 조선인을 처형하는 일이 자주 벌어졌다. 1930년 1월 24일 공산주의자 청년 박상실이 흑룡강성 산시역 인근 정미소에서 항일무장투쟁의 상징이며 독립군의 대표지도자인 김좌진을 총으로 암살했다. 41세 김좌진이 같은 조선인의 손에 생을 마감하자 민족주의 계열은 큰 충격에 빠지고 공산주의를 더 혐오했다. 남은 사람들은 협박에 굴하지 않고 단합해 '한국독립당'을 창당하고 '한국독립군'을 만들었다.(위원장

---

11) 이장녕 : 대한제국 육군무관학교 졸업생. 북로군정서, 대한독립군단의 참모장이었다.

홍진, 부위원장 이진산, 이장녕, 김규식, 황학수) 이처럼 1930년 초 남만주엔 조선혁명당이, 북만주엔 한국독립당이 생기며 '3부 체제'에서 '2당 체제'로 바뀌었다. 이들은 농사를 지으며 조직을 정비하고, 새로운 당원을 모집했다.

중국은 국민당(장제스)과 공산당(마오쩌둥)이 치열하게 다투고 있었다. 1928년 코민테른은 6차 대회에서 중국은 '한 나라에는 하나의 당만 존재한다'는 원칙을 세웠다. 즉, 중국에는 중국 공산당만 있어야 했다. 나라도 없이 활동하던 조선공산당은 강제 해체됐고, 조선인들은 중국 공산당 소속이 됐다. 이처럼 공산주의 계열도 여러 갈래로 나뉘고 통합되는 과정을 반복했다. 민족유일당은 이상적인 구호로만 남았다.

만주에 생긴 괴뢰국가 '만주국'

일본은 1905년 러시아를 무찌르고 체결한 '포츠머스조약'에 따라 만주에서 철도를 운영하고 관동 지역(현재의 다롄, 뤼순 일대)을 지배했다. 관동은 자본, 상품, 원료 등을 포함해 전략적으로 매우 중요한 곳으로 서구 열강들도 가장 갖고 싶어 했던 알짜배기 지역이었다. 일제는 '철도를 보호한다'는 명분으로 1905년부터 군대를 배치했다. 바로 '관동군'이다.

중국 각 지역에는 실력 있는 사람들이 자체적으로 만든 군사집단, 이른바 '군벌'이 정부보다 큰 힘을 갖고 있었다. 관동군은 중국 북쪽에서 대표적인 군벌이었던 장쭤린(張作霖, 1875~1928)의 봉천파를 지원하고 자신들이 활동할 수 있는 입지를 다졌다. 봉천파는 동북 3개성을 관할하며 일제로부터 무기와 각종 물자를 지원받아 힘을 길렀고 1926년 장쭤린은 중화민국 대원수가 됐다.

1927년, 중국 국민당 지도자 장제스는 북벌운동을 펼쳐 통치체계를 문란하게 하는 군벌들을 제압하고 공산당도 토벌하려 했다.(1927년~1936년, 제1차 국공내전) 관동군은 그 틈을 타 군벌을 제거하고 만주를 아예 직접 지배하려 했다. 더 이상 장쭤린을 이용할 가치가 없다고 보고, 베이징에서 톈진으로 기차를 타고 가던 그를 폭탄으로 암살했다.(1928.6.4. 장쭤린 암살사건) 일제는 중국인 아편중독자 2명이 국민당 지시를 받고 장쭤린을 암살했다며 사건을 위조했다. 하지만 실체를 알게 된 중국인들이 일제에 크게 반발하고, 봉천파와 관동군이 유지하던 관계도 완전히 틀어졌다. 봉천파는 공공의 적인 일제를 물리치려고 국민당에 합류했다. 국민당도 공산당과 대결하려면 군벌이 가진 힘이 필요해 봉천파와 손을 잡았다.

장제스(국민당 지도자)

장쭤린

장제스는 1896년 청일전쟁에서 진 뒤 맺은 시모노세키조약을 폐기하겠다고 선언하고 일제가 누리던 각종 이권사업에 제동을 걸었다. 1929년 세계 대공황으로 큰 타격을 받은 일본은 국익을 놓치지 않으려고 만주 전역을 식민지화하기로 결정했다. 1931년 중국군이 일본군 대위를 살해하고(6월 나카무라 대위 사건), 일본이 짠 덫에 걸린 조선족과 중국인이 서로 유혈사태를 벌이는 등(7월 만보산 사건) 크고 작은 일이 생기면서 중국과 일본 사이의 갈등 수위가 높아졌다.

1931년 9월 18일은 그 절정이었다. 관동군 작전참모 이시와라 간지(石原莞爾, 1889~1949) 등은 중국을 침략하려고 자작극을 벌였다. 그들은 봉천 류탸오후에서 철도를 폭파하고 봉천파 군대가 벌인 짓이라고 발표했다.(류탸오후 사건) 그리고 철도보호를 명분으로 관동군을 동원해 만주를 침략해 철도 주변의 주요 도시들을 빠르게 차지했다. 일제는 조선에 머물던 일본군도 남만주로 진출시켜 작전 개시 5일 만에 랴오둥반도와 지린성을 장악했다. 1932년 2월 만주 전역을 점령하고 다음 달 청나라 마지막 황제였던 푸이(愛新覺羅溥儀, 1906~1967)[12]를 집정관으로 내세우며 '만주국' 수립을 공포했다.

국제연맹은 일제가 만주를 침공하고 만주국을 세운 것을 비판하며 철수

이시와라 간지

푸이

---

[12] 1988년 제60회 아카데미시상식 9개 부문 수상작, 영화 〈마지막 황제〉의 실제 주인공

하라고 요구했다. 하지만 서구열강 대부분이 경제대공황으로 인해 혼란에 빠져있는 등 동아시아에서 일제를 견제할 국가가 없었다. 일본을 이끌던 호전적인 군국주의자들은 1933년 3월 27일 국제연맹에서 탈퇴했다. 이처럼 만주 침략부터 만주국 수립까지 이어진 과정을 '만주사변'이라고 한다. 만주는 일제가 팽창하는데 필요한 식민지이자 병참기지가 됐고 동아시아에는 전쟁의 기운이 피어났다.

조선-중국의 무장투쟁과 독립운동의 소멸

만주에 살던 중국인들은 자위군, 의용군, 구국군 등 의병을 만들고 만주국에 대항했다. 김좌진이 암살되고 결성된 한국독립당도 중국 단체들과 협력했다. 한국독립군은 지청천이 총사령관을 맡고, 남대관 부사령관, 이장녕 참모관, 황학수, 오광선[13] 등이 이끌었다. 한국독립군은 중국 호로군과 힘을 합쳐 1932년 1월 서란현에서 일본군 1개 분대를 격멸하고, 2월 위사하, 동빈, 방정 등에서도 일본군에 맞섰다. 하지만 일본군이 항공기로 공격하면서 큰 타격을 입었다. 9월 20일 쌍성보를 기습 공격해 일본군과 만주군을 물리치고 점령한 덕분에 무기와 탄약 등을 확보했지만, 11월 20일 2차 쌍성보 전투에서 패하며 다시 밀려났다. 한국독립군은 만주군이 대규모 토벌작전을 펼치자 동쪽으로 피신했다. 1933년 2월, 중국 길림구국군과 함께 경박호, 사도하자, 동경성, 대전자령 등에서 승리했다. 1933년 6월, 발해 수도이

---

13) 吳光鮮, (1896~1967) : 신흥무관학교 졸업생으로 서로군정서, 대한독립군단에서 활동. 한국군 육군 중장

자 일본군과 만주군에게 전략적 요충지였던 동경성도 잠시 점령했었다.

그런데 같은 해 10월, 힘을 모았던 중국 오의성 부대가 갑자기 한국독립군을 무장해제 시켜버렸다. 앞선 전투에서 전리품을 분배하다 생긴 갈등, 중국군 내 공산주의자들의 이간질 등이 원인이었다. 정신 차린 중국군이 공산주의자들을 내쫓고 한국독립군을 모두 석방하면서 사건은 마무리되었지만, 신뢰가 깨지고 말았다. 풀려난 한국독립군 약 60명은 뿔뿔이 흩어졌다.

상하이에 남아있던 임시정부 김구 주석은 그들에게 중국 본토로 건너오라고 제의했다. 마침 1932년 4월 29일, 윤봉길(尹奉吉, 1908~1932)이 상하이 훙커우 공원(현 루쉰공원)에서 의거를 일으킨 뒤였고, 임시정부는 후원금 횡령과 폭행 사건(항저우 사건) 등으로 인해 빈껍데기만 남아있었다. 김구는 장제스와 연대해 한국인 청년들을 낙양군관학교에 입학시켜 독립군 간부로 키우고 지청천을 교관으로 삼아 군대를 만들려고 했다. 어차피 일본군과 만주군으로 인해 만주에선 더 이상 시도할 수 있는 게 없었다. 한국독립당과 한국독립군 잔여세력 약 20명은 중국 본토로 이동했다. 한국독립군은 베이징을 거쳐 낙양으로 간 뒤 군관학교에 입학해 군사훈련을 받았다. 한국독립당은 난징으로 이동한 뒤 신익희의 한국혁명당과 합당해 1934년 2월 '신한독립당'이 됐다.

그 뒤 만주에는 1936년 중국 공산당의 '동북항일연군'[14]이 가장 큰 세력을 형성하고 일제와 투쟁했다. 그마저도 만주군과 간도특설대 등이 펼친 토벌작전으로 인해 1942년 소멸되고 소련으로 이동했다. 김일성, 최현, 김책 등 조선인 공산주의자 다수는 동북항일연군에 소속되어 활동했고 해방 후에

---

14) 중국 공산당 중앙이 지시해 인민혁명군, 반일연합군, 반일유격대 등을 '항일연군'으로 통합했다.

는 소련을 등에 업고 북한에서 권력을 차지했다. 이들은 빨치산파로 불린다.

일제 고등경찰보는 1933년 당시 '지청천 등 20명이 중국 본토로 이동하면서 북만주지역 조선인 민족주의 독립운동은 끝났다'고 기술했다. 이처럼 만주국 수립 후 북만주와 동만주 일대의 독립운동은 소멸됐다.

중일전쟁 발발 그리고 임시정부의 피난

일제는 중국을 점령하려고 전쟁을 일으킬 구실을 찾고 있었다. 1937년 7월 7일, 일제는 야간훈련 중 실탄을 발사한 뒤 중국군 탓으로 돌렸다. 다음 날엔 베이징 루거우 다리(卢沟桥)를 공격하고 점령하는 자작극을 벌였다.(노구교 사건) 며칠 뒤 일제는 본토에서 3개 사단, 만주국에서 2개 여단, 조선에서 1개 사단을 중국에 보내기로 결정했다. 장제스는 일제 침략에 맞서 공산당과 손을 잡고 중국군 총사령관이 됐다.(제2차 국공합작) 그는 공산당 군대(홍군)를 받아들이고 독자적인 지휘권을 인정했다. 이때 홍군 부사령관이 훗날 한국전쟁에 참전하고 1953년 판문점에서 정전협정에 서명한 펑더화이(팽덕회, 彭德怀 1898~1974)다. 7월 28일 일제가 중국을 전면 침공하며 8년간 약 2,000만 명이 사상된 중일전쟁이 발발했다. 일본군은 베이징을 순식간에 점령하고 내륙으로 침투했다.

7월 15일, 중국 장사에 있던 대한민국 임시정부는 일제와 중국의 충돌에 대응하려고 '군사위원회'를 만들었다. 만주, 연해주에서 여러 독립군 부대를 조직하고 운영해봤던 유동열, 지청천, 이복원, 현익철, 김학규, 안공근 등 6명을 위원으로 선임하고 다음 해엔 나태수, 황학수가 합류했다. 장교를 양성하고 군대조직을 편성하는 것이 최우선 과제였다. '속성군관학교를 세우고 가장 이른 시일 내에 초급장교 200명을 양성한 뒤 1개 연대를 편성한다'는 방침을 세웠다. 하지만 계획을 추진하기도 전에 일본군이 중국을 침공했다. 임시정부도 일본군을 피해 떠나야 했다. 임시정부는 약 10개월간 광동성 광저우, 광서성 유주를 거쳐 1939년 5월 사천성 기강까지 이동했다. 임시정부의 군대건설 계획은 무용지물이 됐고, 중국 정부도 일본군에 밀려 계속해서 수도를 옮겼다.

식민지배가 30년 넘게 이어지고 만주국이 생긴 뒤론 국내와 만주에서 독립운동을 하기란 불가능에 가까웠다. 임시정부의 활동도 지리멸렬한 상태였지만 포기하지 않았다. 1939년 11월, 임시정부는 '독립운동방략'에서 '일제와 직접적인 독립전쟁을 시작해 광복을 완성한다'는 목표를 갖고 3개년 계획을 세웠다. 1940년 1기, 1941년 2기, 1942년 3기로 나눠 기수마다 장교, 무장군, 유격대를 양성하려 했다. 국내, 만주, 연해주, 미주 등에서 사람을 모집하고, 연해주 지역에 군사 근거지를 마련하며, 필요한 자금은 미국, 멕시코, 하와이 교포들의 모금 운동으로 확보하려 했다. 계획대로만 실행되면 장교 1,200명, 병사 10만 명, 유격대원 35만 명을 보유할 수 있는 원대한 계획이었다. 하지만 임시정부가 자리한 기강은 중국 내륙 깊숙한 지역이라 모집할 수 있는 조선인이 거의 없었고 현실적으로 추진조차 힘든 거창한 계획이었다.

군대를 갖기 위한 노력은 조금씩 이어져 1939년 10월 1일 조성환, 황학수, 나태섭, 이웅(이준식) 등이 '군사특파단'을 조직하고, 각 지역을 돌며 병력을 모집했다. 당시 조선인 약 20만 명이 살던 화북 지역과 가까운 서안 통제방 거리에 사무실을 꾸렸다. 1940년 임시정부가 충칭으로 이동하며 정치는 충칭에서 군사 활동은 서안에서 진행됐다. 조선인 청년들은 일본군 감시를 피해 군사특파단에 참여했다. 당시 중국군에 조선인 약 70명이 복무하고 있었는데 제대한 뒤 특파단에 합류하는 경우도 있었다.

중국 군관학교와 한국인

청나라 말기, 중국 각 지역에선 사람들이 들고일어나 해당 지역 정치, 군사, 경제 등을 장악했다. 지역을 기반 삼은 중국 지도자들은 자체적으로 군대를 기르며 간부육성학교를 운영했다.

운남강무학교

1907년 8월 탕쟈오 군벌이 쿤밍에 세웠다. 보병, 기병, 포병, 공병 등 4개 병과로 나뉘어 19개 기수 약 5,000명이 졸업했다. 한국인은 임시정부에서 쓴 추천서가 있어야 입학할 수 있었다. 탕쟈오와 깊은 관계를 맺고 있던 신규식(임시정부 국무총리)이 기여했다.

운남강무학교

기수	졸업생
12기 1919년 졸업	**이범석**, 배달무, 김정, 김세준, 최진 등
15기 1922년 졸업	가장 많은 한국인이 입학 / 기록 미확인
16기 1923년 졸업	양림(양주평) 등
17기 1924년 졸업	김형동, 이계동, 최용건
18기 1924년 졸업	김종진, 김노원, 한철
기타	김관오, 김창림, 문일민, 오명, 이검운, 이준수, 이준식, 정인제 등

황푸군관학교

1924년 1월, 광저우에서 중국 국민당 제1차 전국대표회의가 열렸다. 국민당과 공산당이 연대하는 '1차 국공합작'이 이뤄지고 지역 군벌을 제압해 국민국가를 만들고자 했다. 쑨원은 강한 군대가 필요했다. 소련에게 도움받아 광저우 인근 황푸에 중국국민당 육군군관학교(황푸 군관학교)를 세웠다. 그해 6월 16일 쑨원이 군관학교 설립을 기념했던 연설은 48자로 요약되어 중화민국(현재 타이완)의 '국가'가 됐다.[15] 그런데 1924년 9월 공산주의 혁명가 저우언라이(周恩來 1898~1976)와 공산당원들이 정치부를 장악하며 공산주의 교육이 강화됐다.

학교는 기수마다 약 8개월간 군사이론, 실제훈련, 일반사회과학 등을 가르쳤다. 임시정부, 의열단 등 소속 조선인 청년들이 입학했고 4~7기가 교육받을 때는 한국인 교관도 약 20명 있었다. 졸업생 대부분은 중국 국민당 소속 국민혁명군 소위로 임관해 북벌운동 등에서 활약하고 일부는 전사했다. 일부는 공산주의, 아나키즘 등을 선택해 각자 이념에 따라 항일활동을 펼쳤다.

초대 교장 장제스는 공산주의를 배격하고 소련 군사고문단과도 자주 충돌했다. 1925년 쑨원이 죽고 장제스가 정권을 잡으며 국공합작이 결렬되자 황푸 군관학교도 해체됐다. 학생들은 이념에 따라 갈렸고 조선인 교육생들

---

15) 三民主義, 吾黨所宗, 以建民國, 以進大同, 咨爾多士, 民前鋒, 夙夜匪懈, 主義是從, 矢勤矢勇, 必信必忠, 一心一德, 貫徹始終 // 우리의 목표는 삼민주의다. 자유로운 나라를 세우고 세계 평화를 위하자. 나아가자 동지들아, 우리는 선봉장이니. 해가 지고 별이 뜨며 별이 지고 해가 뜨더라도, 우리의 목표인 삼민주의를 철저히 따르자. 우리가 지켜야 할 나라를 위해, 근면하고 용맹하게. 한 심장, 한 영혼, 한마음 한 뜻으로.

도 일부 희생됐다. 3년이란 짧은 기간에 배출된 6개 기수 졸업생 약 7,000명은 국민당 국민혁명군, 공산당 홍군의 중심이 됐다. 같은 학교를 졸업했지만 이념에 따라 서로 죽이는 일이 숱하게 많았다.

황푸군관학교[16]

기수	인원(명)	이름
합계	177	
3기 1925.7.~1926.1.	5	이빈, 이일태, **차정신, 장성철, 유철선** (이상 3명은 소련 유학 후 중국 공군)
4기 1926.3.~1926.10.	24	강평국, 유원욱, 박효삼, 박건웅, 김원봉(최림), 양림, 전의창, 이우각, 권준, 이집중, 왕자량, 윤의진, 최영택, 김종, 이종원, 노일룡, 이기환, 오세진, 김홍묵, 백홍, 노세방, 박익제, 문선재, 노건 * 김원봉 등 : 조선민족혁명당, 조선의용대 주축
5기 1926.11.~1927.8.	5	신악, 안유재, 장익, 김호원, 장흥
5기 1926.11.~1927.8.	5	김정문, 김명산, 김은제, 이춘암, 최문용, 오상선, 노식, 신석우, 김근제
7~22기	108	기록 미확인
우한 분교 5기	26	

중국육군군관학교 낙양분교 한국인특별반

1932년 4월 29일, 상하이 훙커우 의거 전까지 중국 내 독립활동은 지리멸렬했다. 청년 윤봉길 의사의 희생으로 김구가 독립운동의 중심으로 떠올랐고, 국민당 정부는 임시정부를 적극적으로 지원했다. 1933년 김구는 난

---
16) 『황포군교동학록(黃 軍校同學錄)』

징에서 장제스와 만나 중국육군군관학교 낙양분교에 한국인특별반(공식명칭 : 중국육군군관학교 낙양분교 제2총대 제4대대 육군군관훈련반 제17대) 설치에 합의했다. 김구, 안공근, 안경근 등이 운영을 맡고, 지청천, 오광선, 이범석, 윤경천 등이 훈련을 담당했다. '일제 속박에서 벗어나 독립국가를 만들기 위한 독립운동 간부 양성'을 목표로 1년간 일반학, 군사학 등을 가르쳤다. 1934년 2월 18~35세 조선인 청년 92명이 입학하고 다음 해 4월 62명이 졸업했다. 졸업생은 모두 중국군 장교가 되어 일본군, 만주군과의 전투에 투입되었다. 이들도 각자 이념성향에 따라 김구, 지청천, 김원봉 계열로 나뉘었다. 조선인 간부양성 활동을 파악한 일제가 중국 국민당을 협박해 1년 만에 폐쇄됐다.

조선혁명군사정치간부학교

김원봉은 항일투쟁을 위해 1927년 중국 공산당, 1929년 소련 코민테른과 연대했다가 크게 데였다. 그는 공산주의 혁명을 일방적으로 지시하는 그들과 더 접촉하지 않았다. 1931년 9월 만주사변 후 그는 방향을 바꿔 중국 국민당 정부로부터 지원받았다. 김원봉은 1932년 10월부터 1935년 9월까시 난징 인근에서 조선혁명군사정치간부학교(공식명칭 : 중국국민정부 군사위원회 간부훈련반 제6대)를 운영했다. 장제스는 김원봉에게 학교 운영에 대한 자율권을 부여했다. 학교 목표는 '한국 독립과 만주 탈환'이었다. 김원봉이 교장을 맡고 의열단 지도부가 운영하며, 정치(혁명사), 군사학, 일반학 등을 가르치고 군사훈련을 실시했다. 10~30대 청년 약 130명(1기 26명, 2기 55명, 3기 44명)이 졸업했는데, 대부분 중국군이 아닌 의열단에 참여하고 훗날 조선의용대 대원이 됐다.

중국 육군군관학교 성자분교 특별반

1937년 중일전쟁이 발발하자 김원봉은 더 적극적으로 항일투쟁에 뛰어들었다. 원래 성자분교(장시성 주장시)는 유격훈련을 위한 학교였는데, 전쟁 시기에는 장교 훈련 과정을 운영했다. 김원봉의 조선민족혁명당 84명이 성자분교에서 훈련받고, 일본군이 난징을 함락한 뒤 후베이성 강릉분교로 이동해 6개월 교육을 마치고 1938년 5월 24일 졸업했다. 그 뒤 조선의용대에 편입됐다.

중국 육군군관학교 임천분교 한국광복군 훈련반

일본군, 만주군에 강제 징병 됐다가 탈출한 학병 등을 모집하고 김학규가 특별히 요청해 만든 교육과정이다. 일본군에서 탈영한 학도병 약 50명, 중국 각지에서 잡혔다가 탈출한 사람 등 약 80명이 교육받았다. 하지만 체계적으로 훈련받던 중국군과 달리 조선인 군사훈련은 그러지 않았다. 목총도 없이 맨손으로 훈련하고, 띄엄띄엄 교육받는 수준이었다. 그래서 학생들끼리 힘을 모아 지식을 나누고 주도적으로 학습했다. 장준하, 김준엽, 노능서 등이 3개월간 군사훈련을 받고 중국군 장교로 임관했다. 이 시기 장준하는 남는 시간을 활용해 잡지 〈등불〉을 발행했다.

그 외에도 이석화(산시성 군관학교 졸업, 중국군 중령 복무), 김자동(쓰촨성 성도 군관학교 졸업, 시안 양호성 부대), 김광(사천 사범학교 졸업) 등은 중국 각 지역 군사학교를 졸업하고 중국군으로 활약했다.

한국광복군

장제스는 김구와 교류하며 임시정부를 지원했다. 그는 일제에 맞선 또 다른 수단으로 '한국광복군 창설계획'을 인정했다. 다만 한국광복군이 중국 국민당에게 소속된다는 조건을 달았다. 그러나 김구는 임시정부가 광복군을 통솔하길 원했고 계속해서 마찰이 있었다. 당시 〈신한민보〉는 '광복군 조직은 3·1운동 후 처음 있는 일이니 힘이 있으면 힘을, 돈이 있으면 돈을 내달라'고 홍보했고 미주 지역 조선인 교포들은 성금을 보내 후원했다.

1940년 9월 17일 한국광복군 총사령부 성립식을 열고 10월 9일 임시정부 헌법을 개정하며 집단지도체제에서 단일지도체제인 주석제로 바꿨다. 김구가 주석으로 선임되고 국군통수권을 행사하게 됐다. 이로써 임시정부 주석에서 광복군 총사령관으로 이어지는 군 통수체계가 완성됐다. 광복군 계급 체계는 대부분 대한제국군의 것을 차용했다. 병력은 서안 군사특파단,

한국 광복군 성립전례식

광복군 총사령부 성립전례식에서의 지청천(좌)과 김구(우)

충칭 총사령부 성립식에 참여한 인원 등 약 30명이 전부였다.

광복군 창설 인물은 다음과 같다. 총사령관 지청천(이청천)은 일본 육군사관학교를 졸업하고 대한제국군에서 활동한 뒤 만주 지역에서 독립군 활동을 지휘했다. 2인자인 참모장 이범석은 중국 운남 육군강무학교를 졸업하고 신흥무관학교에서 교관을 한 뒤 청산리대첩에서 활약했다. 그는 훗날 대한민국 제1대 국무총리이자 제1대 국방부장관이 되고, 여수순천 사건과 제주4·3사건의 진압을 총지휘했다. 서안에서 총사령관 대리임무를 맡은 황학수는 대한제국 육군무관학교를 졸업하고, 대한제국군, 상하이 임시정부 군무국을 거쳐 만주로 건너가 김좌진과 함께 서로군정서, 신민부, 생육사에서 활동하고 한국독립군 창설을 주도했다.

광복군은 서안에 총사령부를 두고 황학수가 총책임을 맡았다. 그는 단위부대인 지대(사단)를 편성하고, 각 지대장으로 만주 독립군 출신들을 임명했다. 1지대장 이준식은 운남 강무학교를 졸업하고, 만주 정의부에서 군사위원장, 조선혁명군 군사위원장 등을 맡았다. 2지대장 공진원은 한국독립군에서 활약했다. 3지대장 김학규는 신흥무관학교를 졸업하고 서로군정서, 조선혁명군에서 활약했다. 그 외에도 중국 육군군관학교를 졸업한 지달수, 노태준 등도 합류했다.

1841년 1월, 한국청년전지공작대(1939년 11월 무정부주의 청년들이 충칭에서 결성한 무장조직) 약 100명이 광복군에 편입하면서 5지대를 만들었다. 5지대장 나월환은 중국 중앙 육군군관학교를 졸업하고 중국군 헌병장교로 복무했다.

이로써 광복군은 3개월 만에 4개 지대 총 100명을 넘는 규모로 확대됐다. 일제의 감시를 피해가며 곳곳에서 비밀리에 병력을 모집했지만, 발각되거나 밀정의 배신으로 인해 체포되는 경우도 많았다. 특히 5지대장 나월환은 한국광복군에 합류한 1년 뒤 내부 변절자들에게 암살당하고 말았다.

2022년 현재 한국 정부는 '한국군의 뿌리는 독립군 또는 광복군'이라고 홍보하고 가르친다. 그런데 광복군은 인적/제도적 차원에서도 하나로 규정하기 힘든 배경을 갖고 있었다.

한국광복군 제5지대 성립 기념사진 (1941.1.1.)

한국광복군은 안팎으로 어려운 상황에서도 계속 병력을 모아 1945년 8월경 2지대는 약 250명, 3지대는 약 180명을 보유했고 1945년 전체 약 700명을 지닌 대대+급 부대가 됐다. 광복군은 임시정부 기관지 〈광복〉에 드러낸 것처럼 국내 진격작전을 꿈꿨다. 총사령관 대리 황학수는 중국군 출신 조선인, 만주지역 독립군과 연계하고 중국군과 연합해 싸워보려 했다. 그런데 광복군을 창설하는 시점부터 있던 갈등이 터졌다. 중국 군사위원회가 서안의 광복군총사령부 철수를 명령하고, '한국광복군의 활동을 엄격하게 통제하라'는 지시를 전국에 내렸다. 이런 상황에서 김원봉 조선의용대가 공산당이 장악한 화북 지역으로 이동해버렸다. 국민당으로부터 지원받다가 공산당(8로군)에 붙어버리자 장제스는 분노했다. 중국 정부는 1941년 11월 15일 〈한국광복군행동 9개 준승〉을 하달하고 조선인의 군사 활동을 엄격하게 통제했다.

한국광복군의 9개 행동규칙(행동 9개 준승)
1941.11.15.

1. 한국광복군은 중국의 항일 작전 기간에 중국 군사위원회(이하 본회)에 예속하고, 중국군 참모총장이 장악해 운용한다.

2. 한국광복군은 본회에서 통할 지휘한다. 중국이 항전하는 기간 및 한국독립당, 임시정부가 한국 국경 안으로 진출하기 전에는 중국 최고통수부의 군령만을 접수한다. 기타의 군사 명령이나 정치적 명령을 접수하지 못한다. ~ 중략 ~

3. 본회에서 한국광복군이 한국 내지 및 한국 변경 지역을 향한 활동을 원조하되 중국의 전쟁 활동과 연계하는 것을 원칙으로 한다. 한국 국경 내로 진출하기 전에는 한국인을 흡수할 수 있는 중국 내 일본군 점령지역을 주요 활동 구역으로 삼는다. 군대를 편성할 때에는 중국 전구 제1선 부근에서 조직하고 훈련하되 해당 지역 최고사령관의 승인을 받아야 한다.

> 4. 전구 제1선 뒤의 후방 지역에서는 장관 소재지 및 본회 소재지에서만 연락통신 기관을 설립할 수 있으며, 부대를 모집 편성하여 임의로 체류하거나 기타 활동은 할 수 없다.
>
> 5. 한국광복군 총사령부의 소재지는 본회에서 지정한다.
>
> 6. 한국광복군은 중국 내 일본군 점령지역 및 전구 후방을 물론하고 중국 국적의 병사를 모집하거나 행정관리를 배치할 수 없다. 중국어 자료나 기술 인력을 사용할 때에는 모두 본회에서 파견한다.
>
> 7. 한국광복군의 지휘명령, 문서, 무기의 청구 수령 등에 관한 것은 본회에서 지정한 판공청 군사처와 상의한다.
>
> 8. 중일전쟁이 끝나기 전에 한국독립당, 임시정부가 한국 국경 내에 진입했을 때는 중국군과 임시정부의 관계는 별도로 의논하여 규정하되, 종전대로 본회의 군령을 계속 접수하여 중국군과 배합하여 작전하는 것을 원칙으로 한다.
>
> 9. 중일전쟁이 끝나도 임시정부가 한국 국경 내로 진입하지 못할 경우, 광복군을 어떻게 운용할 것인지는 본회의 정책에 따르고, 당시의 정황을 살펴서 처리한다.

이에 따라 한국광복군은 중국군사위원회 판공청에 소속되며 중국군의 일개 부대가 됐다. 광복군 지휘부의 상당수는 중국군 간부로 채워졌다. 총사령부 간부 45명(편제 77명) 중 한국인은 12명, 나머지 33명은 중국인이었다. 제5항에 따라 1942년 10월 약 2년간 우여곡절을 겪으며 기반을 닦았던 서안을 떠나 충칭으로 이동하며 광복군의 독자적인 업무체계는 모두 망가졌다.

같은 해, 원래 독자적인 조직과 세력을 갖고 활동했던 조선민족혁명당, 조선혁명자연맹, 조선민족해방동맹 등 공산주의 진영이 대한민국 임시정부에 참여했다. 1937년 4월 조선혁명당에서 지청천과 김원봉 계열이 서로 대립하고, 김원봉은 김구와도 계속 갈등했다. 그런데 중일전쟁, 제2차 세계

대전을 전후로 서로 힘을 합치지 않고는 일제에 대항하기 힘들어졌다. 충칭에 정착한 임시정부가 조직과 체제를 안정화하고, '한국광복군과 조선의용대를 중국 군사위원회에 동시 예속하고, 중국군 참모총장이 직접 운용하라'는 장제스의 명령도 영향을 미쳤다. 그 결과 대표적인 무장세력이었던 조선의용대 잔여세력 약 100명이 한국광복군에 포함됐다. 김원봉은 광복군 부사령에 임명되고 조선의용대는 광복군 1지대가 됐다. 공산주의 진영이 합류하자 임시정부는 1920년대 잠시 보유했던 '한민족 대표 기구', '독립운동 중심기구'로서 위상을 되찾았고, 중국에 있던 독립운동 세력들이 결집했다.

일제 학도병으로 징집되었다 탈출해 광복군에 합류한 경우도 있었다. 도쿄에서 유학하다가 1944년 학도병으로 징집돼 만주군에서 복무했던 김준엽(金俊燁, 1920~2011)[17], 장준하(張俊河, 1918~1975) 등이 대표적이다. 김준엽은 3월, 장준하는 7월 탈영해 약 50명을 규합했다. 김원봉은 이들을 광복군 1지대로 데려오려 했지만, 장준하는 김원봉과 공산주의자들을 경계하며 거절했다. 그들은 중국 중앙군관학교를 거쳐 1945년 1월 31일 충칭 임시정부에 도착해 2월 20일 광복군 2지대에 장교(소위)로 편입됐다.

하지만 장준하는 끝없는 파벌 다툼에 염증을 느끼고, '다시 일본군으로 돌아가 임시정부를 폭격하겠다'며 임시정부 사람들을 격렬하게 비판하기도 했다. 특히 신익희는 본인이 만들고 본인만 속해 있던 '한국청년당' 대표 자격으로 임시정부 내무부장이 됐다. 본인의 세력 '경위대'를 만들고자 광복군에서 사람을 계속 빼내 갔다. 장준하 등은 사리사욕을 위해 광복군을 와해시키는 신익희에 격분해 몽둥이를 들고 찾아갔지만 그는 도망갔다.[18]

---

17) 1982년 고려대학교 총장 역임 중 군부정권과 대립하다가 1985년 사임
18) 신익희는 이후 대한민국에서 국민대학교 학장, 제헌 국회의원, 국회의장 등을 역임했다.

장준하가 남긴 기록에서도 볼 수 있는 것처럼 임시정부는 그 시작부터 끝까지 온갖 파벌들이 이해관계를 다투느라 혈안이 되어있었다.

장준하

노능섭, 김준엽, 장준하

신익희

대동아전쟁(태평양 전쟁)의 발발과 광복군 활동

일제는 베트남 지역으로 세력을 넓히려 했고, 이를 우려한 미국은 일제에 대한 산업, 천연자원 수출을 금지시켰다. 그러자 일제는 1941년 12월 7일 미국 하와이 진주만에 있던 태평양사령부를 기습 공격해 대동아전쟁(태평양전쟁)을 일으키고, 막강한 군사력을 바탕으로 태평양 각 지역을 빠르게 점령했다. 12월 10일, 광복군은 일제에 전쟁을 선포했다. 연합군 일원으로 전쟁에 합류해 조선 독립을 얻어내려는 전략이었다. 하지만 중국 군사위원회에 통제받으며 주도적인 활동을 펼치긴 힘든 상황이었다.

대한민국 임시정부 대일선전 성명서

우리는 3,000만 한국인 및 정부를 대표하여 중국 영국 미국 네덜란드 캐나다 오스트레일리아 및 기타 제국의 대일(對日) 선전포고를 삼가 축하한다. 이것은 일본을 쳐부수고 동아시아를 재창조하는 가장 유효한 수단이다. 이에 아래와 같이 성명서를 낸다.

1. 한국의 전체 인민은 현재 이미 반침략 전선에 참가했고, 일개 전투 단위가 되어 추축국에 대해 선전 포고한다.

2. 1910년 합병 조약 및 일체의 불평등 조약이 무효임을 거듭 선언한다. 아울러 반침략 국가들이 한국 내에 가지고 있는 합리적인 기득권과 이익을 존중한다.

3. 왜구를 한국 중국 및 서태평양에서 완전히 축출하기 위해 혈전으로 최후의 승리를 이룩한다.

4. 맹세코 일본이 비호하여 조성된 만주국 및 난징 정권[19]을 승인하지 않는다.

5. 나구선언(대서양 헌장)[20] 각 조를 단호히 주장하며, 한국 독립을 실현하기 위해 적용한다. 이것으로 민주 전선의 최후 승리를 미리 축하한다.

1941년(대한민국 23년) 12월 10일
대한민국 임시정부 주석 김구, 외무부장 조소앙

---

19) 왕징웨이 정권(汪精衛政權) : 1940년 중국 국민당의 왕징웨이가 일제 도움으로 난징에 세운 친일 괴뢰정권
20) 나구선언(羅邱宣言) : 1941년 8월 14일 미국과 영국의 〈대서양 헌장〉으로 연합국 참전 목표와 전후 세계 질서에 대한 방침이 담겨있다.

꿈으로 남은 국내 진공작전

　1945년 임시정부 군무부는 미국과 연계해 일본 본토에서 공작을 수행한 뒤 한국으로 진입한다는 〈한국광복군 건군 반작전계획[21]〉을 세웠다. 그리고 2지대장 이범석이 미국 셴놀트(Claire L. Chennault) 소장과 만나 '광복군이 미군을 지원하겠다'고 제안하면서 '한국인 공작반'이 생겨났다. 3지대장 김학규도 미군과 별도로 만나 '미국이 광복군에게 장비를 제공하고 훈련 시켜주면 광복군이 정보를 수집해주겠다'는 〈한미군사합작 6개 원칙〉에 합의했다. 김구 주석은 4월 17일 미국 전략첩보기구(OSS, Office of Strategic Service) 써전트(Clyde B. Sargent) 대위와 이 협정을 정식체결했다.

　5월 OSS는 광복군 2지대에 써전트(Clyde B. Sargent) 대위를, 3지대에 버치(John M. Birch) 중위를 배치했다. 미군은 2지대에 40명을 파견해 적극적으로 훈련을 지원했다. 2지대는 125명을 선발해 약 3개월 동안 훈련 시켰다. 여기엔 광복군 육군 중위 장준하도 있었다. 훈련은 주로 정보수집, 첩보역량 강화에 중점을 뒀다. 8월 4일 1기 125명 중 38명이 수료하자 미군은 한국 진격작전(독수리 작전)을 구체적으로 검토했다. 8월 7일 OSS의 도노번 국장과 김구 주석, 지청천 사령관, 이범석 2지대장 등은 작전실행을 결정했다. 도너번(William Joseph Donovan, 1883~1959)은 1918년 10월 프랑스 인근 전투에서 최고 무공훈장인 명예 훈장(Medal of Honor)을 받은 영웅으로 '미국 CIA의 아버지'로 불리는 전설적인 인물이다.

　마침 8월 14일부터 2기 교육을 시작하고 3지대도 훈련을 시작하려 했다.

---

21) 韓國光復軍建軍反作戰計劃

그런데 8월 6일 히로시마(Little Boy)와, 9일 나가사키(Fat Man)에 핵폭탄을 맞은 일제가 15일 무조건 항복을 선언했다. 전쟁이 갑자기 끝나자 기존에 준비했던 작전과 훈련도 모두 중단됐다. 18일 임시정부가 보낸 국내 정진군 4명(김준엽, 노능서, 이범석, 장준하)과 미군 18명이 여의도 비행장에 도착했지만 일제가 방해해 다음 날 중국으로 돌아왔다.

해방 후 광복군

대한민국 임시정부는 해방 직후 대규모 군사조직을 꾸려 국내로 진입하려고 일본군, 만주군에서 복무했던 조선인을 모집해 '해방 후 광복군'이란 부대를 새로 창설했다. 베이징(약 1,300명), 난징(약 800명), 상하이(약 1,300명)에서 모집해 광복군 3지대 '주평진대대(베이징과 톈진에 주둔하는 부대)'로 불렀다. 중국군 소장으로 장제스의 항공기를 조종했다는 최용덕이 지대장을 맡고, 만주군 소속으로 활약하다 일제 패망 이후 살길을 찾아 1945년 9월 베이징으로 함께 넘어온 동료 신현준(대대장), 이주일(1중대장), 박정희(2중대장)가 지휘관을 맡았다. 그러나 미군정이 임시정부와 광복군의 자격을 전혀 인정하지 않아 별다른 활동은 하지 못했다. 이들은 1946년 5월이 되어서야 미군 함정을 타고 부산으로 귀국했다. '해방 후 광복군'의 주요 지휘관은 평생 광복군 근처에도 간 적 없던 사람들이다. 오히려 독립군, 광복군을 토벌하다가 '광복군'으로 신분을 세탁하고, 대한민국에서 고위직책을 맡으며 기득권이 된 경우가 있어 현재도 많은 논란과 비판이 있다. 이와 함께 당시 임시정부가 세력을 부풀리려고 내렸던 의사결정에 대한 비판도 존재한다.

갑자기 해방을 맞이하자 곳곳에서 광복군인 척을 한 경우도 있다. 실제

1945년 4월 작성된 임시정부 문서에 광복군은 339명으로 기록되어 있다. 하지만 대한민국 독립유공자로 선정된 광복군은 560명이다. 광복군 1지대 대원 김득명은 "중국으로부터 물자를 타기 위해 가족 등을 포함해 광복군 숫자를 부풀린 경우"가 있다고 증언하기도 했다.

OSS 한반도 진공계획을 토의한 김구와 도노번

히로시마 원자폭탄 Little Boy

나가사키 원자폭탄 Fat Man

한국인 일본군과 만주군

일제 식민지배 34년 11개월간 일본군으로 활동한 조선인들이 있다. 이들은 일본 육군사관학교, 만주 군관학교, 자원입대, 강제 징병, 학도병 등 다양한 경로와 이유로 일본제국 군복을 입었다.

일본군의 뿌리

일본은 전통적으로 '사무라이', '무사' 즉 군인이 국가를 통치했다. 오랜 전쟁 끝에 일본을 통일했던 도요토미 히데요시가 죽은 후, 도쿠가와 이에야스는 세키가하라 전투에서 히데요시의 세력을 물리치고 에도 막부 시대를 열었다. 약 260년 뒤 메이지 천황을 내세워 근대 정부를 세운 사람들도 사무라이였다. 이처럼 일본은 철저히 군인국가였다.

도요토미 히데요시

도쿠가와 이에야스

근대 일본 육군은 1863년 조슈번(야마구치 현)의 다카스키 신사쿠(高杉晋作, 1839~1867)가 서양에 대항하려고 만든 '기병대(奇兵隊, 키헤이타이)'에서 시작했다. 말을 타고 싸우는 기병(騎兵)이 아니라 기존군대와 다르다는 뜻의 기병

(奇兵)이다. 요시다 쇼인이 기른 학생들이 똘똘 뭉쳐 만든 군대였다. 가장 걸출한 인재로 평가받던 신사쿠는 막부에 대항하다 사형당한 스승의 뜻을 본받아 '서양식 군사제도를 도입해야 한다'고 주장했다. 사무라이만 무기를 들 수 있었던 일본의 오랜 관행에서 벗어나 '신분에 관계없이' 누구나 기병 대원으로 받아들였다. 당시로선 파격적인 조치로 국민개병제의 시발점으로 평가받는다. 기병대는 서양식 무기와 전술을 받아들이며 메이지 정부를 수립하는데 혁혁한 전과를 올렸다. '일본군의 아버지'로 야스쿠니 신사 앞에 동상으로 서 있는 오무라 마스지로, '일본 군국주의 화신'으로 청일전쟁과 러일전쟁에서 승리하고 총리를 역임한 야마가타 아리토모, 일본 육군사관학교를 설립한 야마다 아키요시, 이토 히로부미 등도 기병대에서 활약했다. 모두 쇼인의 제자다. 기병대는 1869년 일본 육군으로 흡수됐다.

요시다 쇼인

다카스키 신사쿠

근대 일본 해군은 1853년 페리제독이 흑선함대를 끌고 나타난 순간을 시작점으로 여긴다. 에도 막부는 200년 넘게 해군(수군)을 육성하지 못하도록 통제했다. 1854년 미국이 강제로 개항하자 영국 고문단을 초청해 해군을 기르려 했다. 지방 지도자들도 각자 나섰다. 걸출한 관료였던 가쓰 가이슈(勝海舟, 1823~1899)와 도사 번(고치 현)의 호걸 사카모토 료마(坂本 龍馬,

1836~1867)가 '일본 해군의 아버지'로 여겨진다. 둘은 스승과 제자 관계였다. 이들은 1863년 고베에 '해군 훈련소'를 설립했지만 막부와 조슈번이 격렬하게 싸우며 폐쇄됐다. 료마는 사쓰마 번(가고시마 현) 지도자 사이고 다카모리(西鄕隆盛, 1828~1877)에게 지원받고, 나가사키에 '가메야마 조합(龜山社中)'이란 회사를 세웠다. 주주제도를 처음으로 도입해 아시아 최초의 현대적 기업으로 여겨진다.

조슈와 사쓰마는 원래 원수 사이였다. 그런데 조슈번은 무기와 탄약이 필요하고 사쓰마는 식량이 필요했다. 료마는 사쓰마 무기를 조슈에, 조슈 쌀을 사쓰마에 공급하는 중재안을 제안했다. 서로 이익이 맞아떨어진 두 지역은 연합했고, 공동명의로 영국산 증기군함 유니온 호도 구입했다. 료마는 무역으로 앙숙 관계를 중재하고 사이고 다카모리와 기도 다카요시 기도 다카요시[22]를 이어 1866년 두 지역이 동맹을 맺게 하는 데 기여했다.(삿초 동맹)

사이고 다카모리

기도 다카요시

22) 기도 다카요시(木戶 孝允, 1833~1877) : 당대 사무라이 중 뛰어난 검술로 유명했고, 가츠라 고고로(桂 小五郎)라는 이름도 갖고 있다. 메이지 유신의 3대 영웅으로 여겨지며, 요시다 쇼인의 제자다. 쇼인은 기도에게 대륙으로 진출하려면 울릉도와 독도를 반드시 점령해야 한다는 '다케시마 정벌론'을 보내기도 했다. 기도는 '한반도를 정벌해야 한다'는 '정한론'을 주장한 대표적인 인물이다.

1867년 4월 가메야마 조합은 이름을 가이엔타이(海援隊, 해원대)로 바꿨다. 료마는 '해양을 누비는 무역 국가, 일본'을 꿈꿨지만, 에도 막부가 삿초동맹에 정권을 넘기는 대정봉환(1867년 11월 9일)에 기여한 뒤 암살당했다. 현대 일본인들은 가장 존경하는 인물 중 하나로 료마를 손꼽고, 일본 최대부자 소프트뱅크 손 마사요시(손정의) 회장은 료마를 정신적 스승으로 삼고 있다. 당대 일본 외교를 이끌며 조선과 관련된 각종 조약을 체결했던 무쓰 무네미쓰도 료마의 제자였다.

메이지 정부 초반엔 사쓰마 출신들이 해군을 주도하며 1876년 '일본 해군병학교'를 설립했다. 그런데 사쓰마파가 정계에서 밀려나며 일본군은 주로 조슈파, 육군 중심으로 운영됐다. 원래 원수 사이였던 것처럼 육군과 해군은 계속해서 첨예하게 대립했다. '일본에는 해군과 육군이란 두 국가가 존재한다'란 말이 있을 정도였다. 그 갈등으로 인해 대동아전쟁에서도 수많은 문제가 생겨났고 일제 패망의 주요 원인 중 하나가 됐다. 전쟁 기간 일본 총리를 역임하고 A급 전쟁범죄자로 사형당한 도조 히데키(東條英機, 1884~1948)는 육군을 대표했다. 미국은 전쟁범죄집단인 일제 육군을 해체하고, 헌법을 개정해 더 이상 군대를 보유할 수 없도록 했다. 일본은 자체 경비 목적으로 1950년 경찰예비대를, 1954년 육상자위대를 창설했다.

해군을 대표하는 또 다른 인물로 도고 헤이하치로(東郷 平八郎, 1848~1934)가 있다. 그는 사쓰마 번 출신 사무라이로 메이지 정부에서 해군 장교로 임관하고 약 7년간 영국에서 유학했다. 1894년 순양함 함장으로 청일전쟁에 참전해 풍도, 황해, 웨이하이 전투 등에서 활약했다. 1904년 러일전쟁 당시 일본 연합함대 총사령관으로서 러시아 발틱 함대를 대한해협(쓰시마 해협)에서 물리쳤다. 이 덕분에 일본은 러시아에 크게 승리했다. 그 뒤 일제 해군은 막강한 군사력을 갖춰 대동아전쟁에서 서남태평양 전역을 휩쓸었다. 일본은 1942년 6월 미드웨이 해전에서 항공모함 4척이 침몰당하며 주도권을 잃었고 결국 전쟁에서 패배했다. 미군은 일제 육군을 해체한 것과는 달리 해군은 1만 명 정도를 '해상보안청'으로 개편해 남겨뒀다. 일제가 곳곳에 설치한 엄청난 양의 기뢰를 제거할 부대가 필요했기 때문이다. 본인들이 기뢰를 설치하고 해체하며 무수한 경험을 쌓은 결과, 2022년 현재도 일본 해상자위대의 기뢰작전, 소해작전 능력은 세계 최고 수준으로 평가받는다. 일본은 1954년 해상자위대를 창설해 지금에 이르고 있다.

도고 헤이하치로

도조 히데키

일본군, 만주군의 정신이 된 〈군인칙유〉

이토 히로부미가 문관을 대표했다면, 야마가타 아리토모는 무관을 대표했다. 야마가타는 1882년 '일본군의 뿌리'인 〈군인에 관한 칙유(군인칙유)〉를 반포하고, 국민개병제도와 징병제도를 도입했다. 군인칙유

야마가타 아리토모

는 메이지 천황이 군인에게 내리는 명령으로, 무사도 정신을 바탕으로 한 행동지침이자 정신적 지향점이다. 일본 역사를 간략히 짚고 천황을 위한 충절, 예의, 무용, 신의, 검소 등을 강조한다. 훗날 한국군이 정신가치를 설정하고 정신교육을 진행하는 등에도 직간접적인 영향을 미쳤다.

군인에 관한 칙유
1882년 1월 4일

우리나라는 대대로 천황이 군대를 통솔했다.

옛날에 진무천황이 고대 호족(오토모 大伴, 모노노베 物部)의 군사를 거느리고, 야마토 지방의 복종하지 않는 자들을 정벌하고, 천황의 지위에 올라 전국을 다스린 지 2,500년이 지났다. 그 사이 세상이 변하고 군대의 제도 또한 종종 변했다. 옛날에는 천황이 직접 군대를 이끌고, 때로 황후나 황태자가 바뀐 적도 있었지만, 군대의 지휘권을 신하에게 맡긴 적은 없었다. 중세에 이르러 정치군사제도를 중국식으로 정비하며 제도를 갖추었다. 하지만 평화가 길어지자 조정이 점점 문약해지고 병사와 농민으로 갈라져 징병제는 모습을 감추고 지원제로 바뀌었다. 무사들이 그들의 두목인 장군에게 군사 지휘권을 넘기고, 세상이 어지러워지면서 정치권력도 그들이 갖게 됐다. 그래서 무려 700년 동안 무사들이 정치를 펼쳤다. 사람의 힘으로는 세상의 변화를 되돌릴 수 없다고들 하지만, 한편으론 우리의 국체를 저버리고 진무천황이 만든 제도를 어기는 한심한 일이었다. 시간이 흘러 도쿠가와 막부의 정치가 쇠퇴하고, 서양 각국이 통상을 요구하며 일본을 압박하는 상황이 되자, 짐과 고메이 천황, 닌코 천황은 매우 괴로웠다.

그런데 짐이 천황의 지위를 계승하자 쇼군이 정권을, 다이묘들은 영지와 인민을 반납했다. 그리고 일본이 다시 히나로 통일되면서 옛 제도기 부활했다. 이는 모든 충성스러운 신하들의 공적이며, 역대 천황이 후세에 남긴 은혜이며, 우리 신민들이 옳고 그른 도리를 분별하며 천황에게 충성한다는 큰 뜻을 알고 있던 덕분이다. 그래서 이번에 일본을 빛내고자 육군과 해군의 군사제도를 지난 15년간 고치며 지금처럼 결정하게 됐다.

짐은 군대를 지휘하는 큰 권력을 총괄한다. 다양한 역할을 신하에게 맡기기는 하지만, 그 핵심은 짐이 스스로 맡아야 할 몫이다. 대대손손 이 깊은 뜻을 잘 전하고, 천황이 정치와 군사 권력을 장악하는 것의 의의를 남겨서 다시는 예전처럼 잘못하는 일이 없기를 바란다.

나(천황)는 모든 군인을 통솔한다. 따라서 짐은 너희를 손과 발처럼 믿고, 너희는 짐을 우러러

보면 그 관계는 깊어진다. 짐이 국가를 보호하고 조상 천황들의 뜻에 보답하는 것도 너희가 그 직무를 다하느냐에 달려 있다. 일본의 위신에 부족한 것이 있다면, 너희도 나와 함께 근심하라. 우리나라의 무용이 번성하고 그 명예가 빛날 때 나는 그 명예를 너희와 함께 누리게 된다. 너희 모두 직무를 다하며 나와 한마음이 되어 국가를 보호하면, 우리 백성들은 오래도록 평화의 행복을 누리고, 일본의 뛰어난 리더십은 세계를 크게 빛낼 것이다. 이처럼 나는 너희 군인에게 깊이 바라니, 더 일러야 할 것이 있다.

하나, 군인은 충절을 다해야 한다.
무릇 우리나라에서 태어난 사람은 누구나 나라에 보답하는 마음이 있어야 한다. 하물며 군인이라면 이 마음이 굳건해야 쓸모가 있다. 군인이 그런 마음이 약하다면, 아무리 기예와 재주가 좋고 학문과 기술이 뛰어나도 인형과 다를 바 없다. 그 대열이 정돈되고, 규율이 올바르더라도 충절을 모르는 군대는 오합지졸과 같다. 국가를 보호하고 국가의 권력을 유지하는 것은 군대에 있고, 군대의 강약은 국가의 운명을 가른다. 너희는 여론에 휩쓸리지 말고, 정치에 관계없이 오직 충절을 지켜라. 천황의 국가를 위해 진력하는 것은 험난한 산보다 무겁고, 죽음은 봉의 날개보다 가볍다고 각오하라. 그 절개를 어겨 실패를 초래하고 오명을 입는 일은 없어야 한다.

하나, 군인은 예의를 갖춰야 한다.
군인은 위로는 원수부터 아래로는 일병까지 그사이에 계급이 있고, 통제에 속해 있을 뿐만 아니라 같은 지위에 있는 동기라도 병역의 연한이 다르므로 후임은 선임에게 복종해야 한다. 하급자가 상관의 명령을 받는 것은, 마땅히 짐에게 명령을 받는다고 여겨라. 자신의 직속상관이 아닌 상급자와 자신보다 오래 복무한 사람도 모두 존경하고 예를 갖추라. 상급자는 하급자를 가볍게 여기거나 교만한 행동을 해서는 안 된다. 모두의 의무를 위해 위엄을 세워야 할 때를 제외하고는, 친절하게 대하며 자애롭게 하는 것을 중요시하라. 상급자와 하급자 모두 단결해 천황의 대의를 위해 몸과 마음을 다해 직무에 힘써야 한다. 만약 군인이 예의를 지키지 않고 상급자를 공경하지 않으며, 하급자에게 인정을 베풀지 않고 사이좋게 지내지 않는다면 단순히 군대에 해악이 되는 것뿐만 아니라 국가를 위해서도 용서하지 못할 죄인임에 틀림없다.

하나, 군인은 무용을 중시해야 한다.
원래 일본은 무용을 중요하게 여겼다. 일본의 신민이라면 무용의 덕을 갖춰야 한다. 하물며 싸움에 임하고 적에 맞서는 군인은 한순간도 무용을 잊어서는 안 된다. 그런데 무용에는 참된 용기(대용)과 하찮은 용기(소용)이 있어 서로 같지 않다. 혈기를 참지 못하고 난폭한 행동을 하는 것은 무용이 아니다. 군인은 언제나 옳은 이치를 잘 따지고, 담력을 가다듬어 사려 깊게 무용을 펼쳐야 한다. 작은 적이라도 우습게 보지 말고, 큰 적이라도 두려워하지 않아야 한다. 군인으로서 직무를 다하는 것이 진정한 용기, 참된 용기다. 따라서 항상 무용을 중요하게 여기는 자는 온후함을 첫 번째로 삼고 사람들에게 사랑받고 존경받도록 유의하라. 근거 없는 용기를 따르며 위세를 부린다면 사람들이 싫어해서 피하고, 산짐승이나 늑대(미친개)처럼 여겨진다. 반드시 이를 명심하라.

하나, 군인은 신의를 존중해야 한다.
신의를 지키는 것은 일반적인 도덕이다. 특히 군인은 신의가 없으면 하루라도 부대에 남아있기 어렵다. '믿음(信)'은 자신이 말한 것을 실행하고, '의로움(義)'은 자신의 의무를 다하는 것을 말한다. 신의를 다하기 위해선, 처음부터 세심하게 고려해야 한다. 될지 안 될지 확실하게 생각하지 않고 부실하게 관계를 맺으면 나중에 신의를 세우기 힘들다. 그때 가서 뉘우치면 이미 늦었다. 약속을 할 때 처음부터 옳고 그른 것을 가리고 잘잘못을 따져서 도저히 지킬 수 없거나 무리라고 판단하면 빨리 단념하는 것이 좋다. 자고로 사소한 일에 의리를 세우려다가 일을 그르치거나 옳고 그름에 대한 판단을 잘못한 채 자신의 감정으로 신의를 지키다가 재난을 당해 패가망신하고 죽어서도 그 오명을 남긴 영웅호걸들이 많다. 깊이 새겨들어야 한다.

하나, 군인은 검소함을 첫째로 삼아야 한다.
검소하지 않으면 무(武)를 가볍게 여기고 문(文)을 존중하듯이 경박해진다. 사치스럽고 호화로운 바람을 좋아하고 마침내 탐욕스럽고 심술궂어지며, 뜻도 천박해지고, 절조와 무용도 약해져 사람들의 입에 오르내리게 된다. 생애 최대의 불행임은 말할 필요도 없다. 이 나쁜 기풍이 군인들 사이에 일어나면 전염병처럼 만연하고, 군인의 규율과 장병들의 의기도 갑자기 시들어 버릴 것이다. 짐은 이를 깊이 두려워해서 먼저 '관직 사퇴에 대한 조례'를 내려 이를 경고해 뒀다. 하지만 여전히 그 악습이 나올 것 같아 마음이 편치 않아 다시 한 번 이를 경고한다. 너는 군인으로서 결코 이 훈계를 소홀히 여겨서는 안 된다.

군인은 이 5개 조항을 잠시도 소홀히 해서는 안 된다.
이를 실행하려면 거짓 없는 마음이 가장 중요하다.
이 5개조는 군인의 정신이며, 거짓 없는 마음은 5개조의 정신이다.

마음이 진실하지 않고 성의가 없으면 어떤 훈계도, 행동도 모두 겉치레에 불과하고 아무런 소용이 없다. 마음이 진실하고 정성이 있다면 무슨 일이든 이뤄진다.

또한 이 5개조는 모든 무사들의 도리이자, 사람으로서도 지켜야 할 변치 않는 도리다. 행동하기도 지키기도 쉽다. 너희 군인들은 나의 훈계를 잘 따라 지키고, 국가에 보답하는 의무를 다한다면 모든 일본인이 한결같이 기쁘게 될 따름이다.

나 혼자만의 기쁨에 그치지 않게 된다.

메이지 15년 1882년 1월 4일 메이지 천황

일본 육군사관학교

메이지 정부는 1868년 교토에 병학교(兵學校)를 설립했다. 1871년 도쿄로 이전하고 1874년 프랑스 사관학교를 본 따 '육군사관학교 조례'를 만든 뒤 1875년부터 1기가 입교했다. 1887년부터 독일(프로이센)식으로 교육제도를 바꿨다. 예과, 본과로 나눠 운영하다가 전쟁을 앞둔 1937년 하나로 통합했다. 전쟁 중 교육과정을 1년까지 단축시켜 빨리, 많은 장교를 양성하려 했다. 1937년 일본 육군항공사관학교도 만들어 조종사를 길러냈다.

일본 육군사관학교(도쿄)

일제는 1919년 3·1운동을 기점으로 '문화통치'를 표방하며 교육현장에서부터 한민족의 흔적과 정체성을 지우려 했다. 1923년부터 모든 사범학교, 고등상업학교, 보통학교에서는 군사훈련도 받게 했다. 학교에서 군대를 접하며 군인을 진로로 삼는 청소년들도 늘었다. 당시 일반적인 개인이 출세하고자 선택할 수 있는 일반적인 진로 중 하나였다. 특히 그 시기 최고 수준의 인재를 모집해 엘리트 장교로 육성하는 일본 육사에 진학하면 탄탄한 미래를 보장받을 수 있었다.

조선인은 대한제국 시기부터 일본 육사에 진출해 1910년대까지 75명이 졸업했다. 그 뒤 맥이 끊겼다가 만주국이 수립되고 나서 다시 문이 열려 1933년부터 14개 기수 75명이 일본 육사를 졸업했다. 졸업생은 일본제국 군인으로 복무했고 1945년 해방 당시 약 10명이 일본군에 남아있었다. 다수는 대한민국 정부 수립, 국군 창설, 한국전쟁 등에 기여했다. 이름만 들어도 알 법한 현대사 인물들이 다수 포함되어 있다.

기수	이름	대한민국(경력)	일본군 계급 / 기타
42기 1926~1930	이건	의친왕 첫째 아들	중좌 / 해방 후 일본 귀화
45기 1929~1933	이형석	대한민국 육군 소장 국방부 전사편찬위원장 한국보이스카우트 연맹 부총재	소좌
	이우	의친왕 둘째 아들	중좌 (대좌 추서) 히로시마 원자폭탄 피폭 후 사망
45기 1933~1937	채병덕	대한민국 육군 중장 대한민국 육군총참모장 한국전쟁에서 전사	소좌
	이종찬	대한민국 육군 중장 육군총참모장, 이탈리아 대사 국방부 장관, 국회의원	소좌
50기 1934~1937	이용문	대한민국 육군 소장	소좌
	지인태		중위 / 육군 항공사관학교 졸업 몽골에서 전사

기수	이름	대한민국(경력)	일본군 계급 / 기타
52기 1936~1939	박범집	대한민국 공군 소장 초대 공군참모부장 한국전쟁 중 함흥에서 전사	소좌
	최명하		항공 대위 / 인도에서 폭격 임무 중 추락 후 권총 자살
53기 1937~1940	신응균	대한민국 육군중장 국방부 차관, 터키 대사, 국방과 학연구소장	소좌
	박재흥		소좌 / 해방 후 일본 귀화
54기 1937~1940	강석호		중위 / 파푸아뉴기니에서 전사
	김정렬	대한민국 공군 중장 초대/3대 공군총참모장 국방부장관, 미국대사, 국회의원, 국무총리서리	대위
	노태순		대위 / 미얀마에서 전사
	김석범	대한민국 해병대 중장 제2대 해병대 사령관 태극, 을지 무공훈장	상위 / 만주국 장교 출신
	석희봉		만주국 장교 출신
55기 1938~1941	김창규	대한민국 공군 중장 공군참모총장, 국회의원	항공대위
	유재흥	대한민국 육군 중장 야전군사령관, 연합참모본부총장 태국/스웨덴/이탈리아 대사, 국방부 장관, 대한석유공사 사장	대위 *26기 졸업생 유승열의 아들
	전원상		항공 대위 / 방글라데시에서 전사
	정일권	대한민국 국무총리/국회의장 대한민국 육군 대장 터키, 프랑스, 미국대사 외무부장관	상위 / 만주국 장교 출신

기수	이름	대한민국(경력)	일본군 계급 / 기타
56기 1939~1942	김종석	대한민국 육군 중령	대위
	이형근	대한민국 육군 대장 초대 연합총참모본부총장 육군참모총장 필리핀, 영국대사	대위
	최정근		항공 소좌 오키나와에서 카미카제 전사
	최창식	대한민국 육군 대령 육군 공병감/ 한국전쟁 중 한강조기폭파 군법재판 회부(최종 무죄)	대위
	김민규	대한민국 육군 대위	만주국 군관학교 1기 수료
	박임항	대한민국 육군 중장 야전군사령관 건설부장관	만주국 군관학교 1기 수료
	이주일	대한민국 육군 대장 국가재건최고회의 부의장 감사원장	만주국 군관학교 1기 수료
	최창윤	한국전쟁에서 전사	만주국 군관학교 1기 수료
57기 1941~1944	김영수	* 27기 김석원의 둘째 아들	소위(최초 전차병과) 필리핀 레이터 전투에서 전사 후 2계급 특진
	김호광	대한민국 육군 소령 한국전쟁에서 북한에 살해	
	정상수		오키나와 전투에서 전사
	김재풍		만주국 군관학교 2기 수료
	박정희	대한민국 대통령 대한민국 육군 대장	중위 / 만주국 군관학교 2기 수료
	이섭준	부산해운 사장	만주국 군관학교 2기 수료

기수	이름	대한민국(경력)	일본군 계급 / 기타
57기 1941~1944	이한림	대한민국 육군 중장 육군사관학교 교장 5.16.쿠데타 비판 수산개발공사 사장, 건설부장관, 국제관광공사 총재 터키, 호주 대사 태극충무무공훈장	중위 / 만주국 군관학교 2기 수료
58기 1942~1945	강태민	대한민국 육군 준장 군수사령부 부사령관	만주국 군관학교 3기 수료
	박원석	대한민국 공군 중장 공군참모총장 대한석유공사 사장	소위
	신상철	대한민국 공군 소장 공군사관학교장 국방부 정훈국장 베트남, 스페인 대사 체신부장관	소위
	안광수	대한민국 육군 대령 외부무 의전실장	
	정래혁	대한민국 육군 중장 한국전력사장, 국방부장관 국회 의원, 국회의장	소위
	최복수	대한민국 육군 대령 육군정보학교장 한국에서 전사	
	한용현	대한민국 공군 대령	
	최주종	대한민국 육군소장 육사 생도대장 군수사령관 5.16. 쿠데타 주역 대한주택공사 사장	만주국 군관학교 3기 수료

기수	이름	대한민국(경력)	일본군 계급 / 기타
59기 1943~항복	김재곤		
	장창국	대한민국 육군 대장 합참의장, 브라질 대사 수자원개발공사 사장 국회의원	
	홍승화		
	강문봉	대한민국 육군 중장 국회의원 스웨덴, 스위스, 바티칸 대사 을지/충무/태극 무공훈장	만주국 군관학교 5기 수석졸업
	김태종		만주국 군관학교 5기 수료
	이용술		만주국 군관학교 5기 수료
	황택림	대한민국 육군 대위 숙군 당시 사형	만주국 군관학교 5기 수료
	이OO		만주국 군관학교 5기 수료
60기 1944 항복	김태성	대한민국 육군 대위	
	이성구		
	이연수	대한민국 공군 준장	
	이재일		
	장지량	대한민국 공군 중장 공군참모총장 에디오피아, 필리핀 대사	
	조병건	대한민국 육군 소령 육사 교관, 생도대장	
	김기준		만주국 군관학교 6기 수료
	김석권		만주국 군관학교 6기 수료
	김세현	대한민국 육군 중위	만주국 군관학교 6기 수료

기수	이름	대한민국(경력)	일본군 계급 / 기타
60기 1944~항복	김윤근	대한민국 해병 중장 5.16쿠데타 수도방위사령관 수산개발공사 사장 미은성훈장, 충무/을지무공훈장	만주국 군관학교 6기 수료
	김학림	대한민국 육군 소령 여순사건 후 사형	만주국 군관학교 6기 수료
	이우춘		만주국 군관학교 6기 수료
	정정순	대한민국 육군 중령 한국 전쟁 중 전사	만주국 군관학교 6기 수료
61기 1945~항복	김은수	도로공사 이사 쌍용산업 상무	
	미상		1945년 8월 15일 일본의 항복방송을 들은 뒤, 일본말로 "조선이 독립됐다"고 크게 소리 지르다가 당시 일본인 육사 생도대장한테 처형당함.
	김중환		
	김차경	해군사관학교 교관	
	오일균	대한민국 육군 소령 육사 생도대 대대장 *남로당원으로 숙군 당시 처형	
	정만영	한국통신기술연구소장 공학박사	
	조병하	한국과학기술원 교수 이학박사	
	조철형		
	최용기		

만주국 육군군관학교

1932년 새로 생긴 만주국은 일본인, 조선인, 만주족, 몽골족, 한족 등 '5개 민족을 일본인으로 통합하겠다'는 오족협화(五族協和)를 추구했다. 국기에도 그 목표를 담았다.

만주국에서 공부하고 실무를 담당했던 조선인들은 해방 후 대한민국 정치, 경제, 군대, 교육, 문화, 언론 등 다양한 분야에서 터전을 닦았다. 만주국을 빼놓고는 대한민국을 얘기하기 힘든 수준이다.

그중 간부양성에 집중해서 살펴보면, 1932년 7월 봉천(펑톈)에 만들어진 2년제 군관학교(만주국 중앙육군훈련처)와 1939년 수도 신징 부근 퉁더타이에 일본 육사를 모델로 삼은 4년제 군관학교(신징군관학교)가 있다. 학교는 다민족 청년들을 친일 간부로 육성하는 중요한 기관 중 하나였고 일본인, 만주족, 몽골족, 한족, 조선인 등이 함께 교육받았다. 교육과정, 내용 등은 일본 육사와 거의 같았다. 신징군관학교는 약 300명을 선발해 보병, 기병, 공병, 포병, 군수, 항공 등 7개 병과로 나눠 훈련 시켰다. 생도들은 매일 신사참배와 함께 하

만주국 국기 - 만주족(노란색), 일본인(빨간색), 한족(파란색), 몽골족(하얀색), 조선인(검은색)

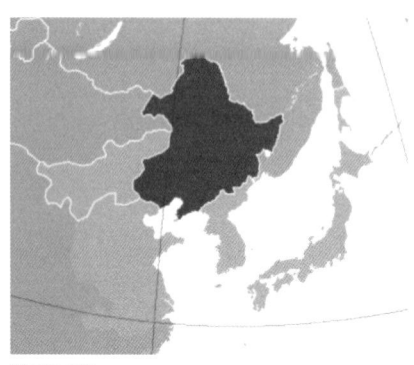

만주국 범위

루를 시작했고 구타 등 가혹행위도 빈번하게 발생했다. 학생들은 예과 2년, 부대 실습 6개월, 본과 2년 등을 거쳐 소위로 임관했다. '비적 토벌 실습'으로 항일세력을 토벌하는 작전에도 투입됐다. 대동아전쟁 중엔 교육 기간이 6개월로 단축되기도 했다. 일본군 홍사익 장군 등이 조선인 입학을 추진해 1939년부터 1945년까지 6년간 48명이 졸업했다.

1932년부터 군관학교들이 수차례 개편됐는데 결과적으로 조선인 약 90명이 만주국 군관학교를 거쳤다. 조선인들은 예과를 졸업한 뒤 일본 육군사관학교로 이동해 유학하는 경우가 많았다. 전체 졸업생 약 3천 명에 비하면 소수에 불과하지만 이들은 대한민국 역사에 굵직한 영향을 미쳤다.

기수	이름	대한민국(경력)	만주군 활동
봉천 4기 ~1936	강재호		간도특설대
	계인주	대한민국 육군 정보국 첩보부대 HID 대장 한국전쟁 당시 켈로부대(KLO) 지휘 * 인천상륙작전 팔미도 선발대 상륙	만주군 사병(헌병)
	김응조	대한민국 육군 준장	만주군 사병
	박봉조		간도특설대
	이원형		간도특설대
봉천 5기 1936~37	김일환	대한민국 육군 중장 내무부 장관 교통부 장관	
	정일권	대한민국 국무총리/국회의장 대한민국 육군 대장 터키, 프랑스, 미국대사 외무부장관	나카지마 잇켄(中島一) 일본육사 55기 편입 만주군 헌병 장교
	김찬규 (김백일)	대한민국 육군 중장	간도특설대

기수	이름	대한민국(경력)	만주군 활동
봉천 5기 1936~37	김석범	대한민국 해병대 중장 제2대 해병대 사령관 태극, 을지 무공훈장	일본육사 54기 편입 간도특설대
	송석하	대한민국 육군 소장 한국수출산업공단 이사장	간도특설대
	신현준	대한민국 해병대 중장 초대 해병대 사령관 금성태극무공훈장, 미은성훈장	간도특설대
	최경만		간도특설대
	김홍준		간도특설대
	윤춘근	한국전쟁 참전, 포항제철 고문	간도특설대
	문이정		간도특설대
	석희봉		간도특설대 일본육사 54기 편입
	김신도		
	이두만		
	문용채		
	차명환		
	최구룡		
	강기봉		
봉천 6기	양극진	대한민국 육군 준장	
	김용기	한국수산개발공사 부사장 대한건설협회 이사장	간도특설대
	박봉환		
	조OO		간도특설대
	이상렬	대한민국 해군 대령	
봉천 7기	박승환	(북한) 조선인민군 창군	만주군 항공장교

기수	이름	대한민국(경력)	만주군 활동
봉천 7기	최남근	북한에서 사형 선고 후 공산주의로 사상전향 대한민국 육군 중령 여순사건에서 총살	간도특설대
	최재환		간도특설대
	최철근	대한민국 육군 대령	
봉천 8기	김용국	대한민국 해병대 소장	
	석주암	대한민국 육군 소장	
	태용범		간도특설대
봉천 9기 1940~1942	백선엽	대한민국 최초 육군 대장, 육군참모총장, 교통부 장관 금성태극무공훈장, 미은성무공훈장 프랑스, 네덜란드, 벨기에, 캐나다 대사	간도특설대
	손병일		간도특설대
	윤수현		간도특설대
육군훈련학교 1940년 12월~	2기	1명	
	4기	1명	
	5기	3명	
	6기	3명	
	7기	13명	전원 간도특설대
신징 1기 1939~1942	김동하	대한민국 해병대 중장 5.16. 쿠데타 가담	
	김민규	대한민국 육군 대위	일본 육사 56기 편입
	김영태		
	박임항	대한민국 육군 중장 야전군사령관 건설부 장관	일본 육사 56기 편입

기수	이름	대한민국(경력)	만주군 활동
신징 1기 1939~1942	이주일	대한민국 육군대장 국가재건최고회의 부의장 감사원장	일본 육사 56기 편입
	최창언	대한민국 육군 중장 국방대학원장 태극무공훈장	히라야마 다케이(原山武意) 일본 육사 56기 편입
신징 1기 1939~1942	방원철	* 여운형의 건국동맹 세력 (북한) 조선인민군 경비대 대한민국 육군 대령 5.16. 쿠데타 주역	만주군 장교
	윤태일	대한민국 육군 중장 서울특별시장, 국회의원	
	이기건	(북한) 조선인민군 1사단 참모장 대한민국 육군 준장 도쿄올림픽 한국대표단 감독 대한체육회 이사	
	최창윤	(북한) 조선인민군 보병보급부장 대한민국 육군 대령	만주군 항공장교
	조영원		일본 육사 56기 편입
	강재순		
신징 2기	김명철(김묵)		간도특설대
	김재풍		일본 육사 57기 편입
	박정희	대한민국 육군 대장 대한민국 5~9대 대통령	다카키 마사오(高木正雄) 일본 육사 57기 편입
	이정린(이재기)		간도특설대
	이섭준	부산해운사장	일본 육사 57기 편입
	이한림	대한민국 육군 중장 육군사관학교 교장 5.16.쿠데타 비판 수산개발공사 사장, 건설부장관, 국제관광공사 총재 터키, 호주 대사 태극충무무공훈장	간도특설대 일본 육사 57기 편입

기수	이름	대한민국(경력)	만주군 활동
신징 2기	이병위		
	강창선		
	이상진		
	김원기		
신징 3기	강태민	대한민국 육군준장 군수사령부 부사령관	일본 육사 58기 편입
	최주종	대한민국 육군소장 육사 생도대장 군수사령관 5.16. 쿠데타 주역 대한주택공사 사장	일본 육사 58기 편입
신징 4기	예관수	대한민국 육군 대령 육군사관학교 용진가 작사	
	장은산	대한민국 육군 대령	
신징 5기	강문봉	대한민국 육군 중장 국회의원 스웨덴, 스위스, 바티칸 대사 을지/충무/태극 무공훈장	일본 육사 59기 편입
	김태종		
	이용술		
	이○○		
	황택림	대한민국 육군 대위 숙군 당시 사형	
신징 6기 ~1945	김윤근	대한민국 해병대 중장 5.16쿠데타에 결정적 기여 수도방위사령관 수산개발공사 사장 미은성훈장, 충무/을지무공훈장	일본 육사 60기 편입 후 한 달 뒤 일본 패망
	김학림	대한민국 육군 소령 여순사건 후 사형	

기수	이름	대한민국(경력)	만주군 활동
신징 6기 ~1945	김기준	대한민국 육군 중위	일본 육사 60기 편입 후 한 달 뒤 일본 패망
	김석권		
	김세현		
	이우춘		
	정정순	대한민국 육군 중령 한국 전쟁 중 전사	일본 육사 60기 편입 후 한 달 뒤 일본 패망
	최치환	육군사관학교 2기 경무부 작전과장(4·3사건 진압) 국회의원, 축구협회장 경향신문 사장 태극무공훈장, 미국 은성무공훈장 김무성 前 새누리당 의원 장인	
	김동훈	서울대학교 공과대학 교수 화랑무공훈장, 국민훈장 석류장	
	육굉수	인하대학교 공과대학 교수	
신징 7기 ~1945	김광식	한양대학교 공과대학 교수	
	김윤선		
	전상혁		
	한진		

일본 육군사관학교와 만주 군관학교 졸업생들은 태평양전쟁 중 전사하거나 일본군에서 계속 복무했다. 해방 후 각자 선택에 따라 일본, 북조선, 한국 등으로 갈라졌다. 다수는 대한민국 수립에 기여하고 한국전쟁에 참전했다. 한국군을 창설하고 한국전쟁을 이끌었던 다수는 일본 육사, 만주 군관학교 출신이었다.

한국 사회는 이 사실을 두고 '친일'로 규정해 비난하는 경우가 많다. 이제까지 한국군의 뿌리에 대한 객관적인 논의를 그 누구도 쉽사리 꺼내지 못하고 미뤄왔던 이유기도 하다. 식민지 시기 조선인은 태어나 보니 일본인이었다. 2022년 갓난아기들이 대한민국 국적이 당연한 것처럼 그때는 국적이 일본제국인 게 당연했다. 조선인들은 어려서부터 일본어를 배우고 일본식 학교 교육을 받고 자랐다. 군인은 꿈 많고 열정 있는 학생이 선택할 수 있는 하나의 진로였다. 목숨 걸고 해외로 빠져나와 독립운동에 뛰어들지 않는 한, 일반적인 조선인들은 조선 땅에서 살아갔다. 일본 육사나 만주 군관학교를 졸업한 것이 친일반민족행위로 규정되는 건 마땅하면서도, 균형을 잃은 시각일 수 있다. 그렇게 따지면 독립운동에 참여하지 않았던 대다수 한국인은 암묵적 매국노라 해도 할 말이 없다. 매달 꼬박꼬박 조선총독부에 각종 세금을 내며 일제의 통치자금을 공급했던 조선인이 90% 이상이다.

한반도 역사가 지닌 아이러니이자 비극이다. 일본 육사, 만주 군관학교 출신들을 미화하거나 비호하자는 게 결코 아니다. 필자는 일본 우익의 심장인 요시다 쇼인을 드러내고자 퇴직금을 쏟아붓고 사력을 다했다. 이토 히로부미 등 한반도 식민지배 주인공들의 집에 수차례 찾아가 독립운동가들의 뜻을 기렸다. 그들이 잉태된 쇼카손주쿠 앞에 앉아 눈물 흘렸다. 다시는 식민지배 등의 비극을 겪지 않도록 냉철하게 지피지기하자는 것뿐이다.

기타 일본군

일본 육군사관학교, 만주 군관학교 출신 외에도 자발적 혹은 비자발적으로 일본군이 된 경우도 있다. 일제는 중일전쟁 중 부족한 병력을 채우려고 1938년 육군특별지원병령을 발표해 조선인 지원병제도를 도입했다. 경기도 양주에 훈련소를 세우고 사상, 독립운동 관계 여부 등 엄격한 검증을 거쳐 선발했다. 이광수를 비롯한 각종 문인과 언론, 조선총독부에 협력한 각계각층 인사들은 조선 청년들이 지원하도록 독려했다.

1943년에는 해군 지원병도 모집하기 시작했는데 대동아전쟁 중에는 강제로 징병했다. 자발적으로 지원하거나 강제로 끌려간 조선인 약 39만 명이 일본군에서 복무했다. 1945년 8월 해방 당시 일본군 내 조선인은 약 28,000명이었다. 이들은 자동으로 전역조치 되고 대부분 한국으로 돌아왔다. 광복군과 비교해 높은 수준의 군사교육을 수료하고, 실전 전투경험까지 쌓았던 이들은 각각 대한민국 국군과 북조선 인민군을 구성하는데 중요한 구실을 했다.

일제 전시동원현황

구분	인원(명)	비고
합 계	389,289	
육군지원병	17,664	육군특별지원병령 1938.2.2.
해군지원병	약 3,000	해군특별지원병령 1943.5.11.
육군징병	186,980	일반징병령 1943.8.1.
학도병	4,385	학도동원령 1943.8.1.
해군징병	22,290	해군병징모 조치 1944.5.10.
군무원	154,970	애국단원, 포로감시원 등

만주 간도특설대

'조선인 항일세력은 조선인 손으로 잡는다', 1938년 9월 15일 만주국은 치안부에 항일세력 진압부대를 창설했다. 그해 12월 1기 228명을 모집하고 1945년까지 7개 기수 약 2,100명이 간도특설대를 거쳤다. 시기마다 차이는 있지만 평균 300명 수준이었다. 1, 2기는 지원을 받았고 3기부터는 징집된 사람 중에서 선발했다. 장교는 조선인과 일본인이 섞였고, 부사관과 병사는 모두 조선인으로 구성했다. 부대장은 일본인 장교가 맡았지만 '조선인 특별부대'로 불렸다. 만주국은 소련인 부대(아사노 부대), 몽골인 부대(이소노 부대), 이슬람 부대(회교 부대), 퉁구스족 부대(오로촌 부대) 등도 창설해 당시 주적이었던 소련과 각종 민족주의자를 견제했다.

간도특설대는 스스로를 '무적의 상승부대'라고 부르며 엄정한 군기를 유지하고 혹독한 훈련으로 강한 전투력을 뽐냈다. 주로 연변 지역에서 동북항일연군, 팔로군 등을 토벌했는데, 항일세력을 색출하려고 중국인, 조선인 등을 고문, 살상, 약탈했다는 악명도 높았다. 그들은 일제에 반대하는 세력을 비적, 공비 등으로 규정하고 토벌했다. 현장 지휘관은 즉결처분 권한을 갖고 합법적으로 살상했다. 만주국에서 발간한 친일 한국어 신문인 〈만선일보〉는 간도특설대를 '조선인들이 영예롭게 생각하는 조선인 특설부대', '국가의 간성으로 치안확보라는 중대한 책임을 지고 맹렬하게 활동하는 조선인의 자랑, 만주국군 조선인 특설부대'라며 자주 찬양했다. 특설대는 1945년 8월 해방 후 자동해체됐다.

간도특설대에 대한 자료는 많이 부족하다. 1960년 옌볜 자치주에서 작성한 〈간도특설부태 조직연혁 및 활동 정황〉, 1980년대 백선엽, 장창국의 〈육사졸업생〉, 김석범의 〈만주국군지〉, 신현준 자서전 등으로 한국 사회에 그 존재가 차츰 알려졌다. 유일하게 간도특설대에 대해 증언했던 이용은 1938년 17세 당시 '군인이 되고 싶었는데, 조선인 부대라고 하기에 지원했다'고 말하고, '간도특설대는 주로 김일성 부대 등을 토벌'했으며, 강간, 민간인 학살 등 범죄행위에 대해선 부인했다. '(간도특설대는) 군기가 엄정한 부대였고, 민폐는커녕 오히려 민간인을 도와준 경우도 많았다', 실제 활동에 대해선 2022년 지금도 드러나지 않은 부분이 많다.

한국전쟁 영웅으로 여겨지지만 친일행적으로 인해 논란이 됐던 백선엽, 해병대를 창설하고 인천상륙작전 등에서 활약했던 인물 일부도 간도특설대 출신이다. 백선엽은 1943년 2월 항일무장투쟁이 거의 사라진 시기에 특설대에 배치받아 주로 '공산주의자와의 게릴라전'에 투입됐다고 회고했다. '공산주의자를 토벌했다'는 간도특설대를 옹호하는 대표적인 주장 중 하나다.

정일권, 백선엽 등 특설대 출신들은 해방 후 38도선 북쪽에서 세력을 키우던 김일성, 김책, 최용건, 최현 등 동북항일연군 출신 공산주의자들을 피해 남쪽으로 이동하기도 했다. 간도특설대에서 장교로 활약했던 조선인은 다음과 같다.

구분	기수	이름
봉천 군관학교	4기	강재호, 박봉조, 이원형
	5기	김백일, 송석하, 신현준, 김석범, 최경만, 석희봉, 김홍준, 윤춘근, 문리정
	6기	조OO, 김용기
	7기	최남근, 최재환
	8기	태용범
	9기	백선엽, 윤수현, 윤병일
신징 군관학교	2기	이정린(이재기), 김명철(김묵)
육군 훈련학교	7기	구동욱, 김용호, 김충남, 박춘식, 방태욱, 이덕진, 이동준, 이봉춘, 이용(이집룡), 이용성, 최병혁, 최재범
군의관		계병락, 마동악, 전남규

이들은 해방 후 대한민국 국군 창설과정에 기여고, 한국전쟁에서도 인천 상륙작전, 낙동강 방어, 평양/원산 진격, 흥남철수 등 각종 굵직한 전투 현장에서 지휘관 및 참모로서 활약했다. 38도선을 넘어 평양과 원산을 점령했던 국군부대 지휘관은 각각 간도특설대에서 함께 복무했던 동료 백선엽(1사단장)과 김백일(1군단장)이었고 이때 국군 총참모장은 만주군 출신 정일권이었다. 1950년 10월 중국이 북한을 도와 한국전쟁에 참전할 때 간도 지역에선 '정일권과 백선엽을 때려잡자'는 구호가 나오기도 했다. 간도특설대 출신으로 이름을 남긴 사람들은 다음과 같다.

구분	이름
김대식	한국전쟁 참전(인천상륙작전, 함흥작전 등), 해병대 사령관, 국회의원
김백일	한국전쟁 참전(원산 점령, 함흥 철수간 피난민 철수 총지휘 등), 대한민국 육군 중장, 전쟁 중 대관령 인근에서 항공기 추락으로 사망
김석범	해병대 2대 사령관, 한국전쟁 참전, 재향군인회 창설, 성우회 부회장
박창암	군사영어반(육사 1기) 졸업, 한국전쟁 참전, 5·16쿠데타 당시 사관생도의 지지 행진 주도, 국가재건최고회의 혁명검찰부(현 검찰총장) 부장
백선엽	육군 대장, 한국전쟁 참전, 육군참모총장, 교통부 장관, 프랑스, 네덜란드, 벨기에, 캐나다 대사
송석하	여수순천 사건 진압, 한국전쟁 참전, 육군 소장, 한국국방연구원장
신현준	'해방 후 광복군', 대한민국 해병대 창설 및 초대 사령관
윤춘근	한국전쟁 참전(7사단 9연대장, 12사단장), 1군사령관, 육군 소장, 포항제철 고문
이동화	한국전쟁 참전, 철도청장, 국민대학교 이사장
이백일	육사 8기 졸업, 한국전쟁 참전, 수원시장, 국회의원(2선)
이용(이집룡)	한국전쟁 참전, 철도청장, 교통부 차관, 강원도지사
임충식	한국전쟁 참전, 대한민국 국방부장관, 국회의원(2선)

> **간도특설대 군가**
>
> 시대의 자랑, 만주의 번영을 위한 징병제의 선구자
> 조선의 건아들아 선구자의 사명을 안고 우리는 나섰다.
> 나도 나섰다. 건군은 짧아도 전투에서 용맹을 떨쳐
> 야마토 타마시(大和魂)는 우리를 고무한다.
> 천황의 뜻을 받든 특설부대
> 천황은 특설부대를 사랑한다.
>
> *야마토 타마시 : 천황중심국가 일본제국의 '국체'

　중국에서는 1970년대 문화혁명 시기까지도 일제에 협력했던 사람들을 끝까지 색출해 처참하게 처벌했다. 반면 한국에서는 건국 및 건국과정에 걸쳐 나타난 대내외적인 특수성 때문에 친일행위자 식별과 그 처벌이 지지부진했다. 북한도 한국전쟁 전까지 비슷한 과정을 거쳤다. 무엇보다도 대한민국 건국 초기는 '친일청산'보다 '반공산주의'가 시대정신이자 가장 시급하게 해결해야 하는 과제였다. 1948년 9월 '반민족행위 처벌법'을 제정하고 반민특위가 활동하긴 했지만 그 성과는 34년 11개월 식민지배를 청산하기엔 역부족이었다. 2009년 11월이 되어 대한민국 대통령 직속 '친일 반민족행위 진상규명위원회'가 705인의 명단을 재차 정리했다. 그리고 2022년 현재도 친일행위에 대한 논쟁과 비판은 이어지고 있다.

제 4 장

싹트다
남조선 경비대와 한국군

전례 없는 전쟁이 끝나고, 세계는 자유주의와 공산주의가 대결하는 새로운 전장터가 됐다. 가장 첨예했던 곳 중 하나는 바로 한반도! 해방, 건국, 건군, 전쟁 등 시대적 과업을 압축적으로 해결해야 했던 한국과 한국인은 어떤 선택을 했을까?

한국에 대한 처리

제2차 세계대전이 한창이던 1943년 11월, 이집트 카이로에서 미국 루스벨트, 영국 처칠, 중화민국 장제스가 모였다. 전쟁 처리에 대해 논의하는 회담에서는 일제 식민지인 한반도를 어떻게 처리할 것인지도 처음 다뤘다.(카이로 회담) 곧바로 이란 수도 테헤란에서 열린 회담에서는 루즈벨트 대통령이 '한국이 독립하려면 훈련 기간이 40년 정도 필요하다. 곧바로 독립이 아니라 적절한 시기에 독립을 허용할 것'이라고 했다.(테헤란 회담)

1945년 2월, 이탈리아가 연합군에 항복하고 독일의 패배가 짙어지자 흑해 연안 얄타에서 미국 루즈벨트, 영국 처칠, 소련 스탈린이 모였다. 전쟁이 끝난 뒤, 유럽에 대한 처리, 세계 평화기구 설치 등을 토의하며 '소련이 동아시아에서 일제와의 전쟁에 참가하고, 서구 국가들이 한반도를 신탁통치하자'는 안건에 공감했다. (얄타 회담) 1945년 7월 26일 독일 포츠담에 미국 트루먼, 소련 스탈린, 영국 애틀리가 모였다. '적당한 시기에 한국의 자유로운 독립이 이뤄져야 한다'는 카이로 회담 결과를 다시 확인했다. 미국은 일본이 패하면 서울·인천·군산·부산 등을 빠르게 점령한다는 계획을 이미 세우고 있었고, '미군, 소련군, 영국군, 중국군이 한반도를 나눠 점령하고 최고 5년간 신탁 통치'하는 방안을 협의했다.(포츠담 회담)

미국이 히로시마에 핵폭탄을 터트리자 소련은 1941년 4월에 일본과 맺었던 중립조약을 파기하고 8월 9일 전쟁을 선포했다. 소련군은 곧바로 만주와 사할린으로 진격해 일본군/관동군을 공격하고 사할린 남부를 탈환했다. 미국은 '38도선에서 한국을 분단'하기로 결정하고 8월 13일 영국, 소련, 중국에 계획을 전달했다.

남북분단을 상징하는 38도선은 미국이 확정했다. 정확히는 미국 국무부, 육군부, 해군부 협의체인 '3부 조정위원회(SWNCC)'에서 결정했다. 제임스 턴(J. Dunn) 위원장에게 지시받은 육군부 본스틸 대령(Charles H. Bonesteel, 주한미군사령관)과 딘 러스크 중령(Dean Rusk, 케네디/존슨 정부 국무장관)은 1945년 8월 11일 사무실에 걸려있던 내셔널 지오그래픽 지도에 38도선이 있는 걸 보고 '38선 분할 점령안'을 만들어 보고했다. 이는 러스크 중령이 실제로 증언한 내용이지만 그 전부터 38도선 분할에 대한 토의가 있었다는 견해도 있다. 어쨌든 트루먼 대통령은 한반도 분할 점령안을 승인했다. 소련도 미국이 제안한 계획을 흔쾌히 받아들여서 남북분단이 확정됐다.

8월 15일 일본이 무조건항복을 선언하자 트루먼 대통령은 '북위 38도 위쪽 일본군은 소련군에게, 아래쪽은 미군에게 항복하라'는 일반명령 제1호를 맥아더 태평양 사령관에게 하달했다.

일반명령 제1호
1945년 8월 17일

1. (만주를 제외한) 중국, 대만과 북위 16도 이북 프랑스령 인도차이나의 모든 일본군 선임 지휘관은 중국 장제스에게 항복한다.

2. 만주와 북위 38도 이북의 한국, 그리고 남부 사할린의 모든 일본군 선임 지휘관은 소련 극동군 사령관에게 항복한다.

3. 안다만 제도, 니코바르 제도, 미얀마, 타이, 북위 16도 이남 프랑스령 인도차이나, 말레이, 보르네오, 네덜란드령 동인도제도, 뉴기니, 비스마르크 제도와 솔로몬 제도의 모든 일본군 선임 지휘관은 동남아시아 연합군 최고사령관에게 항복한다.

4. 일본의 보호령 섬과 오키나와 제도, 오가사와라 제도 및 태평양 섬들의 모든 일본군 선임 지휘관은 미국 태평양함대 사령관에게 항복한다.

5. 대본영과 그 선임 지휘관들, 그리고 일본 본토와 부속 도서, 북위 38도 이남의 한국과 필리핀의 모든 일본군은 미국 태평양육군 사령관에게 항복한다.

8월 11일, 하지 중장이 지휘하는 미 육군 24군단은 일본 오키나와에 주둔하고 있었다. 태평양 사령부는 24군단을 '남조선 점령군'으로 선정했다. 8월 19일, 맥아더 사령관은 하지를 미 육군 남조선 주둔군사령관으로 임명하고 한반도 점령 작전계획을 하달했다.

8월 22일 소련군은 만주를 점령하고 빠르게 한반도로 남하했다. 동아시아에서 소련을 견제하던 미국은 하지 중장이 서울을 빠르게 점령하라고 재촉했다. 하지만 미군도 하지 중장도 한반도에 대해 아는 게 거의 없었다. 하지 중장은 미국 육해군이 합동으로 정보를 수집해 만든 자니스-75(JANIS-75, Joint Army-Navy Intelligence Study of Korea)란 가이드북으로 한반도의 정치, 경제, 사회, 문화에 대해 살피고 공중정찰 등으로 현황을 파악했다. 그리고 9월 8일 아직 일본군이 경비를 담당하던 인천항에 미군 약 7만 명과 함께 상륙했다. 소련군은 이미 8월 12일 나진항을 점령하고, 24일 소련 제25군 약 20만 명이 평양에 들어선 뒤였다.

하지는 상륙 전 '38도선 이남 조선 영토와 조선인에 대한 통치권은 미군에게 있다. 명령에 복종하지 않으면 엄벌에 처할 것'이란 포고문을 살포했다. 그리고 자신을 환영하기 위해 마중 나온 건국준비위원회(건준) 대표단을 의도적으로 만나지 않았다. 당시 조선인들은 미군을 '해방군'으로 맞이하며 환영했지만, 미군은 일제에 대한 '점령군' 자격으로 조선에 도착했으며 조선인을 특별히 배려했다는 근거는 없다.

1945년 8월 15일 해방 당시 조선인들은 만세를 불렀다. 그런데 그날 오전까지도 해방된다는 사실을 알았던 조선인은 누구도 없었다. 미국과 소련의 한반도 점령과 분할 통치 합의를 아는 조선인도 없었다.

이처럼 한반도는 조선인들의 뜻과는 전혀 관계없이 국제정세와 강대국들의 이해관계에 따라 해방되고 강제 분단됐다. 그런데 한국 사회에서는 이런 관점을 '식민사관'으로 여기며 맹목적으로 비난하기도 한다. '민중의 힘', '민족의 힘'으로 해방을 쟁취했다는 것이 그들 주장이다. 하지만 국제 정세와 현실을 무시하는 편협한 관점이다. 국제관계를 무시하거나 아전인수로 해석하는 건 퍼즐을 억지로 끼워 맞추려는 행위이며, 민족적이지도 애국적이지도 않다. 중국인들을 일깨운 대문호, 루쉰(魯迅, 1881~1936)이 저술한 『아Q정전』에 등장하는 '아Q'와 비슷한 정신승리에 불과하다. 흥선대원군, 고종, 민비 등 조선 지도부도 코앞의 국제관계를 읽지 못하고 권력만 다투다 나라를 통째로 팔아넘겼다. 국제관계는 민족이란 완장을 차고 애국의 깃발을 흔들어댄다고 해결될 일이 결코 아니다. 해를 가리키는 손가락 끝에 덜렁이는 큐티클을 보면서 해를 본다고 해선 안 된다. 지피지기 백전불태는 '있는 그대로' 보아야만 가능하다.

대한민국의 국부 : 조선 건국자는 정도전?

한국 사회에선 국부(Founding Father)가 이승만인지 김구인지를 두고 논쟁이 끊이지 않는다. (결론부터 말하면 김구 본인도 "국부는 한 나라에 한 분, 이승만 박사뿐"이라고 했다. 1948년 김구를 수행했던 선우진의 증언이다. 그런데 스스로 진보라고 여기는 진영은 우익 민족주의자에 가까웠던 김구를 '국부로 모신다'고 공언하며 독립영웅으로 칭송한다.) 김구는 해방 후 통일된 민족국가를 만들어야 한다며 평양에 찾아가 김일성 등 공산주의 인사들을 만났다. 소위 진보 진영에서 북한 독재자와 한국 대통령이 만나 악수하는 장면을 '김구-김일성'과 연계하는 이유기도 하다. 당시 김구의 방문은 결과적으로 김일성이 반대파를 누르고 '민족 지도자'로 발돋움하는 선물이 됐다.

이승만과 김구는 비록 말년에 사이가 틀어졌지만 오래도록 서로를 형 동생으로 여겼다. 이승만은 미국 하지 중장에게 김구를 소개해주는 등 다방면에서 협력했다. 그런데 김구를 국부로 여기는 진영에서는 공산주의에 맞서고 미국과 군사동맹을 맺었던 이승만을 의도적으로 배제한다.

사실 '국부'는 논란거리가 되기 힘들다. 1919년 대한민국 임시정부 초대 대통령, 1948년 대한민국 초대 대통령은 이승만이다. 물론 한국전쟁 당시 거짓방송과 함께 부산으로 도주하고, 말년

독재와 부정부패, 미군정 시기 공산주의와 다투며 친일청산에 보인 소극성 등 말고도 이승만에 대한 비판은 많다. 하지만 한성정부로부터 이어진 대한민국 헌법의 법통과 정통성, 주요 국면마다 맡았던 역할과 영향력 등을 고려하면 이승만이 대한민국 건국의 주역이다. 조선 건국자를 정도전이라고 하지 않는 이치와 비슷하다. 민족이라는 관념에 과도하게 치우쳐 사실을 호도하거나 '일부 사실'을 사실로 얼버무리는 경우가 많다. 한국도 미국처럼 누구도 반박하지 않는 국부(조지 워싱턴)를 가졌더라면 좋겠지만, 그렇지 않은 역사를 '있는 그대로' 담대하게 인정하는 것도 성숙한 자세일 것이다.

필자는 육사생도 시절 홀로 경교장을 찾아가고, 장교 시절 자비를 들여 홀로 상하이 임시정부청사를 몇 차례 찾아갔다. 그곳에 중국 오성홍기가 걸려있는 걸 보곤 큰 문제의식을 느껴 귀국 후 외교부에 태극기 게양을 건의하기도 했었다. 육군 대위로 전역한 뒤엔 임시정부 기념관 건립사업 초기 모임에도 참석하고, 현충일을 기념하며 효창공원 백범기념관과 묘소도 찾았다. 하지만 김구의 삶과 정신을 존중하는 것과 역사를 냉철하게 지피지기하는 건 구분해야 한다.

해방 후

해방 당시 해외에 체류하던 조선인은 약 500만 명(중국 230만 명, 일본 22만 명, 소련 20만 명, 동남아 10만 명, 사할린 5만 명)이었다. 그중 250만 명은 귀환하고 나머지는 억류되거나 잔류했다. 일본이 무조건 항복하자 만주군과 만주군관학교는 순식간에 해산됐고, 빈자리에 소련군이 들어왔다. 만주군 수속 조선인들은 소련군과 중국 공산군을 피해 사방으로 도망갔다.

대한민국 임시정부는 해방 후 운영방안을 두고 분란에 휩싸였다. 공산주의 진영(조선민족혁명당 등)은 '임시정부 개조', '국무위원 총사퇴' 등을 요구하며 민족주의 진영과 대립했고, 과도기 정권을 어떻게 수립할 건지 갈등했다. 게다가 미국은 이미 한반도의 운명을 정해놓고는 임시정부를 전혀 인정하지 않았다. '임시정부는 조선의 정부로 승인되지 않았고 존재하지도 않는다. 행정권은 양도되지 않는다.' 게다가 미군정장관 아놀드는 1945년 10월 10일 '남한에는 미군정 이외 다른 정부는 없다'고 발표했다. 하지 사령관은 임시정부 구성원들이 개인 자격으로 입국하도록 통보했다. 김구 등 임시정부 요인들은 11월 초 중국 국민당 송별식과 중국공산당 송별연에 참석했다. 귀국 순서를 두고도 갈등했는데, 김원봉(민족혁명당 계열)이 양보해 김구(한국독립당 계열) 등이 11월 3일 먼저 귀국했다. 광복군은 해가 지난 1946년 2월부터 무장해제한 뒤 개인 자격으로 귀국했고, 5월 16일 광복군 총사령관 지청천의 '한국광복군 복원[1] 선언'으로 공식 해체됐다.

조선인 대다수는 임시정부가 상황을 주도하길 바랐지만 미국은 하지가 이끄는 군사정권을 유지했다. 국내에서 여운형, 안재홍, 조만식 등이 건국준비위원회(건준)를 만들고 한반도 행정 통치 권한을 확보하려 했다. 그런데 건준 내부에서도 임시정부를 지지하는 세력과 공산당 계열 등이 서로 분열했다. 9월 7일 맥아더가 발표한 〈1호 포고령〉에 따라 건준은 약 20일 만에 형체도 없이 사라졌다. 이처럼 미국은 한반도 내외부 모든 정치단체와 세력을 인정하지 않았다. 하지 중장이 이끄는 미군정은 1948년 8월 15일 38도선 이남에 대한민국 정부가 수립되기 전까지 3년간 한반도를 통치했고, 이를 '미군정 시기[2]'라고 한다.

미군은 점령군인가?

2022년 현재도 이때 미군이 점령군인지 해방군인지를 두고 논쟁이 있

---

1) 復員 : 소집해제를 뜻함
2) 공식명칭 : 재조선 미국 육군사령부 군정청(在朝鮮美國陸軍司令部軍政廳)

다. 지금까지 살펴본 바에 비춰보면, 미군은 '일제에 대한 점령군'으로서 한반도에 진출했다. 맥아더 사령관도 첫 포고령에서 점령군 지위를 명시했고, 38도선 분할 주인공도 미국이었다. 또한 한반도에 진출한 미군은 조선인들이 자발적으로 진행하는 건국, 건군 활동을 부정했다. 포고령에 적힌 'occupy'는 점령을 뜻한다. 참고로 주둔은 'station'으로 표현한다. 1947년 11월 14일 국제연합 UN 총회에서 43개국이 한반도 문제에 대해 결의했을 때도 '(한국 정부 수립 후) 소련과 미군 점령군은 90일 이내에 철수한다'고 공언했다.

그런데 미국은 일제에 대한 '점령군'이었다. 한국에는 자유 민주주의 이념과 체제를 이식했다. 한국인들은 이를 국가 시스템이자 정체성으로 받아들이고 지금도 유지하고 있다. 그래서 한국인들에게 미군은 '해방군'과 같다. 북한에 공산주의 체제를 이식한 소련을 해방군이라고 하지 않는 이유기도 하다. 요컨대 북한에겐 소련이 해방군이고, 미군은 점령군이다. 일제에게도 미군은 점령군이다. 한국에게 미국은 해방군이다. 2022년 현재 미군을 점령군으로 규정하는 건 1945년 해방 당시만 놓고 본다면 맞는 표현이지만, 그 이상을 논한다면 북한 혹은 일제를 대변하고 대한민국을 부정하려는 관점에 가깝다고 볼 수 있다.

포고령 1호

조선인민에게 고함.
태평양 방면 미국 육군부대 총사령관으로서 나는 다음과 같이 포고함.

일본의 연합국에 대한 무조건항복으로 두 국가 간에 오랫동안 진행된 전쟁이 끝났다. (중략) 일본의 항복문서에 따라 나의 지휘 아래에서 승리에 빛나는 군대는 오늘 북위 38도 이남의 조선 영토를 점령한다. (중략) 태평양 지역 미 육군 총사령관에게 부여된 권한으로 북위 38도 이남의 조선과 그곳의 조선 주민을 군사적으로 관리를 하고자 다음과 같은 점령조항을 발표한다.

제1조 북위 38도 이남의 조선 영토와 조선 인민에 대한 정부의 모든 권한은 당분간 나의 관할을 받는다.

제2조 정부의 모든 공공 및 명예직원과 사용인 및 공공복지와 공공위생을 포함한 전 공공사업 기관의 유급 혹은 무급 직원 및 사용인과 중요한 사업에 종사하는 기타의 모든 사람은 추후 명령이 있을 때까지 종래의 기능 및 의무 수행을 계속하고, 모든 기록과 재산을 보존 및 보호해야 한다.

제3조 모든 사람은 나의 모든 명령과 권한 하에 발동한 명령에 빠르게 복종해야 한다. 점령부대에 대한 모든 반항행위 혹은 공공의 안녕을 방해하는 모든 행위에 대해선 엄중하게 처벌하겠다.

제4조 개인의 재산권을 존중한다. 별도로 명령할 때까지 정상적으로 직업에 종사한다.

제5조 군사적 관리를 하는 동안에는 모든 목적을 위해 영어를 공식 언어로 한다. 영어 원문과 조선어 혹은 일본어 원문 간에 해석 혹은 정의에 관해 애매한 점이 있거나 다른 점이 있을 때에는 영어 원문에 따른다.

제6조 추후 포고, 포고규정 공고, 지령 및 법령은 나의 권한 아래에서 발표되어 조선에 요구되는 것들을 구체화하겠다.

1945년 9월 7일
태평양 지역 미 육군 총사령관 더글러스 맥아더

To the People of Korea

As Commander-in-chief, United State Army Forces, Pacific, I do hereby proclaim as follows:

By the terms of the Instrument of Surrender, signed by command and in behalf of the Emperor of Japan and the Japanese Government and by command and in behalf of the Japanese Imperial General headquarters, the victorious military forces of my command will today **occupy** the territory of Korea south of 38 degrees north latitude.

Having in mind the long enslavement of the people of Korea and the determination that in due course Korea shall become free and independent, the Korean people are assured that purpose of the occupation is to enforce the Instrument of Surrender and to protect them in their personal and religious rights. In giving effect to these purposes, your active aid and compliance are required.

By virtue of the authority vested in me as Commander-in-Chief, United States Army Forces, Pacific, I hereby establish military control over Korea south of 38 degrees north latitude and the inhabitants thereof, and announce the following conditions of the occupation :

Article I All Powers of Government over the territory of Korea south of 38 degrees north latitude and the people thereof will be for the present exercised under my authority.

Article II Until further orders, all governmental, public and honorary functionaries and employees, as well as all officials and employees, paid of voluntary, of all public utilities and services, including public welfare and public health, and all other persons engaged in essential services, shall continue to perform their usual functions and duties, and shall preserve and safeguard all records and property.

Article III All persons will obey promptly all my orders and orders issued under

> my authority. Acts of resistance to the occupying forces or any acts which may disturb public peace and safety will be punished severely.
>
> Article IV Your property rights will be respected. You will pursue your normal occupations, except as I shall otherwise order.
>
> Article V For all purposes during the military control, English will be the official language. In event of any ambiguity or diversity of interpretation or definition between any English and Korean or Japanese text, the English text shall prevail.
>
> Article VI Further proclamations, ordinances, regulations, notices, directives and enactments will be issued by me or under my authority, and will specify what is requried of you.
>
> Seventh day of September 1945
> Douglas MacArthur Commander-in-Chief, United States Army Forces, Pacific

반으로 갈라진 한반도

1945년 12월, 모스크바에 미국, 영국, 소련 외무장관이 모였다. ('3국 외무장관 회의' 또는 '모스크바 3상 회의')

그들은 일제가 점령했던 광범위한 지역을 어떻게 처리할 것인지 토의하고 합의했다. 4개 조항 중 3번째가 〈한국 문제에 관한 4개항 결의서〉로 남북한에 대한 신탁통치 방안이 담겨있다.

> 3-1. 조선을 독립국가로 다시 건설하고, 민주주의 원칙을 바탕으로 발전시키는 조건을 만든다. 일본이 조선을 통치하며 벌어진 문제들을 가급적 빠르게 해결하고자 조선 공업, 교통, 농업과 민족문화 발전에 필요한 모든 정책을 추진할 임시 조선 민주주의 정부를 설립한다.
>
> 3-2. 조선 임시정부 구성을 지원하고자 먼저 남조선 미국 사령부, 북조선 소련 사령부 대표자들로 구성된 공동위원회를 설치한다. 위원회는 조선 내 민주주의 정당 또는 사회단체와 협의해야 한다. 위원회가 작성한 건의서는 최종결정에 앞서 미국, 영국, 소련, 중국 정부에 먼저 제출해야 한다.
>
> 3-3. 조선인민의 경제, 정치, 사회적인 진보와 민주주의적 자치 발전 및 독립국가 수립을 돕고 협력할 방법도 임시 조선민주주의 정부 또는 조선 민주주의 단체의 참여를 바탕으로 (미소) 공동위원회가 수행한다. 위원회는 '최고 5년간 4개국 신탁통치 방안'을 미국, 영국, 소련, 중국 정부가 합의할 수 있도록 임시 조선정부와 협의하고 제출한다.
>
> 3-4. 남북과 관련된 긴급한 문제들을 고려하거나 남조선 미합중국 사령부와 북조선 소련 사령부 사이에서 행정, 경제 등 균형을 유지하기 위해 2주일 안에 미국, 소련 사령부 대표 회의를 소집한다.

강대국들이 한반도를 분할하고 신탁통치하기로 합의했다는 소식은 1945년 12월 28일이 되어서야 국내에 알려졌다. 처음엔 모두가 반대하며 '반탁'을 외쳤다. 그런데 1946년 1월 2일 소련에게 지침을 받은 조선공산당 중앙위원회가 갑자기 찬성으로 의견을 바꿨고, 모든 좌익단체와 공산주의자들이 '찬탁'을 외치기 시작했다. 1월 3일 예정됐던 반대시위는 찬성시위로 돌변했다. 전 세계에서 한국 우익진영만 빼놓고는 모두가 신탁통치에 찬성했다. 결국 한반도는 둘로 쪼개졌다.

해방 후 남한이 약해 빠졌던 이유 : 미국과 소련의 한반도 전략 차이

1945년 8월, 미국과 소련은 한반도를 둘로 나눠 점령했지만 각자 전략은 크게 달랐다. 대동아전쟁 내내 미국은 일본 본토와 태평양 지역을 확보하는 게 최우선이었다. 한반도는 소련을 견제하는 전진기지로 훨씬 다음 순서였다. 또한 황폐화된 유럽 지역을 재건하는데 더 많은 역량을 쏟아 한반도를 신경 쓸 여력이 없었다.

그런데 소련에게 한반도는 오래전부터 만주와 함께 전략적 요충지였다. 한반도는 얼지 않는 항구를 갖고 태평양으로 진출하는데 꼭 필요한 지역이자 소비에트 공산주의 혁명국가를 건설해야 하는 대상이었다. 미국과 소련의 관점 차이는 정책에서도 고스란히 드러났다. 이때 중국은 공산당과 국민당이 내전을 벌여 조선에 신경 쓰기 어려운 처지였다.

소련은 1946년 2월 북조선 민정체제를 끝내며 '북조선임시인민위원회'를 만들고 김일성에게 통치 권한을 줬다. 조선인 공산주의자들을 모두 응집시켜 혁명의 힘을 끌어모으고 북조선 스스로 정부 구실을 하도록 했다. 또한 처음부터 북조선 군대를 정규군 수준으로 창설하고 전쟁을 수행할 수 있도록 적극적으로 지원했다. 일제가 주로 북한에 각종 군수공장과 자원기지 등을 건설했던 덕분에 군수물자 생산도 용이했다. 또한 북조선은 공산주의로 강력하게 뭉쳐 이념적으로도 큰 갈등 없이 군사력 건설에 집중할 수 있었다.

반면 미국은 1948년 8월 15일 대한민국 정부가 수립될 때까지 3년간 군정체제를 유지하며 남조선을 직접 통치했다. 대한민국 임시정부와 자생적으로 생겨난 건국준비단체, 군사준비단체들은 모두 해체 시켰다. 소련을 자극하지 않으려고 남조선 군대도 치안을 보조하는 경비대 수준으로 창설하고 소극적으로 지원했다. 하지 사령관은 소련이 북조선에 강력한 군대를 기르는 현실을 인지한 뒤에야 남조선 국방 강화를 시도했다. 하지만 여전히 치안 유지와 국경수비 정도의 구실을 바랐다. 1949년 미국 군사고문단이 남조선경비대를 향해 '전쟁 수행능력이 없다'고 평가할 만큼 훈련도 부족했고 부대 기강과 단합도 처참한 수준이었다. 또한 남조선에는 별다른 산업시설도 없었고 미군도 산업화를 추진할 계획이 없었다. '사상과 종교의 자유'라는 자유주의 원칙은 되레 남조선 사회에서 갈등을 증폭시켰다. 각 분야에 뿌리내린 공산주의자를 색출하고 이해집단 간 갈등과 수시로 일어나는 시위를 진압하는데 국가적 역량이 분산됐다.

우후죽순 일어난 군대창설 운동

일제 항복 직후 '국가를 건설하자'는 건국운동과 '군대를 만들자'는 건군운동이 활발하게 일어났다. 국내외에서 군대를 경험했던 사람들은 각자 새로운 군대의 주인공이 되려고 했다. 이념과 이해관계에 따라 '조선국군준비대', '광복군 국내지대', '학병동맹', '학병단' 등이 생겼는데, 채 하루도 되지 않아 70개 넘는 단체가 순식간에 만들어졌다. 1945년 12월에도 그고 각은 단체가 우후죽순처럼 존재했지만 정치적인 구심점 없이 출신, 연고, 이념에 따라 모였다 흩어지고, 조직원 일부는 단체장 이름을 팔아 서민들의 돈을 빼앗거나 협박하는 등 잡음이 끊이지 않았다.

남조선 정세를 안정시켜야 했던 미군으로서는 사설 군사단체들의 존재가 부담됐다. 우익과 좌익이 계속 갈등하며 서울 시내에서 교전까지 벌어지자 1946년 1월 21일 학병동맹과 국군준비대를 강제 해산시키고, 모든 군사단체에 자진해산을 명령했다.(군정법령 제 28호) 해방 후 생긴 대표적인 건군준비단체는 다음과 같다.

1945년 당시 주요 사설군사단체(설립일 순서)

단체명	설립일 / 장소	대표 인물	비고
조선 임시 군사위원회(우익)	1945.8. 경기여고	위원장 이응준 부위원장 김석원	일본 육사, 만주군 출신
조선국 군준비대 (좌익)	1945.8.17. 명동	총사령 : 이혁기 부사령 : 박승환 김일성, 김원봉, 지청천, 무정.	북한 출신 공산당원 주도 태릉에 훈련소 설치 상비 1.5만 명/예비 6만 명
해사대	1945.8.21. 서울 안동교회	손원일, 정긍모, 한갑수 등	한국 해군 모체
대한국군 준비위원회(우익)	1945.11.1. 서소문	유동열, 오광선	광복군계 중심 광복청년회로 전환
대한무관학교(우익)	1945.11. 창신동	김구 전성호	임시정부 민족주의 계열 학교 대한군인회 주관(334명 입교)
대한민국 군사후원회(우익)	1945.12.9. 동대문 밖 광복군 사령부	총재 조성환 부총재 안재홍	
학병단(우익)	1945.12.16.	총사령 안동준 위원장 김완용	조선학병동맹 공산주의화에 반대한 약 3,000명 탈퇴 후 결성.
중앙육군사관학교 (좌익)	1946.1.10. 경기도 광주	김원봉 원익상	임시정부 공산주의 계열 학교
중앙육군사관학교 (좌익)	1946.1.10. 경기도 광주	김원봉 원익상	임시정부 공산주의 계열 학교
육해공군출신 동지회(우익)	1947.11. 경운동 천도교당	고문 지청천 회장 김석원 훈련부장 오광선	모든 군사단체가 해산된 이후 군 출신 친목단체 (회원 약 1.5만 명)

(좌익) 조선 국군준비대

현재 서울 명동 증권거래소 부근에 본부를 뒀다. 규모상으로 가장 컸다. 1945년 8월 17일 2,000명으로 시작해 그해 말 상비 병력 1.5만 명과 예비 병력 6만 명을 확보했다고 주장했다.(역사를 통틀어 실제 병력을 뻥튀기하는 경우가 많았던 점도 고려해야 한다)

총사령관(이혁기), 부사령관(박승환) 등을 포함해 대부분 조선공산당 군사 조직 출신이었다. 일부는 공산주의에 반발하며 빠져나와 우익단체에 합류했다. 1945년 12월 15일 조선국군학교를 흡수하며 서울 태릉에 있는 구 일본군지원병훈련소(현재 육사 부지)에 새로운 훈련소를 설치했다. 같은 달 26~27일 이틀간, 서울 계동의 중앙중학교에서 '조선국군준비대 전국대회'가 열렸다. 각 도의 대표 160명, 중앙대표 300명을 정하고, 김일성, 김원봉, 지청천, 김무정을 명예회장으로 추대했다. 김일성은 김좌진의 아들 김두한(당시 조선건국청년회 별동 총대장)에게 공산당원증과 인민해방군사령관이란 직책을 주며 회유하려고 했다. 하지만 아버지가 공산주의자에게 살해당했던 김두한은 이를 거부했고, 오히려 1946년 1월 19일 삼청동 좌익 학병동맹 본부와 태릉 훈련소를 기습 공격하는 등 반공산주의 투쟁에 앞장섰다.

조선 국군준비대 인원들은 미군정에게 강제로 해산된 후 개별적으로 활동하다가 '남조선 국방경비대'에 대거 입대했다. 그 결과 군대에서 사상 갈등이 첨예하게 발생했고 여순반란 사건, 제주4·3사건까지 이어졌다.

(좌익) 조선 학병동맹

1945년 8월 23일 보인상업학교에서 준비회의를 열고 9월 1일 종로 2가

한청빌딩에서 결성됐다. 학생 신분으로 일제에 입대했던 학병출신들이 대부분으로 서울에 2,000명, 지방에 1,500명이 모였다. 9월 19일 삼청동으로 본부를 이전한 지도부가 노골적으로 공산주의 색채를 드러냈다. 그런데 구성원 중 약 85%인 약 3,000명은 민족주의 우익이었고, 공산주의화에 반발하며 탈퇴해 우익계열 '학병단'을 결성했다. 학병동맹은 조선인민당 군사단체로 전락했고, 신탁통치에 찬성하라는 소련의 속셈을 대변했다. 1946년 1월 18일 신탁통치에 반대하는 우익 시위대를 공격해 중경상자 27명이 발생했다. 그다음 날 김두한과 그를 따르는 건국청년대원 130명이 학병동맹을 공격했다. 학병동맹은 미군정에게 강제 해산당했다.

(우익) 조선 임시군사위원회

일본 육사 출신들의 친목단체인 '계림회'가 중심이 되고, 만주군 출신들까지 참여한 단체로 1945년 8월 말 경기여고에서 발족했다. 지청천과 함께 일본 육사를 졸업하고, 일본군에 남아 대좌(대령)까지 진급했던 이응준(대한민국 육군 초대 참모총장)이 위원장을 맡았다. 중국에 있던 대한민국 임시정부를 지지하며, 장석륜 최경록, 강문봉 등을 광복군 국내지대 편성에 참여하게 하고, 한국광복군을 뼈대로 삼는 건군안을 임시정부에 제출하기도 했다.

(우익) 학병단

조선 학병동맹의 공산주의화에 환멸을 느끼고 빠져나온 우익청년 약 3,000명이 1945년 12월 16일 만들었다. '국방의 간성과 군대 건설의 초석이 되겠다'는 슬로건을 걸고, 신탁통치 반대시위에도 앞장섰다.

(우익) 해사대

1945년 8월 21일 손원일, 한갑수 등이 결성하고, 약 30명을 선발해 해군 교육을 실시했다. 조선 국군준비대에 가입했으나 공산주의화에 반대해 곧바로 탈퇴했다. 11월 11일 손원일 등이 '해방병단'을 출범하고 11월 14일 경남 진해기지에서 시무식을 가졌다. 이 조직은 대한민국 해군 모체가 됐다.

'한국군'의 뼈대를 갖춘 대나무 계획과 경비대 창설

미국은 모든 건국 및 건군 활동을 부정했지만 치안을 유지하는 병력은 필요했다. 1945년 10월 12일 북조선이 '보안대'를 설립하자 다음 날 '남조선 경비대'를 창설하고, 이어서 11월 13일 '국방사령부'를 설치했다.(군정법령 제28호)

국방사령부는 10월 21일 발족한 경찰기구(경무국)와 군무국(유구부 및 해구부)으로 편성했다. 이는 훗날 대한민국 국군 조직의 원형이 됐다. 초대 국방사령부장에 쉬크 준장이 취임하고 군무국장, 경무국장도 미군이 맡았다. 정식군대를 창설해야겠다고 생각한 하지 중장은 〈한국 국방군 창설계획〉을 작성해 도쿄에 있던 맥아더 장군에게 보냈다.

1. 국방군을 창설하고 이를 점차 발전시킨다.
2. 국방군은 육군, 공군으로 구분한다.
   육군은 1개 군단(3개 보병사단),
   공군은 1개 수송비행 중대, 2개 전투비행 중대
   병력은 모두 합쳐 45,000명으로 한다.
3. 해군 및 해안경비대는 5,000명으로 한다.

그 외에 '주둔지는 각 도청 소재지로 한다', '일본군이 남기고 간 무기로 미국식으로 훈련하고 차후 미국 장비를 지급한다', '일본이 남기고 간 포, 항공기, 선박 등을 활용하며, 조속히 미국 무기로 대체한다' 등이 담겨있었다.

맥아더는 이 계획을 워싱턴으로 보냈다. 하지만 미국 정부는 한반도에서 소련과 불필요한 마찰을 일으키지 않으려 했다. '한국 정규군대는 한국이 독립할 때 생각할 문제'라며 하지 중장의 계획을 받아들이지 않았다. 미국이 철저하게 국익만 고려하며 한반도 문제를 다뤘다는 증거 중 하나다. 결국 하지는 필리핀에서 군사력을 키웠던 방법을 본 따, 경찰예비대 성격을 가진 소규모 군대를 만들기로 했다. 이를 '뱀부 계획(Bamboo Plan)'이라고 한다. 경비대는 평상시 주둔지에 머물며 필요할 경우 경찰을 지원하고 비상시 전투에 참여하는, 말 그대로 경찰예비대의 구실을 담당했다.

미군정은 1946년 1월 초 '국방부'를 만들고, 일본 육사를 졸업하고 일본 육군 대좌였던 이응준과 신흥무관학교를 졸업하고 자유시 참변에서 살아남았던 독립군 출신 오광선을 고문으로 임명했다.

1월 14일, 미군정은 육군부, 해군부를 각각 국방경비대와 해안경비대로 바꾸고, 다음날 서울 태릉(현 육군사관학교 부지)에 국방경비대 제1연대를 창설

이응준

오광선

했다. 아직 국가와 정부는 없었지만 이때 현대의 '한국군'이 최초로 태어났다. 이어서 각 도의 중요지역에 연대를 창설했다. 각 부대는 대부분 일본군, 만주군 출신들로 구성됐고, 일본군이 썼던 건물과 학교 운동장 등을 활용했다. 이들은 일본군이 남긴 경장비로 무장하고 훈련받으며 비행장, 철도 등 미군이 쓰던 시설을 경계했다. 그런데 당시 신탁통치를 둘러싼 갈등이 극심해지고, '경비대는 경찰을 보조하는 별 볼 일 없는 조직'이란 인식이 강했다. 곳곳에서 무시당하는 경우도 많고 경찰과 시비가 붙어 종종 싸우기도 했다. 이는 국군이 공식적으로 창설된 뒤에도 마찬가지였고, 경찰에 대해 반감을 가진 군인들이 늘어났다. 이렇듯 군대에 대한 사회적인 대우와 인식이 박하다 보니 출범 후 12월까지 약 7,000명이 충원되는 데 그쳤다. 1948년 8월 15일 대한민국 정부가 수립되기 전까지 전국에 5개 여단 15개 연대 규모를 가진 군대가 생겼다.

구분	1연대	2연대	3연대	4연대	5연대	6연대	7연대	8연대
지역	서울	대전	이리	광주	부산	대구	청주	춘천

해안경비대는 1946년 4월 15일 인천, 1947년 부산, 군산, 목포, 포항, 진해에 기지를 창설했다. 그러나 그해 말까지 뱀부 계획이 설정한 목표였던 5,000명에는 한참 못 미친 800명 수준이었다.

소련은 '국방부'란 이름에 예민하게 반응했다. 그래서 미군정은 1946년 6월 15일 '치안을 담당한다'는 '통위부'로 이름을 바꿨다. 초대 통위부장은 일본 육사 출신으로, 임시정부 광복군 참모총장 등을 맡았던 유동열을 임명했다. 이때가 되어서야 비로소 광복군 출신들이 본격적으로 경비대에 참여하기 시작했다.

한국군의 뿌리?
군사언어학교(군사영어학교)와 남조선 국방경비사관학교

군대의 뿌리인 간부도 양성했다. 미군은 가장 큰 애로사항 하나인 언어장벽을 낮추고자 군사영어로 소통할 수 있는 간부, 즉 통역장교를 양성하려 했다. 1945년 12월 5일, 미군정은 서울 서대문구 냉천동 감리교신학교에 군사영어학교(Military Language School)를 창설했다. 원래 '군사언어학교'지만 당시 가르친 유일한 언어가 영어여서 보통 군사영어학교, 줄여서 군영이라고 불렀다. 현재까지 대한민국 육군은 이 학교를 '미국이 국군 창군을 주도할 간부를 양성하려고 만들었다'고 평가하고 있지만 사실과 차이가 있다. 미국은 말 그대로 '통역요원'을 구하려는 목적이었다.

미 육군 리스(Rease) 소령이 교장을, 원용덕이 부교장을 맡고 미국인과 한국인 교관 각 3명씩 총 6명을 배치했다. '일본군, 만주군, 광복군 출신 장교 및 부사관 중 중학교 이상을 졸업하고 영어를 조금이라도 아는 사람'이 선발기준이었다. 군무국장 참페니는 '군사영어학교를 만들고 60명을 교육하려고 한다. 일본군, 만주군, 광복군 출신 각 20명씩 할당한다'며 일본군 출신 이응준, 만주군 출신 원용덕, 중국군 출신 조개옥 등에게 입학생을 추천해달라고 의뢰했다. 그런데 광복군 출신들은 아직 귀국하지 못한 경우도 있었고, 광복군으로서 정통성과 법통을 인정해줄 것을 요구하며 입학을 거부했다. 그래서 군사영어학교 학생은 일본군, 만주군 출신이 주를 이뤘다. 1월 20일 입학한 1기 60명은 영어회화 수준에 따라 반을 나눠, 한국사, 자동차, 소총 등을 포함해 4주 동안 군사영어 위주로 교육받았다. 약 4개월간 총 110명이 군사영어학교를 졸업했는데, 출신으로 따지면 일본학도병 72명, 만주군 21명, 일본 육사 12명, 일본군 지원병 5명, 독립군 2명이었다.

군사영어학교 졸업생들은 국방경비대 각 연대를 창설하고 초기 한국군을 건설한 핵심이었다. 졸업자 110명 중 무려 78명이 장군으로 진급하고, 23명은 각 군 참모총장이 됐을 정도다. 교육의 성패를 평가하는 데 여러 기준이 있지만, 졸업생들이 맡았던 역할의 비중과 수치만 놓고 본다면 가히 현대 한국군의 뿌리라 해도 될 만큼 압도적인 결과다. 또한 미국 군사교리에 따라 운영되며 한국군이 '미국화'되는 데 결정적인 발판이 됐다.

군사영어학교 졸업생 110명 명단(세로 가나다순)

강문봉	김종석	백인기	윤병호	이희권	최주종
강영훈	김종오	백인엽	윤수현	임선하	최창무
권석필	김현수	소병기	이명재	장도영	최창언
김계원	김형일	송요찬	이백우	장석륜	최홍희
김기흥	김홍준	신상철	이병주	장우석	하재팔
김동영	나종하	신학진	이상진	장은산	한인준
김백일	나학선	심언봉	이상철	장창국	한춘

김병길	문용채	안광수	이성가	장호진	한춘
김병휘	문이정	안동순	이순영	정래혁	함병선
김상복	민기식	양국진	이영순	정만기	함준호
김세원	민병권	오규범	이응준	정일권	황헌친
김영환	박경원	오덕준	이정석	정진환	
김완용	박기병	오일균	이지형	조병건	
김용배	박동균	원용덕	이창일	조암	
김웅수	박병권	원인섭	이춘경	채병덕	
김익렬	박진경	원태섭	이치업	최경록	
김일환	박현수	위재화	이한림	최남근	
김종갑	백남권	유재흥	이현재	최상무	
김종면	백선엽	유해준	이형곤	최석	
김종문	백선진	유흥수	이후락	최영희	

　군사영어학교는 1946년 2월 27일 서울 태릉의 국방경비대 제1연대 지역으로 이전하고 4월 30일 폐교됐다. 다음날 5월 1일, 미군정은 본격적으로 한국인 장교를 양성하는 '남조선 국방경비사관학교'를 창설했다. 대한민국 육군사관학교는 이날을 개교기념일로 삼는다.

　경비사관학교 1기부터 4기까지는 군대 경력을 가진 사람들을 선발했다. 그런데 정작 학교는 만들었지만 교육, 훈련, 복장, 무기, 생활방식 등은 중구난방 제각각이었고 교재도 부족했다. 복장은 일본군 전투복을 입고, 같은 한국어를 써도 지휘 구령이 서로 다르고, 기합과 구타, 정신훈화와 각종 부조리 등이 넘쳐났다. 특히 일본군에선 통상적으로 허용되던 특유의 부조리들은 종종 하극상의 빌미가 됐다. 일본군 출신 장교들이 저지른 구타, 갈취, 협박 등에 못 이긴 부사관 20명이 1946년 3월 혈서를 쓰고 탄원하기도 했다. 부사관, 병사들에겐 장교가 주적이었다. 또한 일본, 만주, 중국에서 서로 다른 교육을 받고 전쟁을 치렀던 생도들은 자신의 경험과 기억에 기대어 매 순간 온갖 불협화음을 냈다. 출신별 알력다툼도 심했다. 경비사관학교뿐만 아니라 경비대도 상황은 비슷했다. 마치 대한제국이 멸망하기 전 미국, 러시아, 일본, 청나라, 영국 등에게 영향받은, 숫자도 얼마 없던 군대가 겪었던 혼란과 비슷했다. 여기에 남조선노동당 계열의 공산주의 청년들이 경비사관학교에 대거 입학하며 이념 갈등도 치열하게 벌어졌다.

1947년 10월 23일 입학한 5기 때부터 군대 경험이 없는 일반인도 지원할 수 있게 되면서 큰 변화가 있었다. 5기 재학 중이던 1948년 유엔한국임시위원단이 학교를 방문했다. 생도들은 그때까지도 일제 38식 소총, 99식 소총으로 훈련하고 있었는데, 유엔위원단 방문을 계기로 미국 M1 칼빈 소총이 처음으로 보급됐다. 그 뒤 국방경비대에도 미국 무기가 지급되기 시작했다. 경비사관학교는 기수마다 6개월 내외 짧게 운영됐고, 한국전쟁 발발 전까지 10개 기수 약 5,100명이 졸업했다. 광복군 계열 대다수는 광복군 출신 유동열이 통위부장에 임명되고 난 뒤 7, 8기로 입학해 교육받았다. 공군과 해병대 장교들도 경비사관학교를 거쳤다. 5기 졸업생 중 일부는 공군으로 전과하고, 1949년 4월 15일 해병대를 창설한 인원들은 해군 사관학교를 거쳐 9기로 입교했다. 이처럼 서운 태름이 경비사관학교는 한국군 간부를 양성하는 유일하고도 핵심적인 교육기관이었다.

트루먼 독트린과 미소 회담의 결렬

　미국과 소련은 1946년 3월 서울에 마주 앉아 미소공동위원회를 열고 임시정부 수립에 대해 토의했다. 북조선에는 김일성을 위원장으로 하는 '북조선 임시인민위원회'가, 남조선에는 이승만을 의장으로 하는 '대표민주위원회'가 꾸려진 상태였다. 미국과 소련은 한 달 넘게 토의했지만 회담은 결렬됐다.(제1차 미소공동위원회 결렬) 소련이 신탁통치에 반대하는 남조선 우익단체들을 거부했기 때문이다. 소련은 곧바로 김일성을 내세워 '인민회의'를 설립한 뒤 '북조선 인민위원회'를 만들게 하고 북한 지역을 안정시켰다. 반면 남조선은 우익과 좌익이 치열하게 대립하며 혼란스러웠다. 그래도 '좌우합작운동'이 펼쳐지는 등 자체적인 통합노력도 있었다. 미군정은 이를 지지하며 1946년 12월 김규식을 의장으로 하는 '남조선과도입법의원'과 1947년 2월 5일 안재홍을 민정장관으로 하는 '남조선과도정부' 수립도 지원했다. 하지만 미 육군 소장이 맡은 군정장관의 영향력이 압도적으로 컸고 민정장관은 무기력했다.[3]

　1947년 3월, 미국 트루먼 대통령이 의회에서 미국의 외교원칙을 선언했다. 당시 공산주의자들이 터키와 그리스를 전복시키려고 했다. 트루먼은 공산주의 확산을 막고자 세계 곳곳의 국가에 군사와 경제를 원조하겠다고 발표했다. 즉, 소련과 전면대결을 선포하며 냉전이 시작됐다. '트루먼 독트린'이다. 이 원칙으로 한반도, 독일 등은 냉전의 최전방이 됐고, 1990년 초까

---

3) 역대 미군정장관
　1대 1945.9.12.~1946.1.4 : 아놀드 미 육군 소장(Archibold V. Arnold)
　2대 1946.1.4.~1947.9.11 : 러취 미 육군 소장(Archer L. Lerch)
　3대 1947.11.25.~1948.8.15. : 딘 미 육군 소장(William F. Dean)

지 약 40년간 세계 질서를 규정했다. 1947년 5월, 한반도 정부 수립 문제를 두고 미국과 소련이 서울과 평양을 오가며 회의를 열었다. 남조선(425개)과 북조선(36개)의 각종 정당과 사회단체들도 참여했지만, 역시나 신탁통치에 대한 이견을 좁히지 못하고 7월 최종 결렬됐다. (제2차 미소공동위원회 결렬)

한반도에서 유일한 합법정부, 대한민국 정부 수립

결국 미국은 한반도 신탁통치안을 포기하고, 한반도 운명을 국제연합(UN)으로 가져갔다. 1947년 9월 17일, 조지 마셜 미국 국무장관은 한국 문제를 UN총회에 상정했다. 그해 11월 14일, UN총회는 다음 사항을 만장일치로 결의했다.(찬성 43개국, 반대 0개국, 기권 4개국 - 소련 등)

- 1948년 3월 31일 전에 한반도에서 총선거를 실시한다.
- 이를 감독할 유엔 한국임시위원단(UNTCOK, UN Temporary Commission on Korea)을 설치한다.
- 새로운 정부가 수립되면 90일 이내에 소련, 미국의 점령군이 동시에 철수한다.

November 14, 1947 112 (II)
The Problem of the Independence of Korea

A
Inasmuch as the Korean question which is before the General Assembly is primarily a matter for the Korean people itself and concerns its freedom and independence, and

Recognizing that this question cannot be correctly and fairly resolved without the participation of representatives of the indigenous population,
The General Assembly

1. Resolves that elected representatives of the Korean people be invited to take part in the consideration of the question;

2. Further resolves that in order to facilitate and expedite such participation and to observe that the Korean representatives are in fact duly elected by the Korean people and not mere appointees by military authorities in Korea, there be forthwith established a United Nations Temporary Commission on Korea, to be present in Korea, with right to travel, observe and consult throughout Korea.

B

The General Assembly, Recognizing the urgent and rightful claims to independence of the people of Korea;
Believing that the national independence of Korea should be re-established and all occupying forces then withdrawn at the earliest practicable date;
Recalling its previous conclusion that the freedom and independence of the Korean people cannot be correctly or fairly resolved without the participation of representatives of the Korean people, and its decision to establish a United Nations Temporary Commission on Korea (hereinafter called the "Commission") for the purpose of facilitating and expediting such participation by elected representatives of the Korean people,

1. Decides that the Commission shall consist of representatives of Australia, Canada, China, El Salvador, France, India, Philippines, Syria, Ukrainian Soviet Socialist Republic;

2. Recommends that the elections be held not later than 31 March 1948 on the basis of adult suffrage and by secret ballot to choose representatives with whom the Commission may consult regarding the prompt attainment of the freedom and independence of the Korean people and which representatives, constituting a National Assembly, may establish a National Government of Korea. The number of representatives from each voting area or zone should be proportionate

to the population, and the elections should be under the observation of the Commission;

3. Further recommends that as soon as possible after the elections, the National Assembly should convene and form a National Government and notify the Commission of its formation;

4. Further recommends that immediately upon the establishment of a National Government, that Government should, in consultation with the Commission: (a) constitute its own national security forces and dissolve all military or semi military formations not included therein: (b) take over the functions of government from the military commands and civilian authorities of north and south Korea, and (c) arrange with the occupying Powers for the complete withdrawal from Korea of their armed forces as early as practicable and if possible within ninety days;

5. Resolves that the Commission shall facilitate and expedite the fulfilment of the foregoing programme for the attainment of the national independence of Korea and withdrawal of occupying forces, taking into account its observations and consultations in Korea. The Commission shall

report, with its conclusions, to the General Assembly and may consult with the Interim Committee (if one be established) with respect to the application of this resolution in the light of developments;

6. Calls upon the Member States concerned to afford every assistance and facility to the Commission in the fulfilment of its responsibilities;

7. Calls upon all Members of the United Nations to refrain from interfering in the affairs of the Korean people during the interim period preparatory to the establishment of Korean independence, except in pursuance of the decisions of the General Assembly; and thereafter, to refrain completely from any and all acts derogatory to the independence and sovereignty of Korea.

Hundred and twelfth plenary meeting, 14 November 1947.

1948년 1월 7일, 시리아, 필리핀, 인도, 프랑스, 엘살바도르, 중국, 캐나다, 호주 등 8개국 대표로 구성된 임시위원단이 서울에서 활동을 시작했다.(우크라이나는 참여 거부) 그런데 북한과 소련은 UN임시위원단을 아예 인정하지 않고 UN결의안도 거부하며 38도선 이북으로 들어오지 못하게 했다. 또한 중국, 필리핀, 엘살바도르, 프랑스 등 4개국 대표는 남한 단독으로 선거를 진행하자고 주장했지만, 시리아, 캐나다, 인도, 호주 등 4개국 대표는 이에 반대했다. 결국 위원단은 어떤 결론도 내지 못한 채 유엔 총회에 다시 안건을 올렸다. 2월에 열린 UN 소총회는 31개 국가가 찬성해 '임시위원단 감독이 가능한 지역에서만 선거를 실시한다'고 결정했다. 소련 등 공산주의권 11개국은 불참하고 11개 국가는 기권했다. UN 본부에서 다시 공을 넘겨받은 임시위원단은 4개국(필리핀, 시리아, 엘살바도르, 중국)이 찬성하고 2개국(호주, 캐나다)은 반대, 2개국(인도, 프랑스)이 기권하며 5월 10일 남조선만 단독으로 총선거를 실시하기로 결정했다. 그 결과 남조선 주민들만 참여한 가운데 선거가 진행됐다.

첫 선거로 선출된 초대 국회의원 200명이 7월 17일 대한민국 헌법을 제정하고, 이승만을 초대 대통령으로 선출하면서 8월 15일 대한민국 정부가 태어났다. UN임시위원단은 UN에 최종보고서를 제출했다. 그해 12월 12일, 파리에서 열린 제3차 UN총회에서 '선거로 구성된 대한민국 정부를 한반도에서 유일한 합법정부'로 선언하고 국제적으로 승인했다. 그리고 '점령군'은 한반도에서 철수하도록 권고했다.

북조선도 가만있지 않았다. 8월 최고인민회의에서 대의원 선거를 진행해 김일성을 수상, 박헌영, 홍명희 등을 부수상으로 선출했다. 9월 9일 조선민주주의인민공화국 헌법을 채택하면서 '조선민주주의인민공화국'을 수립했다. 하지만 UN은 인민공화국을 국가로 인정하지도, 승인하지도 않았다.

3차 UN총회는 북한을 불법 괴뢰단체로 규정했다. 괴뢰(傀儡)는 '꼭두각시'를 뜻하는 말로 다른 나라 지시대로 움직이는 단체를 부를 때 주로 쓴다. 즉, 북한은 국제법적으로 소련의 앞잡이일 뿐이었다.

대한민국은 유일한 합법정부로 인정받은 뒤 1949년 1월 유엔 회원가입을 신청했다. 하지만 UN안전보장이사회 상임이사국인 소련이 계속해서 거부했다. 북한도 같은 해 2월 가입을 신청했지만, 소련을 제외하곤 동의하는 국가가 없었다. 소련이 몰락하고 노태우 정권이 중국, 소련, 동유럽 등을 향해 진취적으로 북방외교를 펼친 결과, 1991년 9월 17일 제46차 유엔총회에서 159개국 만장일치로 대한민국과 북한이 동시에 유엔에 가입할 수 있었다. 대한민국은 신청한 지 43년이 지나서야 유엔회원국이 됐고, 북한도 국제법적인 '국가'로서의 지위를 얻게 됐다.

대한민국 육군, 해군, 해병대, 공군의 창설

한국 정부가 수립되면서 기존에 국방경비를 맡던 통위부는 '국방부'로, 국방경비대와 해안경비대는 각각 '육군'과 '해군'으로, '경비사관학교'는 '육군사관학교'로 이름을 바꿨다. 병역도 자발적으로 지원하는 의용병 제도에서 1949년 8월 6일 병역법(법률 제41호)에 따라 국민개병제와 징병제로 전환했다. 이때부터 모든 남자가 병역 의무를 이행하게 됐다. 미국은 신생 자유주의 국가인 한국을 다방면에서 적극적으로 지원했다. 군사적인 부분을 살펴보면, 육해공군 설립과 방위력 건설을 지원하고 한국군 장교들을 미국으로 유학 보냈다. 그리고 미군의 각종 교범을 한국군에 적극적으로 보급했다. 교육, 훈련 등에서 일본군의 잔재를 없애며 한국군을 미국화하려 했다.

또한 병과별로 전문성을 기르도록 1950년 1월까지 보병, 포병, 공병, 항공, 통신, 헌병 등 13개 병과학교를 설립하도록 도왔다. 미군 간부들에게 교육받고 한국군 첫 포병부대를 창설하기도 했다. 미국 유학에서 돌아온 간부들은 각 학교에 배치되어 다른 간부들을 교육하고 수많은 영어 교범을 한국어로 번역했다.

앞서 본 것처럼 육군 창설에 기여한 다수는 일본제국에게 강한 영향을 받았다. 그런데 해군은 그런 경우가 상대적으로 적었다. 일제는 1943년까지 조선인의 해군 입대를 허락하지 않고, 전쟁 중에도 조선인에게 함정근무 대신 육상근무나 가미카제 자살특공대 임무를 줬다. 즉, 일제 해군으로서 해상 함정근무를 경험한 조선인은 없었다. 그 결과 식민지배 기간에 중국, 일본 등 민간 선박회사에서 일했던 사람들이 해군 창설의 주축이 됐다. 초대 해군참모총장 손원일, 그 뒤 총장이 된 박옥규, 정긍모, 이용운, 이성호 등이 그렇다.

손원일은 중화민국 남경 중앙대학교 항해과를 졸업하고 중국 국민당 국민혁명군 해군 소속으로 3년간 독일에서 유학했다. 그 뒤 한중일 무역회사인 동화양행을 만들고 활동했다. 해방 직후인 1945년 8월 21일엔 약 80명과 함께 해사대를 조직했다. 활동자금을 확보하기 위해 여운형이 이끄는 조선건국준비위원회에 가입했지만 공산주의자들이 건준을 점령하자 탈퇴했다. 11월 11일 미군정과 장차 남조선의 해군을 건설하기로 협의하고 서울 종로구 관훈동에서 해방병단을 창설한 뒤 진해로 이동했다. 해방병단은 1946년 1월 국방사령부에 편입되고, 해군사관학교 전신인 해군병학교를 창설해 사관생도, 하사관, 병사들을 교육했다. 교육체계를 발전시키고 부대 규모도 차츰 확장하며 주요 항구도시에 기지를 창설했다.

창설일	위치	담당
1946.04.15	인천	백진환 정위
1946.08.16	김포(파견대)	
1946.08.18	목포	왕홍경 부위
1946.08.22	묵호	정긍모 부위
1946.09.24.	부산	박잔동 중위
1946.10.01.	진해특설기지사령부	김성삼 부위
1947.01.06.	군산	이상열 대위
1947.02.08.	포항	한갑수 중위
1947.03.26.	주문진(파견대)	
1947.06.21.	제주	
1947.07.01.	여수	

1946년 6월 15일 미군정청 법령에 따라 조선해안경비대(Korean Coast Guard)로 이름을 바꿨고, 손원일은 총사령관이 됐다. 해군병학교도 '조선해안경비대 사관학교'로 이름을 바꿨다.(1949년 1월 15일 '해군사관학교'로 이름 변경)

그런데 당시 해안경비대는 함정이 턱없이 부족했다. 일본이 버리고 간 배를 개조한 PG-313 충무공정(287톤급)이 유일한 전투함이었다. 미군에게 지원받아 9월 15일 상륙정 2척(서울정, 진주정 / 387톤급) 등을 인수하며 약 40척을 보유할 수 있었다. 1947년 8월 30일 38도선 남쪽 해안경비임무를 미 해군으로부터 넘겨받고, 1948년 6월 29일 해군사관후보생(OCS) 특별교육대를 설립했다. 그리고 8월 15일 대한민국 정부가 수립되고 난 직후인 9월 5일 '대한민국 해군'이 됐다.

1949년 10월에는 국민 성금을 모아 미국에서 전투함 1척을 구입했고, 다음 해 4월 진해 해군기지에 들어왔다. 대한민국 해군 최초의 전투함, 백두

손원일

백두산함

산함이다. 백두산함은 1950년 6월 26일 무장병력 약 600명을 태우고 부산 앞바다로 침투하던 북한 수송함을 격침 시켜 대한민국 후방을 안전하게 지켜냈다.(대한해협 전투)

해병대는 만주군 간도특설대 출신이자 '해방 후 광복군' 대대장이었던 신현준이 주도해 창설했다. 그는 1948년 여순 반란사건 직후 해군본부에 '일제 육전대와 같은 상륙부대가 있었다면 더 수월하게 진압할 수 있었다'고 보고했다. 손원일 제독은 육상전 경험이 풍부했던 일본군, 만주군 장교 출신들과 일제 해군지원병으로 복무했던 육전대 출신들에게 해병대 창설을 맡겼다. 그리고 1949년 4월 15일, 경상남도 진해에서 약 400명 규모의 해병대가 태어났다. 초대 사령관 신현준, 2대 사령관 김석범 등은 만주군관학교 출신이었다. 해병대는 한국전쟁 당시 인천상륙작전, 원산상륙작전 등에서 뛰어난 활약을 펼쳤다.

1903년 라이트 형제가 인류 최초로 하늘을 난 이래 각국에서 항공기를 제작했고, 인간은 하늘로 활동영역을 넓혀나갔다. 조선인들도 일제 식민지배를 당하면서도 중국, 일본, 미국 등에서 하늘을 나는 꿈을 차곡차곡 실현했다. 원래 모든 국가가 그랬던 것처럼, 공군은 따로 존재하지 않고 육군 항공부대로 존재했다. 미군정은 1948년 5월 5일 '조선경비대 항공부대'를 창설했다. 대한민국은 1949년 6월 28일 육군본부에 '항공국'을 만들고, 10월 1일 대통령령 제254호 〈공군본부 직제〉를 발표하고, 육군에서 약 1,600명과 연락기 20기를 떼어내 '대한민국 공군'을 창설했다.

1948년 5월 항공부대가 처음 만들어질 때 장교는 7명에 불과했지만, 조종사 양성을 위해 힘쓴 결과 1950년 한국전쟁 발발 직전에는 약 240명까지 늘어났다. 공군 창설의 주역으로 여겨지는 7명은 중국군, 일본군, 만주군 출신이었다. 김정렬은 일본군 소속으로 대동아 전쟁에 참전한 뒤 한국 공군 초대 참모총장을 지내고, 이승만이 하야하도록 직접 건의하고 훗날 국무총리까지 지냈다. 그는 반민족 친일행위자로 여겨지고 있다. 그의 동생 김영환도 일본군 출신이었는데 한국전쟁 중 해인사를 폭격하라는 명령을 거부하고 팔만대장경 등을 지켜낸 영웅이다. 그는 친일행위자로 여겨지지 않는다. 그런데 일본육사를 졸업하고 한국 공군 초대참모부장을 지낸 뒤 한국전쟁 중 함흥지구 전투에서 전사한 박범집은 반민족 친일행위자로 낙인찍혀 있다. 이처럼 공군 창설 기여했던 7명에 대한 현대의 평가도 서로 엇갈리는 부분이 많다. 7명의 간략한 이력은 다음과 같다.

공군 창설의 주역 7인

이름	대한민국 주요직책	기타 이력
최용덕 1898~1969	대한민국 임시정부 광복군총사령부 총무처장, 항공건설위원회 위원, 참모 * 해방 후 만주군 귀순자 수용(박정희 등) 조선 경비사관학교 3기 졸업 대한민국 초대 국방부 차관 한국전쟁 참전, 제2대 공군참모총장 체신부 장관	중국 육군 군관학교 졸업 중국 국민당 소속 공군군관학교 교관, 비행대장, 사령관 중화민국 공군 소좌 김원봉의 의열단 가입

이름	대한민국 주요직책	기타 이력
김정렬 1917~1992	육군 항공사관학교 초대 교장 초대 공군참모총장, 여순반란 진압, 이승만/최규하 하야 건의 국방부장관, 국무총리(1987)	일본 육군사관학교 54기 졸업 일본 육군항공사관학교 전투기과 졸업 대동아 전쟁 참전 * 일본 육군 항공대 민족문제연구소 〈친일인명사전〉 수록
김영환 1921~1954	조선경비대 정보국장 한국전쟁 참전(대령) * 해인사 폭격명령 불복종 1954년 비행기 추락으로 순직	김정렬의 동생 일본 칸사이대학 재학 중 징집 일본 제국 육군 항공소위(학병)
박범집 1917~1950	육군 항공기지부대 작전처장 대한민국 공군 소장 초대 공군참모부장 한국전쟁 중 함흥에서 전사	일본 육군사관학교 52기 졸업 일본 육군 항공대 * 소좌 민족문제연구소 〈친일인명사전〉 수록
이근석 1917~1950	공군사관학교 초대 교장 한국전쟁 참전(비행단장) 안양지역 전투 중 전사 태극무공훈장	일본 구마가야(熊谷)비행학교 소년비행병 2기 만주군 소속으로 전투 다수 참여 영국군 포로(4년)
장덕창 1903~1972	육군 항공기지 부대장 공군 기지 사령관 한국전쟁 참전(비행단장) 공군참모차장 제4대 공군참모총장 * 아시아 최초 1만 시간 무사고비행	일본 이토비행학교 졸업 오사카 일본항공수송연구소 재직
이영무 1905~?	대한민국 임시정부 공군설계위원회 육군항공기지 부대장, 공군비행단장 한국전쟁 당시 납북	중국 운남육군항공학교 제1기 졸업 중화민국 공군 소령

김구의 둘째 아들인 김신(1922~2016)도 공군 창설에 크게 기여했다. 그는 중국 공군군관학교와 미국 비행학교를 졸업하고, 중국군 공군에서 활약하고, 한국전쟁에 참전한 뒤 6대 공군참모총장, 교통부 장관을 역임했다.

원래 '한국인 조종사'의 선구자는 노백린과 안창남이다. 노백린(盧伯麟,

1875~1926)은 한국공군 시초라고 볼 수 있다. 그는 대한제국 군인으로 일본 육사를 11기로 졸업하고 대한제국 육군무관학교 교관 등을 맡았다. 1907년 일제가 군대를 강제해산하자 안창호, 윤치호 등과 신민회를 만들어 활동하고, 1910년 미국 하와이로 건너가 국민군단을 창설해 조종사를 길렀다. 그는 3·1운동 직후 상하이 임시정부 교통총장, 군무총장 등을 맡았다. 그는 '앞으로 하늘을 지배하는 자가 승리한다.'[4]고 연설하곤 미국으로 다시 건너가 1920년 2월 20일 캘리포니아주 윌로우드에 '한인비행사학교'를 세웠다. 이곳에선 1923년까지 77명을 배출했다. 그는 1921년 다시 상하이로 건너와 임시정부 국무총리 등을 맡다가 1926년 사망했다. 그의 사망원인을 두곤 임시정부 내 격렬한 노선대립에 좌절하며 자살했다는 의견과 병에 걸려 사망했다는 의견이 존재한다.

노백린

노백린(중앙)과 한국인 조종사 6명[5]

---

4) 〈독립신문〉 1919년 4월 17일
5) 〈독립신문〉 1920년 2월 5일

안창남(安昌男, 1900~1930)은 3·1 운동 후 비행사가 되고 싶다는 꿈을 갖고 일본으로 건너갔다. 그는 오구리 비행학교를 졸업하고 1921년 5월 일본 역사상 최초로 열린 비행사 자격시험에서 수석으로 합격했다. 그는 일본 비행대회에서 최우수상을 받고 1922년 12월 10일 금강

안창남

호(金剛號)를 타고 여의도 비행장에 착륙하며, 조선인 최초로 조선 하늘에서 비행한 역사를 썼다. 그는 당시 조선인 세계관에 새로운 지평을 열며 전국적으로도 유명해졌다. 그러다 1924년 중국으로 망명해 중국군 소속으로 복무하였고, 조선청년동맹에 가입해 독립활동을 하며 조종사를 양성하다가 1930년 항공기가 추락해 사망했다.

'대한민국 공군의 대부'로 여겨지는 미 공군 헤스 대령(Dean Elmer Hess, 1917~ 2015)도 있다. 제2차 세계대전에도 참전했던 그는 1950년 6월 26일, 한국전쟁 발발 직후 미국의 한국공군 지원계획 '바우트 원(bout One)'의 책임자였다. 그는 항공기에서 손으로 수류탄을 던지며 싸우던 한국 공군에게 F-51 머스탱 전투기 10기를 지원하고 싸울 수 있는 공군을 만드는 데 결정적으로 기여했다. 그는 1950년 7월 2일부터 1951년 말까지 250회 이상 출격해 북한군에 맞섰고, 전쟁고아 약 천 명을 제주도로 대피시키기도 했다.(Operation Kiddy Car) 그가 조종했던 F-51 18번기 동체에 적힌 문구는 '신념의 조인(信念의 鳥人)'이다. 2차대전에 참전하며 자신이 몰던 기체에 적은 라틴어 'Per Fidem Volo(I fly by faith)'를 한국어로 표현한 문구다. 현재 한국

공군에는 '신념의 조인'이란 제목의 군가가 있고, 용산 전쟁기념관 등에도 전시하고 있다. 그는 '항공전의 영웅', '대한민국 공군의 대부' 그리고 '전쟁 고아의 아버지'로 불린다. 그는 전쟁이 끝난 뒤에도 수시로 한국에 찾아와 고아들을 돌보고 자녀로 입양하기도 했다. 본인 자서전과 각종 영화에서 나온 수익금 전액을 한국보육원에 기부하는 등 한국인을 위해 봉사하다가 오하이오에서 2015년 98세로 세상을 떠났다.

딘 헤스

신념의 조인 (한국 공군의 전설적 전투기)

딘헤스 대령의 제주 고아 방문

공산주의자를 솎아내라! 제주4·3사건, 여수·순천사건

북조선은 공산주의로 이념을 통일했다. 반면 미군정은 남조선에서 사상과 종교의 자유를 인정했고 공산주의자에게도 자유를 보장했다. 그런데 남조선 우익 진영에선 독립운동을 훼방 놓고, 김좌진, 김구 등에게 온갖 암살을 자행했던 공산주의를 경계했다. 신탁통치를 놓고도 소련을 따라 찬성으로 태도를 바꾼 공산주의자들에게 적대심을 가졌다. 공산주의자들은 남조선도 공산주의 국가로 만들려고 힘썼다. 남조선노동당(남로당)은 북조선과 교감하며 공산주의자들을 국방경비대에 대거 입대시켰다. 그들은 군대 안에서 '남로당 계열'로 불릴 만큼 세력을 키웠고 이념적으로 갈등했다. 당시 경찰들이 군대를 보곤 '공산당 소굴'이라고 할 정도였다. 군대는 경찰을 향해 '일본 앞잡이'라고 비난할 만큼 수시로 충돌했다.

국방경비대에 위장입대한 뒤 세력을 넓혀가던 남조선노동당원들의 존재는 제주 4.3사건을 통해 수면위로 드러났다. 남조선노동당은 1946년부터 제주도에서 활동했다. 1947년 3월 1일, 주민들이 행진하던 중 말 탄 경찰이 어린아이를 쳤다. 화가 난 사람들은 경찰을 폭행하고 경찰서까지 쫓아갔다. 습격당했다고 판단한 경찰들은 무차별적으로 총을 발포해 일반인 14명의 사상자를 냈다. 제주도민들은 분노했다. 당시 도내 직장인 약 90%가 총파업에 돌입했지만 경찰이 약 150명을 검거하면서 시위는 잠시 수그러들었다. 남조선노동당은 그 틈을 노려 더 활발하게 당원을 늘렸고 1948년까지 제주도민 약 7만 명을 당원으로 포섭했다.

1948년 미군정은 공산주의에 전쟁을 선포한 '트루먼 독트린'을 전후해 남조선노동당을 불법단체로 규정했다. 그리고 남조선에서 단독선거를 추진했다. 그러자 남조선노동당 제주도위원회는 자체정부를 세우려고 제주도 전역에 세포조직을 구성하고, 한라산을 중심으로 활동하는 '제주도 인민유격대'도 만들어 무력투쟁을 준비했다. 유격대는 장교와 병사 약 4천 명을 모집하고 소총과 칼로 무장한 뒤 훈련했다. 총사령관 김달삼(金達三, 1923~1950)은 일본 예비사관학교를 졸업한 일본군 장교 출신이었다. 그는 일본공산당 비밀 당원으로 조선공산당, 남조선노동당에서 활동하며 박헌영을 보좌했던 강문석(姜文錫, 1906~1955)의 사위이기도 하다.

김달삼은 남조선 단독선거를 치르면 남로당이 해체될 거란 위기감에 무장폭동을 일으켰다. 당 중앙지휘부와 상의하지 않고 벌인 단독행동이었다. 1948년 4월 3일 새벽 2시, 약 350명이 제주도 내 12개 경찰서와 우익인사들의 집을 동시에 공격했다. 경찰이 속수무책으로 당하자 미군정은 국방경비대 9연대를 출동시켰다. 국방경비대는 공산주의자들이 귀순하도록 유도하고 평화협상도 진행했다. 하지만 진압방식을 두고 경찰과 국방경비대 간 알력다툼도 심했고, 8월 15일 대한민국 정부 수립 후에도 사태는 이어졌다. 한국 정부는 제주도 봉기를 국가 체제에 대한 정면 도전으로 여겼다. 이승만 대통령은 1948년 11월 17일 제주도 전역에 계엄령을 선포하고 국군을 추가 배치했다. 이때 대한민국은 계엄령과 관련된 법과 개념도 없어서 미국에게 도움을 받았다.[6]

약 6개월간 남조선노동당과 이에 동조한 주민 또는 그렇지 않은 주민 등을 강경하게 진압했다. 유격대도 경찰, 군인, 주민 등에게 폭력을 가했다. 1948년에 시작된 4·3사건은 1954년이 되어서야 종결됐다. 당시 진압군

---

6) "Martial Law," December 1, 1948, RG 338: Records of US Army Commands, Entry: Provisional Military Advisory Group(1948-1949) and Korean Military Advisory Group(1949-1953), Box 4.

1,091명이 사망하고, 인민유격대 약 3,000명은 전멸했다. 약 6년간 진압군과 유격대 양측에 희생된 제주도민은 공식적으로 14,442명으로 기록돼 있지만, 최대 25,000~80,000명으로 추산하기도 한다. 수십 년이 지난 지금도 진상규명, 피해자 확인, 보상 및 예우 등 논의가 이어지고 있다. 권력다툼 속에 수많은 제주도민과 군경이 희생된 현재진행형 비극이다. 한편, 4·3사건 진압을 총지휘했던 사람은 대한민국 초대 국무총리이자 초대 국방부 장관이었던 이범석이다. 그는 청산리 전투와 독립군 부대의 영웅으로 여겨지며, 대한민국 임시정부 광복군 2지대장으로 미군과도 협력했었다. 육군사관학교는 2018년 세운 독립운동가 5명의 동상에 이범석을 포함시켰다.

"공산주의자를 숙청하라" 대규모 숙군작업

4·3사건이 이어지는 가운데 국군에선 반란이 일어나 국가적으로 큰 충격을 받았다. 초기 미군정은 남조선에서 많은 병력을 빠르게 모아야 했고, 선발과정에서 사상과 이념을 별로 따지지 않았다. 그래서 공산주의자들도 별 제약 없이 입대해 세력을 키웠다. 특히 남조선노동당은 군대를 장악하려고 조직적으로 입대했다. 대표적인 공산주의자 박헌영은 '인민군이 서울을 점령하면 민중이 일어나고, 군대에서 반란이 일어나 남조선은 순식간에 공산화될 것'이라고 주장했다.

남조선 경비사관학교 3기 졸업생 김지회 중위, 홍순석 중위도 그중 하나다. 1948년 10월 19일, 그들이 속한 국군 제14연대는 여수에 주둔하고 있었다. 부대 내 남조선노동당 당원들은 '제주도에서 일어난 소요사태를 진압하라'는 명령을 거부하고 무장반란을 일으켰다. 반란군 약 2천 명은 단 이틀 만에 순천, 광양, 구례, 곡성, 벌교, 보성, 고흥을 점령했다. 한국 정부는 곧바로 대규모 병력을 보내 27일까지 반란군을 제압했다. 살아남은 반란군은 지리산 등지로 도피했고, 다음 해 4월까지 투쟁하다가 국군에 모두 진압됐다. 일각에선 그들을 '지리산 빨치산'이라고 불렀다. 이 과정에서 국군은 반란군, 진압군, 경찰을 가리지 않고 전라남도 동부 지역 주민들에게 폭력을 휘둘렀다. 2022년 현재까지 확인된 희생자는 여수 124명, 순천 439명이다. 하지만 이 사건도 제주 4·3사건과 마찬가지로 아직 진상규명, 보상, 예우 등의 논의가 이어지고 있다.

그 뒤 대구 6연대의 반란을 비롯해 크고 작은 반란과 항명, 탈영, 월북 등이 이어졌다. 1949년 5월엔 춘천의 8연대 1대대(표무원 소령)와 홍천의 2대대(강태무 소령) 약 400명이 집단으로 월북하고, 해군에서 함정을 탈취해 월북한 경우도 있다. 광복군 출신으로 국방경비대 총사령관이었던 송호성은 한국전쟁 당시 납북된 뒤 조선인민군에서 국군포로 출신들로 구성된 부대의 여단장이 되기도 했다. 이처럼 공산주의는 독립운동, 해방, 대한민국 정부 수립 등에서 다양하고도 격렬한 갈등을 일으켰다.

이승만 정부는 여수순천 사건을 거치며 '반공산주의(반공)' 원칙을 강하게 추진했다. 국군에 숨어든 친소, 친북 공산주의자들을 대거 숙청했다. 육사 생도대장 오일균 소령, 육사 교수부장 조병건 소령, 3대대장 김학림 소령, 4여단 참모장 김종석 중령, 15연대장 최남량 중령 등 장교 약 100명도 초기에 밝혀낸 공산주의자 약 500명에 포함됐다. 오일균은 육군사관학교에서 공산주의자 세포조직을 구성하는 역할을 맡은 담당자로서 공산주의자들을 육사에 입교시키고 생도들을 포섭했다. 그가 가르친 육사 3기생 중 여수순천 사건의 주동자인 김지회, 홍순석이 있던 건 우연이 아니었다. 이때 남조선노동당 총책으로 여겨져 사형당할 뻔했던 박정희를 같은 만주군 출신인 백선엽이 구해주기도 했다. '주변인들도 박정희를 공산주의자로 언급했는데, 박정희가 동료 오일균 등을 밀고하고 살아남았다'는 의견도 있다. 겨우 살아남은 박정희는 1950년 한국전쟁에서 현역 장교로 복귀해 참전했다.

공산주의자들은 숙군을 담당하는 국군 간부들을 암살하기도 했다. 숙군을 주도한 주요인물은 다음과 같다.

직책	이름	기타 경력
육군참모총장	이응준	대한제국 무관학교/일본 육사 26기 졸업, 대동아전쟁 참전(일제 육군 대좌), 육사 2기 졸업, 대한민국 초대 육군 참모총장, 한국전쟁 참전, 체신부 장관 등
국군총사령부 정보국장	백선엽	만주군 출신, 간도특설대, 육사 1기(군영반) 졸업, 한국전쟁 참전, 7/10대 육군참모총장 등
정보국 S.I.S. 대장	이세호	일본제국 육군 특별간부후보생, 육사 2기, 한국 참전(연대장), 주월한국군사령관, 21대 육군참모총장,
육군 제1사단 정보주임	김창룡	만주 관동군 헌병(항일세력 탄압), 대동아전쟁 참전(일제 부사관), 육사 3기 졸업, 여순사건 당시 박정희 수사, 육군 특부무대장, 육군 중장

* 혐의자 체포 : 헌병사령부
* 군사재판 : 법무감실

백선엽

이세호

김창룡

이처럼 국군 내 공산주의자들의 반란은 국가적으로도 큰 충격이었다. 대한민국 정부는 여수순천 사건을 계기로 1948년 12월 1일 국가보안법을 제정했다. 1949년 10월 19일 남조선노동당을 포함해 대한민국 내 모든 공산주의 단체를 불법화하고, 사회적으로 공산주의 세력을 대대적으로 색출하고 처벌했다. 남산에 세운 정보국은 1개 사단보다 많은 예산을 쓰며 공산주의자를 숙청했다. 1949년 말까지 경비사관학교는 졸업생의 7%, 전군 통틀어 약 5,000명(5%)을 숙청하면서 국군 내 공산주의자는 대부분 사라지게 됐다.

한국군 숙청에 대한 평가는 다소 엇갈린다. 우익 진영은 대체적으로 긍정적이다. 공산주의자를 솎아낸 덕분에 다음 해 북조선이 일으킨 한국전쟁에서 군대 내 반란 없이 일관된 지휘체계를 유지할 수 있었다는 관점이다. 자유주의와 공산주의의 치열한 대결에서, 한국이 경제 대국으로 성장하는 발판이 됐다는 평가도 있다. 반면, 좌익 진영과 북조선은 비판적이다. '일본군 출신들이 숙청을 불투명하게 진행하고, 이승만에 반대했다는 이유만으로도 숙청당했다', '숙청을 하며 이승만을 비호하는 극우집단(서북청년단 등)이 득세했다' 등의 비판이 존재한다. 이들은 제주4·3사건과 여수순천 사건을 국군이 저지른 만행, 국가 폭력으로 여기기도 한다. 북조선도 한국군 숙청작업을 비판했다. 6·25전쟁을 다룬『조국해방전사』에서 "숙군은 진보적인 애국 장병들(남조선노동당 계열)을 가장 잔인한 방법으로 심문하고 고문했다. (...) 숙청한 장병은 1949년 7월 말까지 1,749명에 달하고, 그 대부분은 사병들이지만 장교도 수백 명이나 있다. (...) 그 후에도 국군 총인원의 10%나 되는 8천 명에게 '빨갱이 딱지'를 붙이고 숙청했다"

관점에 따라 평가는 다를 수 있다. 피해자와 유족들의 한을 달래기 위한 진실규명과 희생자 보상 및 예우도 중요하다. 그런데 당시 국군에 공산주의자가 계속 남아있었다면, 한국전쟁에서 대한민국은 더 빠르게 제압당하고 지휘체계도 통제 불가능했을 거란 근거와 증언이 더 많다.

한편 '국가보안법'은 북조선을 찬양하며 대한민국을 전복시키려는 개인과 단체, 공산주의자, 각종 간첩과 공작원 등으로부터 국가를 지키고 있다. 그런데 정권이 인권을 탄압하거나 침해하는 수단으로 악용, 남용된 경우가 너무 있었다. 법은 몇 차례 개정되며 시대적인 변화와 요구를 반영하기도 했는데, '일제의 잔재이자 인권 탄압을 상징하는 국가보안법을 폐지하라!'는 목소리도 함께 존재한다.

'여기 고문관은 누구?' - 주한 미군사고문단의 역할

미국은 제2차 세계대전 후 국방예산과 군대를 감축하고, 전쟁으로 초토화된 유럽을 다시 건설하며 소련을 봉쇄하는 데 힘을 모았다. '유럽에선 공격하고 동양에선 방어한다'는 전략이었다. 같은 시기 중국 국민당과 공산당은 전쟁을 벌였다. 둘은 기본적인 이념과 추구하는 목표가 극명하게 달라 타협할 수 있는 여지가 별로 없었다. 공산당 인민해방군은 소련에게 대대적으로 지원받으며 공산주의로 무장시킨 100만 명의 병력을 보유하고 있었으며 일제와 전투하며 기른 실전경험도 풍부했다. 반면 국민당 국민혁명군은 미국에게 풍부하게 지원받았음에도 불구하고, 고질적인 무능함과 끝없는 내부 분열로 쇠약해졌다. 결국 국민당은 타이완으로 밀려나 1949년 12월엔 중국 내 거의 모든 영토를 공산당에게 내주고 말았다.

미국은 충격을 받았다. 1950년 1월 12일 미국 국무장관 애치슨은 '미국은 스탈린(소련)과 마오쩌둥(중국 공산당)을 막기 위해 일본 오키나와와 필리핀을 연결하는 선을 지키겠다'고 발표했다.(애치슨 선언, Acheson line declaration) 아시아에서 군사적으로 최소한만 구실하겠다는 선언이었다.[7] 한국, 대만(중화민국) 등은 미국 우선순위에서 밀려나고 방위선에서도 사실상 제외됐다. 한국 외무장관과 주미 한국대사가 크게 반발했지만 미국은 답변하지 않았다. 훗날 밝혀진 미국 정부 공식자료에 따르면, 당시 한국은 미국 국가안보 중요도 13위에 불과했다.[8]

애치슨

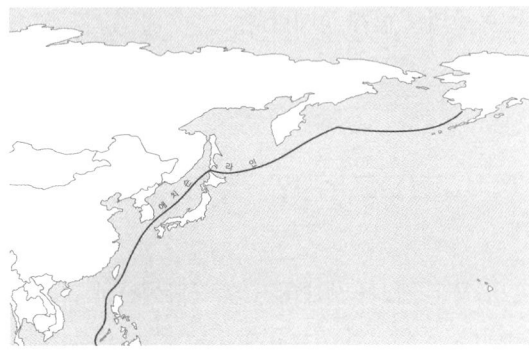
애치슨 라인

이런 맥락에서 미국은 '한반도에 공식정부가 수립되면 철수한다'는 유엔 결의안을 따랐다. 1949년 6월 30일까지 미군 4만 5천 명은 본토로 돌아갔다. 그렇다고 무책임하게 물러난 건 아니다. 철수를 앞두고 1948년 8월 24일 100명 수준의 임시군사고문단(PMAG, The Provisional Military Advisory Group)을 만들었다. '한국 치안을 높이기 위해 조언하고 원조'하는 임무를 갖고 군

---

7) NSC 48/1, "The Position of the United States with Respect to Asia", Dec 23 1949.
8) JSC 1789/1, "United States Assistance to Other Countries from the Standpoint of National Security", April 29 1947.

사훈련을 돕고 무기와 물자 등을 지원했다. 한국군 1, 2, 3, 5, 6사단 창설도 지원했다. 미군이 모두 철수한 다음 날인 1949년 7월 1일, 미국은 임시군사고문단을 약 500명으로 증편해 '주한미군사고문단(KMAG, US Military Advisory Group to the Republic of Korea)'을 만들었다. 고문단은 미국이 보낸 군사원조자금 집행, 한국군 주요부대 설립, 군사훈련, 장교양성, 무기보급 등을 수행했다. 한국군 주요보직자와 1:1로 매칭해 부대 지휘역량을 높여주고, 한국군 장교 해외 유학도 적극적으로 추진했다. 1948년 8월 군사영어학교 졸업생 이형근(대령), 김동영, 민기식, 이한림, 임선하, 장창국(이하 중령)이 미 육군 보병학교인 포트 배닝에서 유학한 뒤 보병학교장, 육군사관학교장, 참모학교장, 사단장 등을 맡으며 한국군 뼈대를 만들어갔다.

그런데 고문단이 가진 목표는 치안유지, 38선 방어, 불순세력(공산주의) 제거, 게릴라 침투방지 등에 머물러 있었다. 국내질서를 안정하게 유지하는 차원으로, 전쟁 위협을 억제하거나 맞설 수 있는 군사력 건설과는 거리가 멀었다. 심지어 미국 군인들도 고문단 근무를 기피해 수시로 인원이 바뀌고, 근무자를 선발하려고 추가급여를 지급하는 등 인센티브를 줘야만 했다.

미국은 한국전쟁 중인 1950년 7월 27일에는 해군 군사고문단을, 1952년 2월 7일에는 공군 군사고문단도 창설했다. 전쟁이 끝나고 나서도 존속하며 한국군 현대화를 지원했고 1971년 4월 1일 주한 미국 합동군사업무단(JUSMAG-K, Joint U.S. Military Affairs Group)로 통합된 뒤 지금까지도 주한 미국 대사관 소속 기관으로 운영 중이다. 2022년 현재 한국군이 세계 6위권의 군사력을 갖출 수 있는 토대를 제공하고 한국군을 '미국화'하는 데 기여한 핵심기구다.

언어에 서툴렀던 고문관들은 한국전쟁 당시 각 부대에서 전술을 자문하는 과정에서 한국어 실수를 자주 했다. 그래서 여럿에게 피해를 주는 사람을 '고문관'이라 부르게 됐다.

> **주한 미국대사관 홈페이지**
> (2022년 1월 현재)
>
> 주한미합동군사업무단(이하 저스맥)은 한국군의 현대화 및 체계유지를 위해 한국 정부를 지원하고, 방산분야의 협력을 통해 상호이익이 되는 무기협력개발 및 제작사업을 도모한다.
> 이런 임무를 달성하기 위해, 저스맥은 한국의 민군 기관 및 방산분야 관계자들과 공조하며 한국정부가 미국으로부터 군사장비, 용역, 보급품 및 교육과정을 구매하고 지속적으로 운용할 수 있도록 노력한다.
> 저스맥은 주한미대사의 직접적인 지휘를 받는 대사관 대표회의의 주요구성원인 동시에, 미 태평양 사령부에 직접 보고하는 군사지휘체계에도 속해있다. 업무단 조직은 안보협력운영과, 전략기획공조과, 본부지원과로 구성되어 있다.

'한국군의 아버지' 벤플리트

벤플리트(James A. Van Fleet, 1892~1992) 장군은 '한국군의 아버지'로 여겨진다. 그는 1, 2차 세계대전에 참전한 베테랑으로, 노르망디 상륙작전 당시 연대장으로 유타 해변 상륙을 지휘했다. 그리스 군사고문단을 지휘하면서는 내전을 끝내는 데 기여하기도 했다. 그는 1951년 4월 14일 미 8군 사령관으로 한국전쟁에 참전해 중국 공산군과 북한군에 맞섰다. 1951년 중공군 5월 공세 당시 현리전투에서 한국군 3군단이 궤멸되자 한국군 장군들의 지휘능력을 불신하고, 모든 작전을 미군 장군들이 지휘하도록 조치했다. 그는 한국군을 현대화하며 우수한 장교를 교육하고, 각급 부대가 군사훈련 체계를 갖추도록 미국의 원조를 활용했다. 또한 대한민국 육군사관학교 시설과 교육제도를 미국식으로 전면 개편하는 등 한국군 체계를 전반적으로 건설한 주역이었다.

미국 정부는 휴전을 추진했지만 밴플리트는 이를 거부하며 전역했다. 그 뒤 미국에 '코리아 소사이어티(The Korea Society)'를 설립하고 1992년 100세로 사망하기 전까지 한미관계 발전에 헌신했다. 대한민국 정부는 그에게 건국훈장 대한민국장을 수여했다. 외아들 제임스 밴플리트 2세[9] 미 공군 대위도 아버지를 따라 한국전쟁에 참전했는데, 1952년 4월 작전 중 실종되고 결국 전사 처리됐다.

구분	미 8군 사령관	UN군 사령관
~1950년	2대 월턴 워커 중장 1948.~1950.12.23[10]	1대 더글러스 맥아더 원수 1950.7. ~ 1951.04.
~1951년	3대 매튜 리지웨이 대장 1950.12.~1951.4.	
~1952년	4대 제임스 밴 플리트 대장 1951.4.~1953.2.	2대 매튜 리지웨이 대장 1951.4. ~ 1952.05.
~1953년	5대 맥스웰 테일러 대장 1953.2.~1955.4.	3대 마크 클라크 대장 1952.5. ~ 1953.10

---

9) James Alward "Jimmy" Van Fleet, Jr. (1925~1952)

10) 월턴 해리스 워커(Walton Harris Walker, 1889.12.3. ~ 1950.12.23.) : 1, 2차 세계대전에 참전하고 한국전쟁 당시 미국 제8군 사령관으로서 낙동강 방어선을 사수하며 북진을 지휘해 대한민국을 구했다. 소총 중대장으로 참전해 무공훈장을 받게 된 아들을 축하해주러 이동하다가 현재 서울시 방학동 인근에서 한국군 차량과 추돌사고가 발생해 순직했다. 그 뒤 대장으로 추서됐고 아들 샘 워커는 훗날 미군 역사상 최연소 대장으로 진급했다. 서울 광진구 광장동에 주한미군 휴게시설을 건립하면서 그를 기려 '워커힐(Walker Hill)'로 이름 붙였다.

밴플리트 장군

워커 장군

한국전쟁과 '한미동맹' 한미상호방위조약

　1950년 6월 25일 새벽 4시, 북조선인민군이 38도선을 넘어 대한민국을 전면적으로 공격했다. 김일성은 스탈린에게 승인받고 전쟁을 일으켰다. 몇 년간 치밀하게 준비했던 북한은 전쟁 시작과 동시에 한국을 압도적으로 제압했다. 유엔 안전보장이사회는 곧바로 회의를 열고, 찬성 9개국, 기권 1개국(유고), 불참 1개국(소련)으로 〈UN결의문 제82호〉를 채택했다.

대한민국은 정당한 선거로 구성된 유일한 합법정부다.

(This is the only such government in Korea)

대한민국을 향한 북한의 무력공격에 심각한 우려를 표명한다.

북한은 적대행위를 즉각 중지하고

> 군대를 38선 이북으로 철수하도록 촉구한다.

북한은 철저히 무시했다. UN은 6월 27일 〈결의문 제83호〉에서 '집단안보'를 발동해 한국전쟁에 개입하기로 결정했다.

> (UN회원국들이) 북한의 무력공격을 격퇴하고
> 국제평화와 안전을 회복하기 위해 한국을 원조하도록 권고한다.

같은 날 트루먼 대통령은 중국으로부터 대만을 보호하려고 미 해군 제7함대를 배치하고, 6월 30일 극동군사령관 맥아더에게 한국에 지상군을 투입하고 북한군을 폭격할 수 있는 권한을 부여했다. 맥아더는 일본에 주둔하던 미 제8군 사령관 워커에게 명령했다. 바로 다음 날 미 육군 제24보병사단 1개 대대가 부산으로 들어왔다. 대대장 찰스 스미스(Charles B. Smith) 중령의 이름을 본 따 스미스 특수임무부대(Task Force Smith)로 불린다. 북한군은 7월 3일 한강을 건너 남쪽으로 진격했고, 7월 5일 경기도 오산 죽미령에서 스미스 부대와 교전했다. 북한군을 얕잡아봤던 미군은 첫 전투에서 큰 피해를 입고 퇴각했다. 그 뒤 1953년 7월 17일 미국, 중국, 북한이 정전협정을 체결할 때까지 총 60개 국가가 대한민국을 도왔다.[11]

---

11) 부산 유엔기념공원에는 22개국 유엔군 전사자 4만 896명을 기리고 있다. 1955년 한국 정부는 유엔에 토지를 영구 기증하고, 유엔은 묘지를 영원히 관리하기로 결정했다.(UN결의안 제977호) 11개국이 공동으로 관리하고 있으며, 매년 11월 11일 오전 11시 세계 각국에서 부산을 향해 묵념하는 행사가 진행된다.(Turn Toward Busan 국제추모식)

구분			국가명
총계		60개 국가	
참전국	전투지원	16개 국가	미국, 캐나다, 호주, 뉴질랜드, 영국, 프랑스, 그리스, 터키, 벨기에, 네덜란드, 룩셈부르크, 태국, 필리핀, 남아프리카공화국, 에티오피아, 콜롬비아
	의료	6개 국가	인도, 스웨덴, 노르웨이, 덴마크, 이탈리아, 서독
참전국		6개 국가	버마, 캄보디아, 코스타리카, 쿠바, 에콰도르, 헝가리, 아이슬란드, 이스라엘, 자메이카, 라이베리아, 멕시코, 파키스탄, 베네수엘라, 아르헨티나, 오스트리아, 온두라스, 인도네시아, 이란, 레바논, 대만, 사우디아라비아, 베트남, 칠레, 도미니카공화국, 이집트, 엘살바도르, 과테말라, 파나마, 스위스, 시리아, 아이티, 모나코, 파라과이, 페루, 우루과이, 일본, 리히텐슈타인, 바티칸

UN은 7월 7일 〈결의문 제84호〉에서 '미국은 유엔군 통합사령관을 임명하고, 모든 국가는 통합사령부 지휘를 따르며 UN기를 사용할 수 있다'고 했다. 맥아더는 초대 유엔군 사령관으로 부임해 전쟁을 진두지휘했다. 하지만 소련을 등에 업은 북한군 전력은 막강했고, 국군과 유엔군은 낙동강 인근까지 속수무책으로 밀려났다.

유엔군과 국군은 9월 15일 인천상륙작전을 시작으로 대반격에 나서 10월 1일 38도선을 건너 압록강까지 진격했다. 그러자 소련이 중국이 전쟁에 참가하도록 승인했다. 중국은 전쟁 초기부터 소련에 군사지원을 요청하며 전쟁에 뛰어들 틈을 엿보고 있었다. 미군 폭격기가 중국 영공을 침범했다는 구실을 잡고 조선을 구하겠다며 끼어들었다. 중국은 한국전쟁을 '미국에 대항해 조선을 구한다' 즉, '항미원조전쟁'이라고 부른다. 10월 19일 중국 공산군 약 26만 명이 압록강을 건너면서 유엔군과 국군은 급격하게 밀려났고, 1951년 1월 4일 후퇴 이후 전쟁은 교착상태에 빠졌다. 한국이 꿨던 '자유민주주의 북진통일' 꿈은 무산됐다.

1951년 6월부터 미국과 소련은 휴전을 추진했다. 그러나 한국은 북진통일을 주장했다. 1953년 여름까지도 전선은 교착되어 있었고 고지 하나라도 더 점령하려는 상부 명령에 수많은 장병이 희생됐다. 이승만 대통령은 휴전 후 국가안보를 지키고자 미국에 군사동맹(상호 방위 조약)을 요구했다. 하지만 미국은 전통적으로 '다른 국가 일에 간섭하지 않는다'는 외교 고립주의를 추구했고 이승만의 요구에 응하지 않았다. 그러자 이승만은 미국이 거제도에 수용하고 관리하던 반공포로 약 2만 5천 명을 6월 18일 석방했다. 미국 아이젠하워 대통령은 상의 없이 벌인 단독조치에 크게 반발하며 이승만을 제거하려고까지 했다. 이승만은 굴복하지 않고 미국이 동맹을 약속하지 않으면 한국군 단독으로라도 북한으로 진격하겠다고 선언했다. 결국 미국은 한국과 군사동맹을 맺는 조건으로 휴전을 제시하고, 이승만도 한발 물러서 휴전을 받아들였다. 1953년 7월 17일, 판문점에서 중국, 북한, 미국은 한국전쟁 휴전협정을 체결했다.

한국과 미국은 1953년 8월 8일 서울에서 '한미 상호방위 조약'을 가조인했다. 이때 이승만은 '이 조약 덕분에 앞으로 여러 세대에 걸쳐 많은 혜택을 받고, 한국은 번영을 누리게 될 것이다. 미국은 외부 침략으로부터 우리를 보호하고 안전을 보장해줄 것이다'라는 성명을 발표했다. 1953년 10월 1일 워싱턴 D.C.에서 대한민국 외무장관과 미국 국무장관이 조약에 서명하고, 1954년 11월 18일 '한미동맹'이 발효됐다.

한미상호방위조약 가조인식

韓美상호방위협정

본 조약의 당사국은 모든 국민과 모든 정부와 평화적으로 생활하고자 하는 희망을 재인식하며 또한 태평양지역에 있어서의 평화기구를 공고히 할 것을 희망하고 당사국 중 어느 일방이 태평양지역에 있어서 고립하여 있다는 환각을 어떠한 잠재적 침략자도 가지지 않도록 외부로부터의 무력공격에 대하여 그들 자신을 방위하고자 하는 공통의 결의를 공공연히 또한 정식으로 선언할 것을 희망하고 또한 태평양지역에 있어서 더욱 포괄적이고 효과적인 지역적 안전보장 조직이 발달될 때까지 평화와 안전을 유지하고자 집단적 방위를 위한 노력을 공고히 할 것을 희망하여 다음과 같이 합의한다.

제1조 당사국은 관련될지 모르는 어떠한 국제적 분쟁이라도 국제적 평화와 안전과 정의를 위태롭게 하지 않는 방법으로 평화적 수단에 의하여 해결하고, 또한 국제적 관계에 있어서 국제연합의 목적이나 당사국이 국제연합에 대하여 부담한 의무에 배치되는 방법으로 무력으로 위협하거나 무력을 행사함을 삼갈 것을 약속한다.

제2조 당사국 중 어느 일국의 정치적 독립 또는 안전이 외부로부터의 무력공격에 의하여 위협을 받고 있다고 어느 당사국이든지 인정할 때는 언제든지 당사국은 서로 협의한다. 당사국은 단독적으로나 공동으로나 자조와 상호방위원조에 의하여 무력공격을 저지하기 위한 적절한 수단을 지속하며 강화시킬 것이며, 본 조약을 실행하고 그 목적을 추진할 적절한 조치를 협의와 합의하에 취할 것이다.

제3조 각 당사국은 他당사국의 행정지배 하에 있는 영토와 각 당사국이 他당사국의 행정지배 하에 합법적으로 들어갔다고 인정하는 금후의 영토에 있어서 他당사국에 대한 태평양지역에 있어서의 무력공격을 자국의 평화와 안전을 위태롭게 하는 것이라고 인정하고 공통한 위험에 대처하기 위해 각자의 헌법상의 수속에 따라 행동할 것은 선언한다.

제4조 상호 합의에 의하여 美 합중국의 육군, 해군, 공군을 대한민국의 영토內와 그 부근에 배비하는 권리를 대한민국은 이를 허용하고 美 합중국은 이를 수락한다.

제5조 본 조약은 대한민국과 美합중국에 의하여 각자의 헌법상의 수속에 따라 비준되어야 하며, 그 비준서가 양국에 의하여 워싱턴에서 교환되었을 때 효력을 발생한다.

제6조 본 조약은 무기한으로 유효하다. 어느 당사국이든지 他당사국에 통고한 후 1년 후에 본 조약을 종지시킬 수 있다.

한국 현대사와 빼놓을 수 없는 한국군

구분	시기	대통령	비고
1공화국	1948~1960	이승만	1960.4.19. 민주혁명
2공화국	1960~1961	윤보선(장면)	
3공화국	1961~1963	군사정부	1961.5.16. 군사 쿠데타
	1963~1972	박정희	유신 독재
	1972~1979		1979.10.26. 박정희 암살
4공화국	1979~1980	최규하	
	1980~1981	전두환	1979.12.12. 군사 반란
5공화국	1981~1988		1987. 6월 항쟁/ 6.29 선언
6공화국	1988~1993	노태우	
	1993~1998	김영삼	
	1998~2003	김대중	
	2003~2008	노무현	
	2008~2013	이명박	
	2013~2017	박근혜	* 2017.3.10. 탄핵
	2017~2022 현재	문재인	

한국군은 한국 현대사와 빼놓을 수 없는 관계를 맺고 있다. 대한민국이 흘러온 과정에 군인들이 다수 포함되어 있기 때문이다. 한국전쟁 이후 현대사를 간추리면, 이승만 정권은 부정선거, 부정부패 등으로 분노한 민심에 몰락했다.(4.19혁명) 그리고 1961년 5월 16일, 육군 2군부사령관 박정희 소장은 육사 3~5기 출신 장교 약 250명 포함 약 3,500명과 함께 군사쿠데타를 일으켜 권력을 잡았다. 주로 만주국과 일본제국을 경험했던 각 분야 전

문가와 군인들이 권력을 독점하고, 경제 개발 5개년 계획, 사회 보장제도 도입 등을 추진했다. 또한 농업, 제철, 조선, 기계, 석유화학, 자동차, 건설 등 각종 산업을 구축하고, 고속도로/철도 건설 등 사회 인프라에도 투자했다. 전국적인 새마을운동으로 개발도상국가 발전모델을 제시했다. 여전히 논란이 있지만 박정희 정권은 식민지배에 대해 일본에게 배상받고 외교관계도 수립했다.(1965년 한일기본조약, 한일 청구권 협정) 이들은 자주국방을 기치로 삼아 국방과학연구소를 설립해 기초기술을 개발하고 육해공군 역량도 강화했다. 1964년부터 9년 간 국군을 베트남 전쟁에 파병해 미국으로부터 국군 현대화를 지원받고, 산업화에 필요한 각종 원조와 지원도 받았다. 한국군은 이를 통해 실전경험을 쌓으며 강력한 전투력을 갖추게 됐다. 북한이 박정희를 암살하려고 파견한 무장공비들이 청와대 근처까지 침투한 사건(1.21.사태) 이후 정부는 육군 3사관학교를 설립해 장교를 더 육성하고, 북한 위협에 대비해 향토예비군도 도입했다.

한국은 1960년대 필리핀, 캄보디아, 스리랑카, 아프가니스탄, 요르단, 시리아보다 경제적으로 빈약했지만, 박정희 정권을 거치며 현대 산업국가로 탈바꿈했다. 하지만 박정희 정권은 헌법을 1인 독재체제로 바꾸고 국민들의 인권을 탄압하고, 정적제거를 위한 각종 공작과 부정부패 등이 극심해졌다는 비판을 받았다. 박정희는 1979년 부가가치세 도입, 부산 마산항쟁 등 대중의 큰 반발심에 맞물려 10월 26일 육사 동기생이자 중앙정보부장을 맡고 있던 김재규에게 암살당했다.

12월 12일, 육사 11기 졸업생 일부가 꾸리고 운영한 사조직 하나회가 군사반란을 일으켰다. 보안사령관 전두환이 그 중심이었다. 그를 따르는 일부 육사 출신들은 정치, 군사 권력을 독점했다. 전두환 정권 시기에는 저금리, 저유가, 저달러에 힘입어 수출산업이 급성장하고, 한국 경제는 세계 10

위권으로 도약하는 발판을 갖췄다. 하지만 그는 5·18광주민주화운동 탄압, 언론 탄압, 정치인 탄압, 삼청교육대 운영 등으로 국민 인권을 유린하고 탄압했다. 1987년 6월 10일 전국적인 민주화운동이 펼쳐지고 난 6월 29일, 전두환은 민간정부에 권력을 넘기겠다고 선언했다.

전 국민의 자유선거로 선출된 첫 대통령은 육사 11기 하나회 소속이자 12·12사태 주역인 노태우다. 그는 냉전체제 몰락과 함께 소련, 중국, 동부 유럽과 외교 관계를 새롭게 구축하는 데 앞장섰다. 또한 적극적인 북방외교를 추진해 국제사회에서 김일성을 고립시키고, 대한민국의 세계관을 지구적 차원으로 확장시켰다. 하지만 여전히 군사 권력은 하나회, 알자회 등 일부 육사 졸업생들이 만든 사조직이 독점했다.

김영삼은 대통령에 취임하자마자 군내 비밀사조직을 숙청했다. 그때까지 하나회는 육사 11~36기 약 250명, 알자회는 육사 34~43기 약 120명이 활동했다. 또한 전두환, 노태우의 각종 범죄행위를 수사해 기소했는데 법원은 내란죄, 뇌물죄 등으로 전두환에겐 사형을, 노태우에겐 유기징역 최고형을 선고했다. 전국을 떠들썩하게 했던 군내 사조직 숙청 후 한국군은 헌법에 명시된 정치적 중립을 준수하며 문민통제를 받고 있다. 그런데 2010년대 후반까지도 하나회, 알자회 출신 일부는 공직에서 출세했다. 하나회 강창희는 대한민국 국회의장을 지냈고, 하나회 막내 기수인 육사 36기는 대장까지 진급해 2016년 한미연합군사령부 부사령관을 지냈으며, 알자회 막내 기수는 2019년까지 육군 중장으로 진급하며 특전사령관, 사단장 등을 역임했다. 국군이 과연 군내 사조직의 손아귀에서 벗어났는지, 나름의 자정 작용을 충실히 하고 있는지 많은 의문이 드는 부분이기도 하다.

2022년 현재 대한민국은 세계 10위 경제대국(IMF GDP 통계, 2020), 세계 6위 군사력을 갖춘 국가다. 이승만 대통령이 체결한 한미군사동맹은 북한, 소련, 중국 등 위협에 맞서 국방에 투입했어야 할 예산을 아껴 경제에 투자하도록 결정적인 도움을 줬다. 대한민국이 인류 역사상 유래가 없을 만큼 빠르게 건국, 산업화, 민주화란 과제를 해결하는 동안 국가안보의 중심축이었다. 한미동맹을 바탕으로 대한민국은 미국, 유럽연합, 중국 모두와 자유무역협정을 맺은, 전 세계에서 유일한 국가가 됐다.

1948년 건군 초창기 육해공군은 입을 전투복이 없어 일본군이 남기고 가거나 미군이 쓰던 전투복을 입어야 했다. 1949년 주한미군사고문단은 한국군을 다음과 같이 평가했다.

"1775년 당시 미국 군대 수준"[12]

"한국인의 격렬한 민족적 자부심을 제외하면,
한국군은 추천할 만한 점이 없다. 단체훈련도 없고
사격술은 보잘것없고 장교들은 병사를 지도하는 방법도 몰랐다."[13]

"대한민국은 장제스 정부와 똑같은 운명에 처해질 것이다."
- 한국전쟁 직전 군사고문단 보고서(1950년 6월 15일)[14]

---

12) Sawyer, 1962
13) J. 굴든. 1983.
14) KMAG, Semiannual Report(1950.6.15.), sec IV, p.18.

이제 한국은 스스로 만든 전투복을 입는다. 세계 최고 수준의 방위산업 기술까지 갖춰 소총, 기관총, 자주포, 박격포, 수류탄, 각종 미사일을 만들어 수출한다. '포방부'라 불릴 만큼 엄청난 화력을 자랑하는 포병전력과 세계 최강 기계화군단도 보유하고 있다. 수송용 헬리콥터를 만들고 직접 운용하며 공군의 국산 훈련기와 초음속 전투기는 세계 곳곳으로 수출되고, 4.5세대 스텔스 전투기, 조기경보기, 공중급유기, 고고도 무인정찰기, 군사위성도 갖고 있다. 해군은 이지스 구축함, 경항공모함급 상륙함, 3,000톤급 잠수함 등을 비롯해 각종 미사일과 어뢰 등을 만들고 있다. 잠수함과 함정을 수출까지 하고 있다. 그리고 세계 최고 수준의 과학화 전투훈련 시스템을 갖춰 실전적인 훈련도 하고 있다. 그간 한국군은 한국전쟁 후 북한이 저지른 3,120건(침투 2,002건, 국지도발 1,118건)[15]의 무력도발에 대응하며 남침 의욕을 억제했다. 1882년 임오군란 당시 옷도 무기도 없고, 한국전쟁 당시 소총 한 자루도 만들지 못한 군대는 이렇게 기적을 이뤘다. 한강의 기적이자 한국군의 기적이다. 그리고 2022년 현재 한국군은 전시작전 통제권한을 유엔군/한미연합사령부에게서 넘겨받고, 한국전쟁을 공식적으로 끝내는 종전선언을 추구하고 있다.

그런 한편, 오래도록 실전 경험 없이 PPT와 마우스로 훈련하며, 조직은 관료주의에 더 깊이 물들어가고, 온 국민의 눈살을 찌푸리게 하는 방산비리, 인구감소로 인한 병역자원의 급격한 감소, 일제 강점기보다 높은 징집률, 장군단의 정권 눈치보기와 표리부동한 줄서기, 일부 구시대적 조직문화와 각종 악성사고, 책임회피 등 다양한 내홍도 겪고 있다. 국민의식과 동떨

---

15) 침투 : 직접침투 1,749건, 간접침투 214건, 월북·납북자납파 39건, 국지도발 : 지상도발 503건, 해상도발 559건, 공중도발 51건, 전자전도발 5건 * 2020년 11월 30일 기준 〈2020 국방백서〉

어져 비판받는 경우도 종종 있고 특히 집권 정당의 진영논리에 따라 국방원칙이 통째로 흔들리는 모습도 보인다. 그럼에도 불구하고 한국군은 대한민국을 지키는 가장 강한 힘이자 최후의 보루이며, 모든 국민이 자유롭게 일상을 누릴 수 있도록 돕는 든든한 친구다.

한국군의 뿌리는 무엇인가?

이제까지 서술한 바에 따라 한국군의 뿌리를 인적, 제도적, 문화적 차원에서 살펴보면 다음과 같다.

1. 인적 차원

어디서 누구에게 어떤 교육을 받았는지는 인간과 조직에 중요한 영향을 미친다. 고종 시기 조선군은 러시아, 일본, 청나라, 영국, 미국에게 교육받은 혼종이었다. 대한제국군은 러시아군과 일본군에게 교육받았다. 한국군은 일본군, 만주 관동군 그리고 중국군 출신들이 중심이었고 광복군 출신은 소수였다. 육군 참모총장 1~16대, 1대 및 5대 공군참모총장, 해병대 1~3대 사령관 등이 일본군, 만주군 출신이다. 해군 창설은 민간업체 출신들이 주도했다. 1948년부터 교육과 제도, 장비와 물자가 본격적으로 미국화됐고, 한국전쟁, 베트남전쟁 등을 거치며 미국식 군대가 됐다.

일본 육사 출신

해방 당시 조선인 중 가장 실력 있는 엘리트 집단으로 여겨졌다. 34명이 창군에 기여하고 26명이 장군으로 진급했다. 실전경험이 풍부하고 '(일본)무사도'에 대한 자부심도 있었다. 이들은 한국전쟁에서 두각을 나타내고 한국군 중심이 됐다. 합참의장 이형근(초대), 정래혁(국방장관, 국회의장), 장창국, 유재흥(국방장관) 등이 있고, 육군참모총장 이응준(초대), 이종찬(국방장관), 채병덕 그리고 공군참모총장 장래혁, 김정열(초대, 국방장관, 국무총리) 등이 있다.

만주군 출신

주로 만주에서 공산주의자, 독립활동가 등을 색출하고 토벌했다. 해방 후 공산주의자(빨치산)를 소탕하거나 반란을 진압하는데 우수한 능력을 발휘하고 한국전쟁에서도 핵심역할을 맡았다. 정일권(육군참모총장, 합참의장, 국회의원), 백선엽(육군참모총장, 합참의장), 박정희(대통령), 박림항, 강문봉, 최주종, 김백일, 김동하, 윤태일 등이 있다.

중국군 출신

최덕신(광복군 정령, 육사 3기, 육군 중장, 외무장관, 주독대사 등 역임. 1986년 부인과 함께 월북, 둘째 아들은 2019년 월북), 공군참모총장을 지낸 김신(김구의 아들) 등이 있다. 중국군에서 광복군으로 건너간 뒤 한국군에서도 활동했던 김홍일(광복군 참모장, 육군 중장), 최용덕(광복군 총무처장, 공군참모총장), 안춘생(광복군 지대장, 육사 8기, 육군 중장, 독립기념관장), 이준식(광복군 지대장, 육사 8기), 유해준(광복군 참모, 육군 소장), 권준(광복군 지대장, 육사 8기, 육군 소장) 등이 있다.

광복군 출신

해방 당시 한국광복군은 약 800명이었다. 다른 출신들보다 나이가 많고 현대적인 전투기술을 교육받지 못해 주류에서 밀려났다. 또한 김구와 이승만이 권력을 투쟁하는 과정에서 밀려나고, 창군 과정도 주도하지 않았다. 남조선국방경비대를 향해 '미국 용병집단이자 친일 집단'이라고 비판하기도 했다. 유동열(임시정부 초대 참모총장, 미군정 초대 통위부장), 이범석(광복군 부장,

초대 국방부장관), 안춘생(육군 중장), 송호성(경비대총사령관, 육군 준장) 등을 제외하곤 한국군 창설 초기에 참여하지 않았다. 각 군 참모총장 등 고위직으로 진출한 사례는 없다.

일본군 학도병 출신

태평양전쟁 중 제정된 학병법에 따라 1943년 10월부터 총 4,385명이 복무했다. 한국군 창군 당시 초급장교로 활약했고 약 100명이 장군으로 진급했다. 국방부장관을 지낸 김성은, 서종철, 박병권, 노재현, 합참의장 김종오, 한신, 심흥선, 육군참모총장 민기식, 김계원, 장도영, 이세호, 육군참모부장 백인엽 그리고 육사교장을 맡았던 이치업, 김희덕 그리고 대통령비서실장과 중앙정보부장을 지낸 이후락 등이 있다.

일본군 지원병 출신

1938년부터 육군 17,664명, 해군 약 3,000명이 일본군에 지원해 병사로 복무했다. 실전경험이 풍부하고 군인정신이 투철하다고 평가받았다. 약 100명이 장군이 됐다. 합참의장을 지낸 임충식, 문형태, 육군참모총장 최경록, 송요찬, 해군참모총장, 이용운 그리고 김재규(중앙정보부장), 양찬우(내무부장관), 김현옥(서울특별시장), 이석제(총무처장관) 등이 있다.

일본 육군항공학교 출신

옥만호, 장성환 등이 공군참모총장이 됐다.

2. 제도/장비적 차원

군사제도는 선발, 편성, 조직, 장교양성(교육), 훈련, 작전, 전술, 군수, 최고 지휘관 권한(군령권/군정권 등)과 책임 등을 포함한다. 대한제국기는 러시아식과 일본식이 섞였다. 독립군과 광복군은 대한제국, 중국군에게 영향 받았다. 한국군은 초기 일본군, 만주군 경험자들이 주도한 결과 일본식이었다. 미국은 1948년 정부 수립 전후로 온갖 제도와 장비가 뒤섞인 체계를 통합하려고 군사교범 통일과 교육기관 설립, 장교 유학, 장비보급 등에 공들였다. 앞서 언급한 것처럼, 제임스 밴플리트 장군의 역할이 지대했다. 군사고문단이 한국에 오래도록 주둔하며 각종 역할을 맡은 결과 한국군은 미국화됐다.

3. 문화적 차원

문화는 사람, 제도, 공간, 인식, 시간 등이 상호작용하며 형성된다. 일본군, 만주군 출신은 어려서부터 일본 문화에 익숙했다. 일제는 특히 모든 국민과 식민지인들에게 교육에 관한 칙어(교육칙어)를 의무적으로 가르치고, 신사참배, 조회, 대회 등 다양한 의식에 참여하도록 했다. 교육칙어는 천황을 위해 목숨마저 바치도록 세뇌시킨 명령서다. 1911년 제1차 조선교육령 제2조에도 담아 조선인 교육에도 반영했다. 또한 일본군과 만주군은 군인칙유를 철저하게 교육받았다.

조선에서 교육은 〈교육에 관한 칙어〉에 기초해
충량한 국민을 기르는 것을 목표로 한다.
- 제1차 조선교육령(1911) 제2조

교육칙어

내가(메이지 천황이) 생각하건데, 내 조상 천황들이 영원하고 광대한 일본을 만들었고, 대대로 쌓아온 뜻과 덕은 매우 깊고도 두텁다. 일본의 신하인 너희는 대대손손 천황에게 충성을 바치고, 부모에겐 효도하면서 아름다운 충효의 풍속을 만들어왔다. 이것이 '국체'의 고유한 정신이며 모든 교육에 있어 뿌리가 된다.

너희는 부모에게 효도하고, 형제자매는 우애를 다지고, 부부는 사이좋게 지내며, 친구끼리는 서로를 믿어야 한다. 검소한 마음을 갖고 자신을 절제하고, 박애정신을 갖고 다른 사람들을 도우며, 학문을 배우고 일을 하며, 지식과 재능을 넓혀나가고, 덕과 재능을 갖춘 인간이 되어야 한다. 나아가 공공이익을 늘려가며, 황실전범과 일본제국 헌법을 항상 존중하고 그 법령을 지켜야 한다.

만약 일본이 위기에 처하면 천황국가가 무한하게 번영하도록 큰 뜻과 용기를 갖고 목숨을 바쳐야 한다. 이는 천황의 신하로서 당연한 노력이고, 조상들이 전해온 아름다운 풍습을 잘 이어가는 길이다.

12가지 덕목은 우리 조상이 남겨온 가르침이어서 천황은 물론이고 국민 모두가 지키고 전파해야 한다. 옛날이나 지금이나, 일본이나 해외 어디서도 영원히 올바른 일이다. 나 메이지 천황은 너희 신하(국민)들과 함께 이 내용을 소중하게 지킬 것이니, 너희도 모두 나와 같은 마음을 잊고 몸 바쳐 실선아실 바란다.

- 1890년(메이지 23년) 10월 30일, 메이지 천황

교육칙어와 군인칙유는 개인과 사회의 다양성을 엄격하게 제한하고 통제하며 경직된 세계관을 심었다. 또한 일본군 특유의 엄격한 위계질서, 가혹행위, 연좌제식 처벌, 기합(얼차려), 내리갈굼, 상호감시 등은 한국군 문

화에도 여과 없이 전달됐다. 물론 조선군, 대한제국군 등도 비슷한 문제가 있었고, 각종 독립군과 한국광복군도 마찬가지였다. 하급자를 가혹하게 다루고 모욕하며 학대한 악습은 고려, 조선 시대에도 뿌리 깊었다. 한편 공산주의 계열은 민족보다 계급을 앞세웠다. 민중혁명을 일으켜 부르주아 계급과 봉건사회를 타파하고, 사회주의 국가를 건설하자는 '프롤레타리아 혁명' 관점이었다. 한국군에 남조선노동당 공산주의자들이 대거 입대하며 군 문화와 이념에도 일부 영향을 미쳤지만 대규모 숙군을 통해 정화됐다.

1948년을 전후로 군사제도와 인적 구성은 점점 미국화됐다. 그러나 군 문화는 크게 바뀌지 않았다. 그리고 2022년 지금도 '한국군 문화에서 일제 잔재를 없애야 한다'는 비판이 수시로 제기된다.

결론적으로 창군 당시의 한국군은 일본군, 중국군, 만주군, 독립군, 광복군, 대한제국군, 미국군, 러시아군, 청나라군 등에 직간접적인 뿌리를 둔다. 인적, 제도적, 문화적 뿌리는 대부분 일본군과 만주군, 일부는 중국군과 광복군에서 왔다. 한국전쟁 전후로는 인사, 보급, 교육, 훈련, 부대 관리, 시설, 물자, 장비, 보급, 수송, 통신, 정보 등 모든 분야에서 미국식 군대로 탈바꿈했다.

2022년 현재 국방부 정신교육 자료는 주장한다. "우리 헌법 전문에 '대한국민은 3·1운동으로 건립된 대한민국 임시정부의 법통'을 계승하고 있다는 점을 분명히 했듯이 우리 국군 역시 의병, 독립군, 광복군을 계승하고 있다"

의병, 독립군, 광복군과 한국군을 연결하는 건 감성적으로 옳고도 마땅하다. 그들이 보였던 투쟁 정신과 민족을 위한 충정도 기려야 한다. 그런데

'독립군'으로 불린 수많은 단체 중 도대체 누구를 계승하는 걸까? 일제와 싸우기보다 서로 싸워 죽인 경우가 많았는데, 어떤 '독립군'을 계승한다는 걸까? 어느 누구도 말하지 않는다. 묻지도 따지지도 말고 정해놓은 답만 외우도록 강요한다.

군대는 현존하는 안보위협에 대비해 훈련하며 만일의 사태에 대비하는 합법적 폭력 조직이다. 현대 한국군이 상대해야 하는 안보위협은 무엇일까? 한국군의 뿌리는 무엇일까? 역사는 말한다. "한국군의 뿌리는 다양하다"고.

역사를 스스로 왜곡하지 말고, 있는 그대로 보자. 국제관계에 따라 긴박하고 압축적으로 멸망, 식민, 해방, 건국, 건군하며 생겨난 각종 모순과 역설들을 이젠 품고 보듬어야 한다. 일부 사실을 전체라고 호도하며 억지로 외우도록 강요하는 건 거대한 폭력이다. 손자병법이 강조하는 '지피지기 백전불태'와는 한참이나 거리가 먼 처사다.

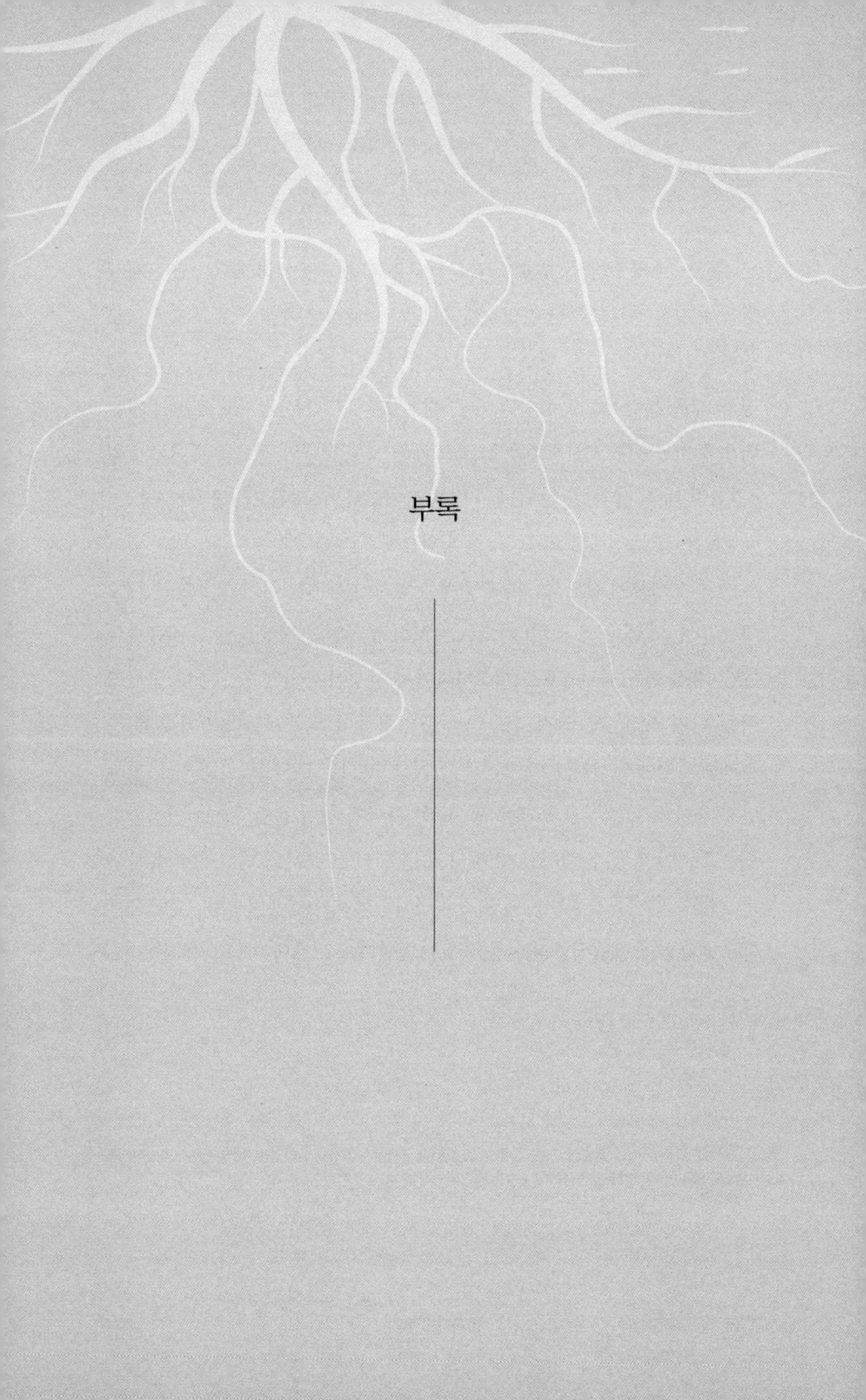

부록

불멸의 영웅 '육사 생도 2기'

1950년 6월 25일 오후 1시, 육군본부는 서울 태릉에서 교육받던 육사생도들을 전선에 투입하라고 명령했다. 당시 학교장은 중국군 장교 출신으로 광복군 1지대장이기도 했던 이준식 준장이었다. 졸업을 20일 앞둔 1기 262명과 입교 24일차로 소총사격도 못 해본 2기 277명은 경기도 포천시 가산면으로 이동했다. M1 소총만 들고 북한군 전차 대대와 전투를 벌이고, 7월 4일까지 태릉, 금곡, 수원 등에서 전투를 치렀다. 10일간 151명(1기 65명, 2기 86명 등 151명)이 전사했고, 그 뒤 정식 임관해 활약했다.[1]

세계 전쟁사에 사관생도를 전쟁에 투입시킨 사례는 극히 드물다. 특히 2기는 '비운의 기수'로 불린다. 그들은 28:1의 치열한 경쟁을 뚫고 처음으로 '4년' 과정 정규 사관생도로 입교하자마자 전쟁에 투입됐다. 그런데 군사영어반, 단기 과정, 2년 과정, 4년 과정 등을 통틀어 '육군사관학교 기수'를 정리하는 과정에서 육사 10기(2년제 육사 1기)와 1951년 입학한 육사 11기(4년제 육사 1기, 전두환 노태우 등 포함) 사이에 끼여 졸업생으로 인정받지 못하고 미아가 됐다. 입학한 지 무려 46년 뒤인 1996년이 되어서야 '육사생도 2기'로 명예졸업장을 수여받고 육군사관학교 졸업생이 됐다. 육군사관학교 교훈탑에 졸업생들의 이름을 생긴 동판에도 그제야 이름이 새겨졌다.

---

1) 육군사관학교 1~6기 졸업생 29%(전체 1,254명 중 366명), 7~10기 졸업생 30%(전체 3,658명 중 1,095명)이 한국 전쟁 중 전사했다. 6기는 동기생의 무려 40%가 전사했다.

국군의 날은 왜 10월 1일일까?

뿌리를 이야기할 때 생일을 빼놓을 수 없다. 국군의 날은 매년 10월 1일이다. 각자의 생일이 명확하듯이 국군의 생일도 누구나 콕 짚을 수 있다면 좋겠지만, 탄생과정이 복잡다단해 생일을 두고도 논쟁이 있다.

국군의 날 '1950년 10월 1일'은 한국군 3사단 23연대 3대대가 38선을 돌파해 북한으로 진격한 날로 대통령령 제1173호(1956.9.21.)에 따라 결정됐다. 마침 이 날은 조선경비대가 한국군에 편입된 날(1948년)이고, 공군이 창설되며 국군이 완전한 모습을 갖춘 날(1949년)이기도 하다.

그런데 국군을 1948년에 창설했는데 1950년부터 기념하는 게 맞는지, 앞으로 통일을 추구하는데 북한을 공격한 날로 하는 게 타당한지, 북한이 김일성의 항일투쟁을 기리려고 인민군 창설일을 항일유격대 설립일(1932년 4월 25일)로 바꿨는데 대응할 필요는 없는지 등을 근거로 국군의 날을 바꿔야 한다는 주장이 있다.

대안으로 거론되는 날짜는 1919년 11월 5일 임시정부 군무부 관제 편성일, 1940년 9월 17일 한국광복군 조직일, 1945년 11월 13일 국방사령부 설치일, 1946년 1월 15일 조선경비대 창설일, 1948년 8월 15일 국방부 설치일, 1948년 11월 30일 국군조직법 공포일 등이 있다. 다른 국가들은 전쟁 승리일, 군대창설일 등 각자 역사적으로 의미 있는 날을 건군기념일로 정했다. 즉, 군대 생일을 법적 논리에 가두진 않는다.

날 짜	날 짜	날 짜
1919년 11월 5일	임시정부 군무부 편성	군대 실체가 없음
1940년 9월 17일	한국광복군 총사령부 조직	최초 민주정부 군대
1945년 11월 13일	국방사령부 설치	광복이란 명분
1946년 1월 15일	조선경비대 창설	미군에 의한 창군 과정
1948년 8월 15일	정부 수립 및 국방부 설치	한반도 유일 합법 정부와 군사총괄기구 설치
1948년 11월 30일	국군조직법 공포	법적인 실체 정비
10월 1일	1848년 조선경비대 한국군 편입 1949년 한국군 완편 * 공군창설 1950년 38도선 최초 돌파	현재 대한민국 국군의 날

북한군의 뿌리

소련 지도자 스탈린은 한반도 문제를 해결하려면 군사력이 가장 중요하다고 봤다. 그래서 북조선이 단독정권을 세우고 강력한 군대를 갖도록 지원했다. 해방 후 북조선에 들어선 소련 민정은 티렌티 포미치 시티코프(Terenty Fomich Shtykov, 1907~1964)가 이끌었다. 그는 서울을 방문해 이승만, 김구 등과도 종종 만났고, 1950년 1월 김일성이 전쟁을 승인해달라며 보낸 요청을 본국과 중재했다.

티렌티 포미치 시티코프   1946년 제1차 미소공동위원회_이승만, 김구, 시티코프, 안재홍

    1945년 10월 12일, 소련은 조선인들이 자발적으로 만든 자위대(민족주의 우익), 치안대(국내 공산주의 좌익), 적위대(소련 공산주의 좌익, 빨치산파) 등 군사단체를 모두 해산시키고, 공산주의자 2,000명을 모아 '중앙보안대'를 창설했다.(소련 제25군사령관 명령서) 각 도의 인민위원회에도 '보안대'를 조직해 치안을 관리하게 했다.

    1946년 1월 11일 평양에 '철도보안대'를 창설하고, 반년 만에 북조선 전역에 13개 중대를 배치한 뒤 '북조선철도경비대'로 개편했다. 그 사이 제1차 미소공동위원회가 결렬되자 스탈린은 김일성과 박헌영을 모스크바로 불러 '최단 시간에 북한에 정규군대를 창설하고 러시아 군(붉은 군대, 적군)의 경험을 전수받으라'고 지도했다. 김일성은 8월 15일 모든 보안대를 통합 지휘하는 '보안간부훈련대대부'를 창설하고 정규군대로 전환 시키려 했다. 실질적으론 정규군인데, 미국과 남조선을 기만하려고 일부러 이름을 모호하게 정했다.

    소련은 군사고문단을 파견해 훈련소, 간부교육기관, 훈련대대부 등 군사업무를 전반적으로 지도했다. 1947년 5월 17일 훈련대대부를 '인민집단군'

으로 증강했고, 이 모든 과정은 최대한 비밀스럽게 진행했다. 미소공동위원회가 최종 결렬되고 미국이 한반도 문제를 유엔으로 넘기자, 소련과 북조선은 강력한 힘으로 주도권을 잡으려고 1948년 2월 8일 '조선인민군'을 창설했다. 5월엔 남조선 단독선거에 반대한 김구, 김규식 등 남조선 정당, 사회단체 대표들이 평양에 들러 '남북정치협상회의'에 참석했다. 소련과 북조선은 간첩(성시백 등)을 보내 이들에게 치밀한 공작을 펼쳤다. 김일성은 그들에게 대규모 열병식을 보여주며 조선인민군의 무력을 과시했다. 8월 15일 대한민국 정부가 수립되자 9월 9일 '조선민주주의인민공화국'을 세웠다.

그해 12월 중순, 모스크바에서 소련, 중국, 북한의 국방대표자회의가 열렸다. '북한이 18개월 내에 남한을 침략하고 점령'할 수 있도록 보병 10개 사단, 기갑 2개 사단을 증강하고, 시티코프 대장과 장군 5명, 대령 12명 등 소련특별군사사절단 약 40명을 평양에 파견하기로 결정했다. 회의 직후 소련군은 북한에서 철수했다. 군사사절단은 한국계 중공군 약 5만 명을 북한군으로 편입시키고, 3개 지역 신병훈련소를 사단 규모로 개편하고, 전차 242대와 전투용 항공기 150기를 조선인민군에 지원했다. 그리고 바실리예프(Vassyliev) 중장 등은 남한 선제공격계획을 세웠다. 이처럼, 북한은 1946년부터 남한 침략과 공산화를 목표로 전쟁을 준비했다. 북한과 협력을 꿈꾸며 '남북정치협상회의'를 주도했던 사람들은 무슨 일이 벌어지는지 파악하지 못하고 헛된 이상만 좇던 꼴이 됐다.

조선인민군, 즉 북한군 창설과정에는 주로 항일유격대, 조선의용군 출신들이 기여했다. 김일성은 1948년 2월 8일 조선인민군 창군식과 1959년 창군 10주년 기념식에서 '인민군 전통은 항일빨치산(항일유격대)'라고 했다. 그 뒤로 북한은 '인민군의 뿌리는 1932년 4월 25일 김일성이 창설한 조선인민혁명군이다'라며 김일성을 우상화하는데 집중했다. 참고로 김일성은 1936년 2월 간도 지역에서 중국 공산당 동북항일연군에 속해 있다가 일제 토벌로 인해 소련으로 밀려났다. 1941년경 조선인, 중국인 약 500명과 함께 소련으로 건너가 소련 제88독립저격여단에서 소련군 대위로 활동해 빨치산파로 여겨진다. 빨치산은 비정규 무장요원을 뜻하는 러시아어 'Partisan'으로 '빨갱이'의 어원이기도 하다.

북한군의 또 다른 축 조선의용군은 중국 공산당 팔로군 등에 소속되어 일제에 맞섰다. 일본군, 만주군 출신 하급장교와 부사관들도 북한군 창설에 일정 부분 기여했다. 그런데 일본 육사 27기 졸업생 김인욱(중좌), 윤상필(소좌) 등 고급간부들은 소련군에 붙잡힌 뒤 시베리아 감옥에 갇혔다. 북한군 창군 당시 주요인물은 다음과 같다.

최종계급	계열	이름
원수	빨치산파	리을설, 오진우
차수	빨치산파	백학림, 최광
	소련파	김봉률
대장	빨치산파	김광협, 김창봉, 김책, 오백룡, 전문섭, 최용건, 최현
상장	빨치산파	서철, 석산, 태병렬, 최용진, 허봉학
	연안파	김웅, 박일우, 박효삼
	소련파	방학세, 최종학
중장	빨치산파	강건, 김병갑, 김일, 이영호, 지병학
	연안파	무정, 박훈일, 방호산, 왕련, 이상조
	소련파	기석복, 김열, 김재욱, 김학준, 유성철, 장철, 최표덕, 한일무
소장		박성철, 유경수
	연안파	김강, 김창덕, 김창만, 김한중, 서희, 윤공흠, 이권무, 이익성, 장평산, 주연, 전우, 최인

최종계급	계열	이름
소장	소련파	김단, 김원길, 김영수, 김일, 김찬, 김철우, 김칠성, 김학인, 박길남, 박창옥, 오기찬, 이동화, 이청송, 이준백, 정학준, 천의완, 천치억
	일본군	이활(항공사령부 부사령관)

남조선 간부 양성기관으로 군사영어학교, 경비사관학교 등이 있었다면 북조선에는 평양학원, 중앙보안간부학교, 해안경비대간부학교, 강동정치학원 등이 있었다. 가장 먼저 1946년 2월 8일 진남포 인근에 평양학원을 설립했다. 주로 항일 빨치산파가 운영과 교육을 맡았다. 600명을 선발해 약 4개월간 단기 과정을 진행했고, 졸업생은 각 지역 보안대, 철도보안대에 배치됐다. 그 뒤 15개월 정규 교육과정으로 1950년 6월까지 5개 기수 약 2,500명을 배출했다. 평양학원은 1949년 1월 '인민군 제2군관학교'로 이름을 바꿨다.

1946년 7월 8일 세운 북조선 중앙보안간부학교는 시티코프 장군이 계획하고 스탈린이 승인해 만든 학교다. 학교는 소련 국방부 총정치국 지시를 따라 12개월 과정을 편성하고 보병, 포병, 공병, 통신 등 각 병과 간부를 교육했다. 한국전쟁 전까지 약 2,000명이 졸업했고 대부분 인민군에 소속되어 한국 침략에 핵심적인 역할을 맡았다. 이 학교는 1948년 12월 평양으로 이전하며 '제1군관학교'가 되고, 1950년 10월 '강건 종합군관학교'로 이름을 바꾸며 오늘날에도 운영되고 있다.

평양학원 대남반에서는 남조선에 침투해 공산주의 지하투쟁을 진행할 간첩을 길렀다. 또한 1948년 1월 1일 '강동정치학원'을 세우고, 남조선에서 월북한 사람들을 선발해 남조선 공산주의화(적화)를 위한 정치공작, 유격 활동 등을 교육했다. 한국전쟁 직전까지 약 3,000명이 졸업하고 그중 2,385

명이 한국에 침투해 살인, 방화, 습격, 약탈 등 간첩 활동을 펼쳤다. 1949년 설립한 '제3군관학교(766부대)'에서는 유격부대 약 3,000명을 길렀다. 이들은 전쟁 발발 후 어선을 타고 강릉 정동진, 임원진에 상륙해 한국군 후방을 교란했다.

1946년 7월 설립한 '수상보안대'는 12월 '해안경비대'로 이름을 바꾸고, 1949년 12월 '조선인민군 해군'이 됐다. 초기에는 주로 평양학원, 중앙보안간부학교 출신들이 해군 업무를 담당했지만 전문적인 해군을 기르려고 1947년 7월 8일 '해안경비대 간부학교'를 창설하고 한국전쟁 전까지 간부 1,000명을 배출했다. 이 학교는 '해군군관학교'로 이름을 바꿨다.

북한 공군은 1949년 창설됐다. 일반적으로 북한이 친일파를 철저하게 청산했다고 알고 있지만 공군은 달랐다. 일본군 출신들은 1945년 10월 25일 신의주항공대를 창설하는데 기여했다. 평양학원에 만든 항공과는 항공대대/연대/사단과 공군 창설로 이어졌다. 소련은 미국을 자극하지 않으려고 공군 지원에 대해선 소극적이었다. 그래서 북한은 일본군 출신을 최대한 활용해 자체적으로 공군을 기르려고 했다. 한국전쟁을 앞두고 소련이 적극 지원해준 덕분에 북한군은 일본식 체계를 매우 빠르게 소련식으로 바꿨다. 1949년 중반 전투기 48대, 훈련기 17대를 보유했고 조종사는 11명에 불과했지만, 소련이 전쟁을 승인하고 1950년 4월부터 적극적으로 지원한 결과 6월 25일 기준 항공기 약 200기를 갖추게 됐다. 불법 침략 당일 서울 상공에 진입해 국회의사당에 총을 쏘고 갈 정도로 압도적인 전력이었다.

요약하자면, 북한군의 뿌리는 소련군(빨치산파)과 중국 공산당군(조선의용군 계열, 연안파)에 있다. 일본군, 만주군 출신은 곁다리였다. 최고위직은 빨치산파와 소련파가 도맡고 최고수령 김일성은 소련을 등에 업고 북한의 사상을 통일시키고 국가권력을 장악했다. 그리고 '항일독립투사'들은 대한민국을 멸망시키려고 불법 전쟁을 일으켰다. 침략 당시 사단장급 이상 지휘관 대부분은 소련군 출신, 독립투사였다. 한국사에서 민족적 정통성을 북한에 둔 사람들은 한국전쟁을 '친일파와 독립투사의 대결'로 주장하기도 한다.

2022년 현재 북조선인민군 학교 현황 : 약 20개

김일성군사종합대학(평양, 김정은 2002년~ 2007년 재학)

강건종합군관학교(평양)

김일성정치대학(평양)

김책공군대학(함경 청진)

김정숙해군대학(함경 함흥)

김형직군의대학(평양)

자동화대학(평양)

김철주포병종합군관학교(평안 은산)

태천군관학교(평안 태천)

최현군관학교(평안 태천)

비행군관학교(함경 경성)

고사포병군관학교(평안 정주)

통신군관학교(함경 함흥)

후방군관학교(평안 박천)

군인에 관한 칙유 (일본어 현대어역)

わが国の軍隊はいつの世も、天皇の率いるもとにある。昔、神武天皇みずから大伴物部の兵たちを率い、国中の帰順せぬ者どもを討ちたいらげ、皇位につき天下を治められてから、二千五百年余りを経た。この間、世の移り変わりに従い、兵制の改革もまたしばしばであった。古くは天皇がみずから軍を率いられる制度であり、時には皇后皇太子が代ることもあったが、およそ兵権を臣下に委ねることはなかった。中世に至り、政治軍事の制度をみな唐にならわせ、六衛府を置き左右の馬寮を建て、防人などを設けて兵制は整った。しかしうち続く平和になれ、朝廷の政務もしだいに文弱に流れたため、兵と農はおのずから二つに分かれ、古代の徴兵はいつとなく志願の姿に変わり、ついには武士となった。軍事の権限は、すべて武士たちの頭領である者に帰し、世の乱れとともに政治の大権もまたその手に落ち、およそ七百年のあいだ武家の政治となった。世のさまの移りでかくなったのは、人の力では挽回できなかったともいえるが、それはわが国体に照らし、かつわが祖先の制度に背く、嘆かわしき事態であった。

時が下って、弘化嘉永の頃から徳川幕府の政治は衰え、あまつさえ外国との諸問題が起こって国が侮りを受けかねない情勢が迫り、わが祖父仁孝天皇、先代孝明天皇をいたく悩ませられたことは、かたじけなくも又それ多いことであった。しかるに朕が幼くして皇位を継承した当初、征夷大将軍が政権を返上し、大名小名は版籍を奉還した。年を経ずに国内が統一され、古代の制度が復活した。これは文武の忠臣良臣が朕を補佐した功績であり、民を思う歴代天皇の遺徳であるが、あわせてわが臣民が心に正逆の道理をわきまえ、大義の重さを知っていたからこそである。そこでこの時機に兵制を改め国威を輝かすべしと考え、この十五年ほどで陸海軍の制度を今のように定めたのである。軍の大権は朕が統帥するもので、その運用は臣下に任せても、大綱は朕がみずから掌握し、臣下に委ねるものではない。子孫に至るまでこの旨をよく伝え、天皇が政治軍事の大権を掌握する意義を存続させ、再び中世以降のように、正しい体制を失うことがないよう望む。

朕は汝(なんじ)ら軍人の大元帥である。朕は汝らを手足と頼み、汝らは朕を頭首とも仰いで、その関係は特に深くなくてはならぬ。朕が国家を保護し、天の恵みに応じ祖

先の恩に報いることができるのも、汝ら軍人が職分を尽くすか否かによる。国の威信にかげりがあれば、汝らは朕と憂いを共にせよ。わが武威が発揚し栄光に輝くなら、朕と汝らは誉れをともにすべし。汝らがみな職分を守り、朕と心を一つにし、国家の防衛に力を尽くすなら、我が国の民は永く太平を享受し、我が国の威信は大いに世界に輝くであろう。朕の汝ら軍人への期待は、かくも大きい。そのため、ここに訓戒すべきことがある。それを左に述べる。

一　軍人は忠節を尽くすを本分とすべし。我が国に生をうける者なら、誰が国に報いる心がないことがあろう。まして軍人となる者は、この心が固くなければ、物の役に立つとは思われぬ。軍人にして報国の心が堅固でないならば、いかに技量に練達し、また学術に優れても、なお木偶(でく)人形にひとしいのだ。隊伍整い規律正しくとも、忠節の存在しない軍隊は、有事にのぞめば烏合の衆と同じである。国家を防衛し、国権を維持するのは兵の力によるのであるから、兵力の強弱はすなわち国運の盛衰であることをわきまえよ。世論に惑わず、政治に関わることなく、ただ一途におのれの本分たる忠節を守り、義務は山より重く、死は羽毛より軽いと覚悟せよ。その志操を破り、不覚をとって汚名をうけることのないように。

一　軍人は礼儀を正しくすべし。軍人は上は元帥から下は一兵卒に至るまで、階級があって統制に属すだけでなく、同じ階級でも年次に新旧があり、年次の新しい者は、古い者に従うべきものだ。下級の者が上官の命令を受ける時には、実は朕から直接の命令を受けると同義と心得よ。自己の所属するところでなくとも、上官はもちろん年次が自己より古い者に対しては、すべて敬い礼を尽くすべし。また上級の者は下級のものに向かい、いささかも軽侮し傲慢な振るまいがあってはならぬ。公務のため威厳を主とする時は別、そのほかは努めて親密に接し、慈愛をもっぱらに心がけ、上下が一致して公務に勤めよ。もし軍人たる者で礼儀を破り、上を敬わず下をいたわらず、一致団結を失うならば、ただ軍隊の害毒であるのみか、国家のためにも許しがたき罪人である。

一　軍人は武勇を尊ぶべし。武勇は我が国において古来より尊ばれてきたところであるから、我が国の臣民たるものは、武勇なくしてははじまらぬ。まして軍人は戦闘にのぞみ、敵に当たる職務であるから、片時も武勇を忘れてよいことがあろうか。ただ武勇には大勇と小勇があり同じではない。血気にはやり、粗暴に振るまうなどは武勇とはいえぬ。軍人たるものは常によく義理をわきまえ、胆力を練り、思慮を尽くして物事を考えるべし。小敵も侮らず、大敵をも恐れず、武人の職分を尽くすことが、まことの大勇である。武勇を尊ぶ者は、常々他人に接するにあたり温和を第一とし、人

々から敬愛されるよう心がけよ。わけもなく蛮勇を好み、乱暴に振舞えば、果ては世人から忌み嫌われ、野獣のように思われるのだ。心すべきことである。

一 軍人は信義を重んずべし。信義を守ることは常識であるが、とりわけ軍人は信義がなくては一日でも隊伍の中に加わっていることが難しい。信とはおのれの言葉を守り、義とはおのれの義理を果たすことをいう。従って信義を尽くそうと思うならば、はじめからその事が可能かまた不可能か、入念に思考すべし。あいまいな物事を気軽に承知して、いわれなき係わりあいを持ち、後になって信義を立てようとしても進退に困り、身の置き所に苦しむことがある。後悔しても役に立たぬ。始めによくよく事の正逆をわきまえ、理非を考えて、この言はしょせん実行できぬもの、この義理はとても守れぬものと悟ったならば、すみやかにとどまるがよい。古代から、あるいは小の信義を貫こうとして大局の正逆を見誤り、あるいは公の理非に迷ってまで私情の信義を守り、あたら英雄豪傑が災難にあって身をほろぼし、死後に汚名を後世まで残した例は少なくない。深く警戒しなくてはならぬ。

一 軍人は質素を旨とすべし。およそ質素を心がけなければ、文弱に流れ軽薄に走り、豪奢華美を好み、ついには貪官となり汚職に陥って心ざしもむげに賤しくなり、節操も武勇も甲斐なく、人々に爪はじきされるまでになるのだ。その身の一生の不幸と言うも愚かである。この風潮がひとたび軍人の中に発生すれば、伝染病のように蔓延して武人の気風も兵の意気もとみに衰えることは明らかである。朕は深くこれを危惧し、先に免黜条例を施行してこの点の大体を戒めた。しかしなおこの悪習が出ることを憂慮し、心が静まらぬため又この点を指導するのである。汝ら軍人は、ゆめゆめこの訓戒をなおざりに思うな。

右の五か条は軍人たらん者は、しばしもゆるがせにしてはならぬ。これを行うには誠の一心こそが大切である。この五か条はわが軍人の精神であって、誠の心一つは、また五か条の精神なのである。心に誠がなければ、いかに立派な言葉も、また善き行いも、みな上べの装飾で何の役に立とうか。誠があれば、何事も成しとげられるのだ。ましてこの五か条は、天地の大道であり人倫の常識である。行うにも容易、守るにも容易なことである。汝ら軍人はよく朕の教えに従い、この道を守り実行し、国に報いる義務を尽くせば、朕ひとりの喜びにあらず、日本国の民はこぞってこれを祝するであろう。

닫는 말

저는 2018년 광복절에 『요시다 쇼인 시대를 반역하다』(호밀밭, 2018)를 출판하고 연구를 이어가던 중 〈교육칙어〉와 〈군인칙유〉를 만났습니다. 천황주의, 군국주의, 파시즘 근대국가형성의 뼈대로서 한반도에도 깊은 영향을 미쳤는데, 아직 한국에는 이에 관련된 단행본은 없고, 논문도 희박한 현실입니다. 저는 한반도가 과거의 비극을 되풀이하지 않길 바라며 지피지기 백전불태를 실천하는데 몸을 던졌습니다.

그러던 중 '한국군의 뿌리는 독립군이다'라는 슬로건이 난무하고 육사 교내에 독립운동가 5인의 동상이 세워지는 현상에 문제의식을 갖게 됐습니다. 지청천이 일본육사 출신인 것, 이범석이 제주4·3사건 진압을 총지휘했던 것, 홍범도가 철저히 공산주의자였던 것 등은 모두 가린 채 단지 '독립활동' 만 기리며 일부 사실을 전체로 강요하는 모습에 놀랐습니다. 한국 사회는 손자병법의 '지피지기 백전불태'를 그렇게 즐겨 외치면서, 정말 '지피지기'하는 걸까?

역사분쟁이 있을 때마다 흔히들 인용하는 문구가 있습니다. 세간에는 신채호가 말했다고 알려져 있지만 그 근거는 없는 문구입니다. '역사를 잊은 민족에게 미래는 없다.' 저는 길모퉁이에 작은 비석으로만 남겨놓은 세종대왕, 이순신 탄생지에서 고뇌했습니다. 삼전도비를 묻고 숨기길 반복하고,

이완용을 내세우곤 뒤로 숨어든 매국노들의 삶을 관찰하며 물었습니다.

정작 자신의 역사를 잊고 스스로 왜곡하는 건 누구인가?
이런 나라가 마주할 미래는 도대체 무엇인가?

한국 그리고 한국군은 본인의 역사에 대해 무지하고, 자기성찰의 깊이는 얕습니다. 역사를 '했다 치고'식으로 퉁치고 넘어가는 경우도 많습니다. 이는 지피지기도, 군인정신도 아닙니다. 항일투쟁만을 부각해 개인과 조직의 세계관을 편협하게 만들고, 정체성이란 관념에 갇혀 코앞의 안보위협을 혼동하게 하는 위험한 선동입니다. 마치 일제가 자행했던 '천황주의 세뇌'와 유사한 패러다임입니다.

무엇보다도 대한민국 국군은 민족의 군대가 아닙니다. 대한민국 헌법의 군대이자 국가의 군대입니다. 한국군은 헌법정신과 국민에 충성을 다하고 정치진영 논리에 휘둘리지 않아야 합니다. 국민은 군대가 원칙을 지키는지 냉철하게 감시하며 지켜줘야 합니다. 군대를 정치진영의 논리대로 휘두를 때 어떤 일이 벌어지는지는 우리의 앞선 역사가 생생하게 말해줍니다. 이제 '독립운동 만세!'를 외치며 선조들의 숭고한 희생과 헌신을 기리더라도 다시는 의병, 독립군, 광복군이 존재하지 않도록 다짐해야 하겠습니다. 그것만이 그들에게 보답하는 유일한 길입니다.

이 졸저가 '한국군의 뿌리'를 제대로 지피지기한 적도 없고, '한국군의 뿌리는 독립군이다. 혹은 광복군이다'라는 주장을 믿는 것 말고는 생각할 여지조차 없도록 만든 현실을 일깨우는 데 도움이 되길 바랍니다. 한국군의 역사와 한반도 근현대사를 있는 그대로 살피는 데 작은 보탬이 되었으면 합니다. 편협한 관념에서 벗어나 보다 균형 있는 관점을 갖추고, 한반도라는 작은 틀을 넘어 국제적인 시야를 갖추는 밑바탕이 되길 바랍니다. 과거는 바꿀 수 없지만 미래는 바꿀 수 있습니다.

책에서 다루지 못하거나 부족한 지점들은 오로지 제 역량의 한계 탓입니다. 후대 연구가들과 독자 제현께서 함께 지피지기해주시면 감사드리겠습니다.

이 책을 쓰면서 〈선구자〉를 자주 듣고 불렀습니다. 육군사관학교 4년의 수련을 마치고, 동기들과 마지막 행진으로 졸업식 행사장에 들어서며 목이 터져라 불렀던 노래입니다. 만주벌판의 독립군들도 불렀다는 가곡입니다.

일송정 푸른 솔은 늙어 늙어 갔어도/ 한줄기 혜란강은 천년 두고 흐른다
지난날 강가에서 말 달리던 선구자/ 지금은 어느 곳에 거친 꿈이 깊었나

노래를 듣고 부를 때마다 스스로에게 물었습니다.

'내가 그 시절에 살았다면, 독립활동을 할 수 있었을까?'
'독립군들처럼 모든 걸 바쳐서 싸울 수 있었을까?'

사실 잘 모르겠습니다. 자신 있게 말할 수 없습니다. 그래서 독립군, 광복군들의 선택과 그 삶을 더욱 존경합니다. 특히 황학수가 살아낸 과정을 관찰하면서는 며칠이나 가슴이 먹먹했습니다. 어찌 그런 삶을 사셨나이까…

저는 대한민국 시민이자 육군사관학교 졸업생, 예비역 육군 장교로서 다시는 독립운동을 할 일이 없도록 제 생애에서 최선을 다하고자 합니다. 한

국도 다양한 갈등을 슬기롭게 극복하며, 세계의 자유, 평화 그리고 번영에 기여하는 글로벌 중추국가로 전진하면 좋겠습니다. 그 시작은 '냉철한 지피지기'로부터!

이제까지 제게 귀중한 가르침을 주고 계신 모든 스승님과 선후배동문 그리고 저를 키워주신 대한민국에 감사드립니다. 특히 나라의 미래를 위한다는 뜻에 공감해주시고 기꺼이 추천사를 써주신, 신범철 박사님, 김영식 육군 대장/스타강사님, 고성균 육군 소장/스타방송인님, 김종문 육군 소장님, 노정태 작가님과 표지 제호로 이 책을 특별하게 완성해주신 영묵 강병인 선생님 감사합니다. 영광입니다. 이번 책 출판에도 기꺼이 응해주시고 각고의 정성을 들여주신 호밀밭 출판사 장현정 대표님과 편집자 박정오님께 감사드립니다. 모든 분의 이름을 적자면 지면을 다 할애해도 부족할 것입니다. 일일이 언급하지 않은 점에 대해 감히 양해의 말씀을 부탁드리며, 제 삶으로서 가르침과 응원에 보답해나가겠습니다.

군대를 진심으로 사랑하고 아끼며 하늘과 땅에서 나라와 부대원들을 위해 헌신하셨던 나의 뿌리 故 김영수 육군 대령, 순국선열, 호국영령들과 함께 신나게 뛰놀고 계시죠? 귀천을 떠돌고 계실 안중근 장군님과 독립 영웅들, 대한민국을 위해 헌신한 모든 분께도 제 미약한 뜻을 전해주세요, 아빠! 끝으로 제가 내딛는 걸음을 묵묵히 응원해주시고 무한한 사랑으로 보듬어주시는 어머니께 제 모든 사랑과 감사를 보내드립니다.

자, 이제 당당하고 떳떳하게 말합시다.
"지피지기 백전불태! 한국군의 뿌리는 다양하다!"

참고문헌

문헌

「고종실록」

「선조실록」

「순종실록」

「승정원일기」

「인조실록」

『2020 국방백서』

『대한민국임시정부자료집』

단행본

강동진, 『한국을 장악하라-통감부의 조선침략사』, 아세아 문화사, 1995.

館野晳, 『그때 그 일본인들 : 한국 현대사에 그들은 무엇이었나』, 한길사, 2006.

구범진, 『병자호란, 홍타이지의 전쟁』, 까치, 2019.

韮沢忠雄, 『教育勅語と軍人勅諭：こうしてぼくらは戰爭にひきこまれた』, 新日本出版社, 2002.

국가보훈처, 『중국내 대한민국임시정부 기념관 도록』, 독립기념관, 2009.

국방부, 『建軍史』, 국방부 군사편찬연구소, 2002.

국방부군사편찬연구소, 『한말 군 근대화 연구』, 2005.

국사편찬위원회, 『주한미군사』, 선인, 2014.

김구, 『백범일지』, 돌베개, 2005.

김세진, 『요시다 쇼인 시대를 반역하다』, 호밀밭. 2018.

김시덕, 『동아시아, 해양과 대륙이 맞서다』, 메디치, 2015.

김의환, 『의병운동사』, 박영사, 1974.

김증기, 『한국군사사』, 경남대학교 출판부, 2011.

김효순, 『간도특설대 : 1930년대 만주, 조선인으로 구성된 친일토벌부대』, 서해문집, 2014.

김효순, 『나는 일본군, 인민군, 국군이었다』, 서해문집, 2009.

나가타 아키후미 (長田彰文, 박환무 역), 『일본의 조선통치와 국제관계 : 조선독립운동과 미국 1910~1922』, 일조각, 1958.

남창룡, 『만주제국 조선인 : 일제 동북 침략사』, 신세림, 1965.

독립운동사편찬위원회, 『독립운동사자료집 8』, 1973.

던 헤스, 『신념의 조인 (Battle Hymn)』, 플래닛미디어, 2010.

로버트 소이어(Robert K. Sawyer), 『주한미군사고문단사』, 도서출판 선인. 2018.

李升熙, 『韓國倂合と 日本軍憲兵隊』, 新泉社, 2008.

리흥원 외, 『동북인민혁명 투쟁사』, 참한출판사, 1989.

박경석, 『육사생도 2기』, 홍익출판사, 2000.

박일송, 『한국전쟁사의 새로운 연구 2』, 국방부 군사편찬연구소, 2002.

박종인, 『매국노 고종 : 한 번도 경험하지 못한 지도자』, 와이즈맵, 2020.

박찬표, 『한국의 국가형성과 민주주의 – 미군정기 자유민주주의의 초기제도화』, 고려대학교 출판부, 1997.

박환, 『박환 교수의 만주지역 한인유적답사기』, 국학자료원, 2009.

반민족문제연구소, 『청산하지 못한 역사 : 한국현대사를 움직인 친일파 60』, 청년사, 1994.

브루스 커밍스, 『한국전쟁의 기원』, 청사, 1987.

서무갑 외, 『식민지 소년의 창공에의 꿈』, 국사편찬위원회, 2010.

서승원, 『근현대 일본의 지정학적 상상력 : 야마가타 아리토모 – 아베 신조』, 고려대학교출판문화원, 2018.

서울신문사, 『주한미군 30년』, 행림출판사, 1979.

서인한, 『대한제국의 군사제도』, 혜안, 2000.

서인한, 『대한제국의 군사제도』, 혜안, 2000.

서중석, 『신흥무관학교와 망명자들』, 역사비평사, 2009.

서중석, 『한국 현대 민족운동 연구-해방 후 민족국가 건설운동과 통일전선』, 역사비평사, 1993.

석원화, 심민화, 패민강, 『대한민국 임시정부 관계기사 선집(1910-1946)』, 범우사, 2001.

송남헌, 『해방삼년사』, 까치, 1985.

松田利彦, 『日本の朝鮮植民地支配と警察: 1905~1945』, 校倉書房, 2009.

신복룡, 『한국분단사연구 : 1943-1953』, 한울, 2001.

安藤忠, 『軍人勅諭と教育勅語』, 日本大学教育学会, 1984.

안중근, 『안중근 의사 자서전』, 범우사, 2000.

야마무로 신이치, 『러일전쟁의 세기-연쇄시점으로 보는 일본과 세계』, 도서출판 소화, 2010.

역사학연구소, 『함께 보는 한국근현대사』, 서해문집, 2004.

오동룡, 『일본 자위대 : 부활하는 제국군대의 화신』, 곰시, 2019.

오코노기 마사오小此木政夫, 『한반도 분단의 기원』, 나남, 2019.

유성운, 『리스타트 한국사도감』, 이다미디어, 2020.

兪天任, 『대본영의 참모들 : 일본 군국주의의 광기』 나남, 2014.

육군군사연구소, 『청일전쟁(1894~1895)』, 2014.

육군본부, 『한국군제사 근세조선후기편』, 1977.

육군사관학교, 『육사 30년사』, 육사출판부, 1968.

이기동, 『비극의 군인들』, 일조각, 1982.

이병철, 『모국어를 위한 불편한 미시사』, 천년의상상, 2021.

이상각, 『조선정벌 : 기획에서 병탄, 패전까지 1854-1945』 유리창, 2015.

이선근, 『한국사 현대편』, 진단학회, 을유문화사,

이이화, 『한국사 이야기21: 해방 그날이 오면』, 한길사, 2004.

이철순, 『남북한 정부수립 과정 비교 : 1945-1948』, 인간사랑, 2010.
이혜숙, 『미군정기 지배구조와 한국사회 : 해방 이후 국가-시민사회 관계의 역사적 구조화』, 선인, 2008.
日本 文部省, 『(일본 신민족주의 전환기에) 국체의 본의를 읽다』, 어문학사, 2017.
임재찬, 『舊韓末 陸軍武官學校 硏究』, 第一文化社, 1992.
장석흥, 『해방 후 한인 귀환의 역사적 과제』, 역사공간, 2012.
장준하, 『돌베개 - 장준하의 항일대장정』, 돌베개, 2015.
장창국, 『육사 졸업생』, 중앙일보사 출판국, 1984.
정교, 『대한계년사 2』, 소명출판, 2004.
정용욱 외, 『구술로 본 한국현대사와 군』, 도서출판 선인. 2020.
정용욱, 『미군정 자료 연구』, 선인, 2003.
정용욱, 『존 하지와 미군 점령통치 3년』, 중심, 2003.
정용욱, 『해방전후 미국의 대한정책』, 서울대학교 출판부, 2003.
정혜경, 『조선 청년이여 황국 신민이 되어라 : 식민지 조선, 강제 동원의 역사』, 서해문집, 2010.
조성환, 『대한민국 국방사』, 대한민국역사박물관, 2017.
천관우, 『(자료로 본) 대한민국 건국사』, 지식산업사, 2007.
최덕수 외, 『조약으로 본 한국근대사』, 열린책들, 2010.
한국독립운동사연구소, 『한국독립운동의 역사』, 독립기념관, 2013.
한상도, 『한국독립운동과 중국군관학교』, 문학과 지성사, 1994.
한시준, 『대한제국군에서 한국광복군까지, 황학수의 독립운동』, 역사공간. 2006.
韓詩俊, 『韓國光復軍硏究』, 一潮閣, 1993.
한용원, 『남북한의 창군-미소의 역할을 중심으로』, 오름, 2008.
한용원, 『대한민국 국군 100년사, 1895~1945 그리고 1945~1995』, 오름, 2014.
한용원, 『한국군의 창군과정과 미군의 역할』,
戶部良一(이현수, 권태환 역), 『근대 일본의 군대』, 육군사관학교 화랑대연구소, 2003.
戶部良一, 『근대 일본의 군대』, 육군사관학교 화랑대연구소, 2003.

和田春樹, 『러일전쟁 : 기원과 개전』, 한길사, 2019.
F. H. 해링튼(이광린 옮김), 『개화기의 한미관계 : 알렌박사의 활동을 중심으로』, 일조각, 1997.
H. B. Hulbert(신복룡 역), 『대한제국 멸망사』, 집문당, 1999.
J. 굴든(김쾌상 역), 『한국전쟁』, 일월서각, 1982.
Korotkov Gavril(어건주 옮김), 『스탈린과 김일성 1, 2』, 東亞日報社, 1992.
Meade, E. Grant, 『주한미군정 연구』, 공동체, 1993.
Robert Sawyer, 『KMAG in Peace and War』, USGP, 1962.
Tyler Dennet, 『Americans in East Asia』, Barnes and Noble, 1941.

논문/기타

김선호, 「북한 공군 창설 과정을 통해 본 식민지 유산의 연속과 단절」, 『현대북한연구 15권 2호』, 북한대학원대학교, 2012.
김선호, 「해방직후 북한 무력양성기관의 조직과 운영」 『군사 82』, 국방부군사편찬연구소, 2012.
김원대, 「건군기 한국군 교육훈련 체제 형성과정 연구」. 『군사 69』, 2008.
김주용, 「만주지역 간도특설대의 설립과 활동」, 『한일관계사연구 31』, 2008.
김창순, 「만주 항일연군 연구」, 『국사관논총 11』 국사편찬위원회, 1990.
박단비, 「대한제국 시기 한인의 일본육사 입교와 졸업 후 동향」, 단국대학교, 2014.
박동찬, 「주한미군사고문단(KMAG)의 조직과 활동(1948~53)」, 한양대학교, 2011.
박태균「'군인 박정희'는 어떻게 만들어졌는가?」, 『역사비평 121』, 2017.
안정애, 「주한미군사고문단에 관한 연구 – 한국군 창군과정(1945~1950)에서의 역할 및 기능을 중심으로」, 인하대학교 박사학위논문, 1996.
양상현, 「대한제국의 군제 개편과 군사 예산 운영」, 『역사와 경계 61』, 2006.
염인호, 「해방 후 한국독립당의 중국관내지방에서의 광복군확군운동」, 『역사문제연구 1권, 역사문제연구소, 1996.

이광린, 「미국 군사교관의 초빙과 연무공원」, 『한국개화사연구』, 1984.
이광린, 「미국 군사교관의 초빙과 연무공원」, 『韓國開化史硏究』, 1999.
이승환, 「청일전쟁 시기 중국과 일본의 한반도 인식 비교연구 : 이홍장(李鴻章)과 야마가타 아리토모(山縣有朋)의 지정학적 인식을 중심으로」, 고려대학교 대학원, 2020.
이승희, 「메이지유신과 대한제국의 군제개혁」, 『한일관계사연구 63』, 2019.
이완범, 「북한 점령 소련군의 성격 – 1945. 8. 9~1948. 12. 2」 『국사관논총 25호』, 국사편찬위원회, 1991.
이형식, 「태평양전쟁시기 제국일본의 군신 만들기 –『매일신보』의 조선인특공대('神鷲') 보도를 중심으로」, 『일본학연구 37』, 2012.
장세윤, 「1910년대 남만주 독립군 기지 건설과 신흥무관학교 — 안동유림의 남만주 이주와 이상룡, 김동삼의 활동을 중심으로」, 『만주연구 24』, 만주학회, 2017.
장세윤, 「1910년대 남만주 독립군 기지 건설과 신흥무관학교」, 『만주연구 24, 2017.
장세윤, 「해방 전후시기 만주지역 조선의용군과 동북항일연군의 동향」, 『한국근현대사연구 42』, 한국근현대사학회, 2007.
장화, 「일제 침략기 한국인의 중국 군관학교 교육과 그 의의」, 『통일인문학 54』, 2012.
전현수, 「소련군의 북한진주와 대북한정책」, 『한국독립운동사연구 9』, 한국독립운동사연구소, 1995.
조재곤, 「대한제국기 군사정책과 군사기구의 운영」, 『한국역사연구회 역사와 현실 19』, 1996.
조재곤, 「대한제국기 군사정책과 군사기구의 운영」, 『역사와 현실 19』, 한국역사연구회, 1996.
車文燮, 「舊韓末 軍事制度의 變遷」, 『軍史 5』, 국방부 군사편찬연구소, 1982
차문섭, 「구한말육군무관학교연구(舊韓末陸軍武官學校研究)」, 『아세아연구 50』, 1973.
車文燮, 「朝鮮時代軍事關係研究」, 단국대학교 출판부, 1996.
최병옥, 「국군의 날 개정에 대한 의견」, 『군사논단 2』, 1994.
한시준, 「신흥무관학교와 한국독립운동」, 『한국독립운동사연구 40』, 2011.

한용원, 「건군50년 한국군이 국가발전에 미친 영향)」, 『군사 37』, 국방부 군사편찬연구소, 1998.

한용원, 「국군의 날 개정논의에 관한 소고」, 『군사논단 2』, 1994.

한일관계사학회, 「일본 메이지 신정부와 대한제국의 헌병 설치 과정에 대한 비교를 중심으로」, 『한일관계사연구』 63, 2019.

Allen R. Millett, 「Captain James H. Hausman and the Formation of the Korean Army, 1945-1950」, Armed Forces & Society V.23,

Brandon Palmer, 「Imperial Japan's Preparations to Conscript Koreans as Soldiers, 1942-1945」, 『Korean Studies V 31』, University of Hawai'i Press, 2007.

사이트 / 기타

국가보훈처 공훈전자 사료관 https://e-gonghun.mpva.go.kr

대한민국 외교부 https://www.mofa.go.kr/

주한미국대사관 https://web.archive.org/web/20200415040551/
https://kr.usembassy.gov/ko/embassy-consulate-ko/seoul-ko/sections-offices-ko/

KMAG, Semiannual Report(1950.6.15.), sec IV.

UN, https://undocs.org/cn/A/RES/112(II)

Willows Air Memorial, 윌로우스 항공 기념재단
https://www.willowsairmemorial-korea-america.org

주요 사진

위키피디아 등 오픈 소스

"세상 모든 것에 감탄하는 사람들의 공간"
도서출판 호밀밭

한국군의 뿌리
ⓒ 2022, 김세진

지은이	김세진
초판 1쇄	2022년 3월 1일
2쇄	2023년 9월 8일
책임편집	박정오
디자인	소풍
마케팅	최문섭
제작	갑우문화사
펴낸이	장현정
펴낸곳	호밀밭
등록	2008년 11월 12일(제338-2008-6호)
주소	부산 수영구 연수로 357번길 17-8
전화, 팩스	051-751-8001, 0505-510-4675
전자우편	homilbooks@nave.com

Published in Korea by Homilbooks Publishing Co, Busan.
Registration No. 338-2008-6.
First press export edition March, 2022.

Author Kim Se Jin
ISBN 979-11-6826-029-0 03910

※ 가격은 겉표지에 표시되어 있습니다.
※ 이 도서에 실린 글과 이미지는 저자와 출판사의 허락 없이 사용할 수 없습니다.